Traumwerkstatt (Hg.)

Träume
in der
Paartherapie

Thea Bauriedl, Eva Jaeggi und Helm Stierlin
im Gespräch über einen Paartraum

Vandenhoeck & Ruprecht
in Göttingen

Die Deutsche Bibliothek – CIP-Einheitsaufnahme

Träume in der Paartherapie : Thea Bauriedl, Eva Jaeggi und Helm Stierlin
im Gespräch über einen Paartraum / Traumwerkstatt (Hg.). –
Göttingen : Vandenhoeck & Ruprecht, 1998
ISBN 3-525-45827-4

Satz: Satzspiegel, Nörten-Hardenberg
Druck- und Bindearbeiten: Hubert & Co., Göttingen

Inhalt

Vorwort

Der vorliegende Band ist aus einer Tagung entstanden, die im Januar 1997 von der Traumwerkstatt München veranstaltet wurde. »Entstanden« heißt nun aber nicht, daß er lediglich die Referate und Protokolle dieser Tagung wiedergibt, vielmehr hat diese Tagung so viele Fragen aufgeworfen, daß wir uns für dieses Buch noch einmal heftig ans Nachdenken machen mußten.

Das Gespräch über Träume in der Paartherapie zu suchen, war neu für uns – nicht die Gesprächspartner, denen wir uns schon lange verbunden fühlen –, aber die Frage nach der therapeutischen Anwendung der Erfahrungen, die wir in unseren Traumgruppen gesammelt hatten. Die Traumwerkstatt ist aus einem Forschungsprojekt über Paartraumdialoge entstanden und bislang ihrem nicht-therapeutischen Ansatz treu geblieben. Es häufen sich jedoch die Anfragen, ob unsere Erfahrungen mit Träumen nicht auch für die Therapie nutzbar gemacht werden könnten.

Der vorliegende Band ist eine doppelte Premiere. Zum einen enthält er am Beispiel des Traums eine Diskussion zwischen systemischer und psychoanalytischer Familientherapie, die bisher noch nicht direkt und öffentlich geführt wurde, obwohl sie lange überfällig ist. Die kurzen Eingangsstatements, um die wir die Referenten gebeten haben, umreißen die jeweiligen Erfahrungen oder Nicht-Erfahrungen mit Träumen in der Paartherapie (vgl. die Beiträge von Jaeggi, Bauriedl, Stierlin im Teil »Erfahrungen und Theorien«). Hier wird die Skepsis gegenüber der Traumzentrierung ebenso deutlich wie sich theoretische Differenzen untereinander markieren. Im Anschluß an die einleitenden Statements entwickelte sich auf dem Podium eine rege Kontroverse über unterschiedliche Grundannahmen von Psychoanalyse und systemischer Therapie, die wir im Wortlaut hier hersetzen wollen. Es geht dabei zwar nicht um Träume, doch wird sehr eindrucksvoll der Bogen zwischen den Auffassungen gespannt und eine Kontaktaufnahme versucht, die keineswegs alltäglich ist. Ein vielversprechender, spannender Anfang, dem sogleich der praktische Vergleich folgt.

Der zweite Teil des Bandes widmet sich einer detaillierten Diskussion zweier Träume eines Paares. Dieses Material, für dessen Freigabe wir den Träumern, wir haben sie Frau Grübig und Herr Groß genannt, an dieser Stelle vor allem danken möchten, entstammt nicht der Therapie, sondern einer nichttherapeutischen Paartraumgruppe der Traumwerkstatt. Die unterschiedlichen familientherapeutischen Positionen werden am Umgang mit konkreten Träumen besonders deutlich. Die dritte Position, von Eva Jaeggi exemplarisch als »Traumwerkstatt« vorgeführt, zeigt demgegenüber einen klassisch psychoanalytisch orientierten Zuschnitt ohne die zentrale Betonung der systemischen und dialektischen Aspekte.

Diese parallele Bearbeitung identischer Beispiele ist, wenn schon keine Premiere, so doch ein selten gegebenes Stück. Diskussionen zwischen den therapeutischen Schulen werden nur in raren Ausnahmefällen an identischem Ausgangsmaterial abgehandelt, so daß immer die Ausflucht bleibt, die Beispiele seien eben nicht vergleichbar. Hier sind sie es, und der Leser kann selbst einen Eindruck von den unterschiedlichen Verläufen und Methoden gewinnen. Eleonore Metzker-Podhorsky hat den Vergleich in einem eigenen Kapitel »Perspektiven im Vergleich« zusammengefaßt, gefolgt von einer Evaluation von Martina Roth, die den gesamten Prozeß im Rahmen ihrer kulturanalytischen Forschung begleitet hat.

Die abschließenden Kapitel des Bandes widmen sich der Beantwortung der Titelfrage: Welche Rolle können oder sollten Träume in der Paartherapie spielen? Die Frage wirft ein Dilemma auf. Von der psychoanalytischen Methode herkommend, erscheint uns die Verordnung des Traums als Therapiemedium als ein Widerspruch in sich. Träume waren immer und sind noch hilfreiche Begleiter in der Analyse. Soll man sie aber nun, isoliert vom ganzen großen Rest der therapeutischen Beziehung und der Lebensgeschichte, als Träger einer »Traumtherapie« verstehen? Soll man den vierspurigen Königsweg zur Gesundheit errichten?

Um das Ergebnis vorwegzunehmen: Eine eigene Traumtherapie wird es nicht geben. Trotz unterschiedlicher Auffassungen über Tempo und Tiefe therapeutischer Prozesse, trotz unterschiedlicher Gewichtung der Rolle des Traums, läßt sich ein Konsens unserer Gesprächspartner andeuten: Träume können sinnvoll in Paartherapien genutzt werden. Auf ihre Aussagekraft allein zu vertrauen, wäre jedoch eine Überfrachtung. Erst im größeren Zusammenhang (und hier beginnen die Abweichungen: »der therapeutischen Beziehung« sagen die Analytiker, »des Familiensystems« sagt der Systemiker) werden sie zu sinnvollen Botschaften.

Wir haben aus der Diskussion mit Thea Bauriedl, Eva Jaeggi und Helm Stierlin viel gelernt, auch kritische Einwände gegen die Konzentration auf Träume und über die Vermischung von Therapie, Selbsterfahrung und Forschung wurden hörbar.

Für das Zustandekommen des Symposiums und dieses Bandes danken wir, außer den Autoren, zahlreichen Mitwirkenden: Ingrid Bolling-Ladegaard, Angela Kühner, Susanne Lemke, Christiane Lukas, Lothar Schon, Andrea Vollmer und Daniela Zimmer.

Hildegard Baumgart, Andreas Hamburger
und Eleonore Metzker-Podhorsky

Erfahrungen und Theorien

Eva Jaeggi

Psychoanalyse und systemische Therapie im Gespräch über den Paartraum*

Diesen Beitrag habe ich geschrieben als Vertreterin der Psychoanalyse, aber vor allem als jemand, der sehr interessiert ist am
Schulenvergleich und der eine gewisse Karriere in verschiedenen Schulen hinter sich hat.

Wir wissen, daß Träume unter vielerlei Aspekten zu betrachten sind: zum Beispiel als Verarbeitung des Taggeschehens, als
symbolischer Ausdruck einer psychischen Situation oder als
versteckte Andeutung sehr viel tiefer liegender vergangener
Konflikte und Traumata, als Darstellung unterschiedlicher psychischer Anteile der eigenen Person, als Hinweis auf die Gefühle gegenüber wichtigen anderen Menschen, aber auch unter
Umständen als eine Richtung, in die man sich bewegen sollte
oder könnte, also als Ratgeber bei Problemen. Natürlich sind
Träume auch immer wieder in der Übertragung zum Therapeuten zu verstehen, wenn man in Therapie ist. Womit ich mich in
diesem Beitrag beschäftige ist noch etwas anderes, nämlich:
Traum/Träumen als ein Angebot an den Partner.

* Dieser Beitrag basiert auf einem Tonbandmitschnitt des Eingangsstatements von Eva Jaeggi im Rahmen der Tagung.

Mit diesen vielen Vorschlägen habe ich, wie Sie sehen, schon sehr viele therapeutische Richtungen aufgerufen: Gestalttherapeuten, Jungianer, Psychoanalytiker, auch Verhaltenstherapeuten, die sich seit einiger Zeit auch durchaus für Träume interessieren, natürlich wiederum unter einem ganz anderen Aspekt, nämlich in seinen bewußten Teilen als Bearbeitung des Alltagsgeschehens. Es gibt sehr unterschiedliche Aspekte, aber auch viele Überschneidungen. Bei diesen Überschneidungen denkt man manchmal, es werden nur andere Worte für ähnliche Phänomene gewählt; trotzdem sind natürlich die Therapeuten einzelner Schulen in ihren Grundauffassungen verschieden. Sie betonen immer wieder andere Aspekte, und sie unterscheiden sich dadurch, welche Aspekte bei ihnen besonders hervorgehoben werden.

In jedem Traum sind natürlich auch inhaltlich mehrere Themen versteckt und ineinander verschränkt, so daß man durchaus sagen kann: dieses aggressive Kind im Traum, das bedeutet die kleine Tochter der Träumerin, oder es bedeutet aggressive Phantasien der Mutter gegenüber der Tochter, oder es handelt sich um die Träumerin selbst als aggressives Kind und ähnliches. Oder auch andersherum: Dieser Baum bedeutet Wachstum, aber er kann natürlich auch ein phallisches Symbol sein und etwas zu tun haben mit der Sexualität des Träumers. Träume sind also vielgestaltig, chamäleonartig, und manchmal könnte man vielleicht über dieser Vielfalt auch verzagen und auf die Idee kommen, wie »Der Spiegel« einmal geschrieben hat, daß sie nichts anderes sind als ein ziemlich sinnloses Gewitter im Gehirn. Wir, die wir in Therapien oder Beratungen mit Träumen gearbeitet haben, wissen, daß es sicher keine sinnlosen Gewitter im Gehirn sind, daß es aber viele Wege gibt, einem Traum zu begegnen und ihn auf den Träumer oder auf die Träumerin zu beziehen. Träume sind keine Zufälle und eben nicht sinnentleert. Sie sind individueller Ausdruck vermischt mit ubiquitären Themen und Symbolen und wir Therapeuten sehen immer wieder, daß sich auch hier wieder beides verschränkt und überschneidet: die ganz individuelle Form, in der ein Traum auftaucht, verbunden mit bestimmten Themen, die wir immer wieder finden können. Die Sprache der Träume ist verdichtet, verschoben, alles wird unter Umständen in eins gesetzt. Diese Sprache gestattet es uns aber dann auch, einzelne Details herauszuheben und nur mit diesen Details zu arbeiten. Ein Traum kann nie ganz ausgedeutet werden. Immer sind es basale Wünsche, Konflikte, Probleme, die zum Ausdruck kommen. Auch bei den raffiniertesten und bizarrsten Träumen, bei Träumen, die fast wie Kunstwerke anmuten, die wirklich oft aussehen, als wären sie wertvolle künstlerische Ausdrucksformen, geht es um basale Themen. Es geht immer wieder um Liebe und Begehren, um Kampf, um Eitelkeit, Entwertung, Sehnsucht und Trauer, um nur einige zu nennen. Und ob das, was wir im Traum sehen, wirklich stimmig ist, das kann letztlich nur der Träumende selbst uns sagen.

Die Idee des Symposiums, dessen Verlauf und Ergebnisse dieses Buch zusammenfaßt, konkret zu vergleichen, was nun unterschiedliche therapeutische Richtungen zu zwei bestimmten Träumen sagen können, also zu zwei Paarträumen, wird uns vermutlich zeigen, wie vielfältig ein solcher Traum bearbeitet werden kann. Einmal werden diese Träume sozusagen »von außen« betrachtet, wenn wir die Träumer nicht vor uns haben, und dann werden wir auch noch die Stimme der Träumenden selbst hören. Ich denke, darin liegt der ganz besondere Reiz, und natürlich ist es gerade auch für die Therapeuten, die relativ wenig Erfahrung haben mit dieser Art von Paarträumen und deren Bearbeitung, besonders interessant. Für uns, die wir der Traumwerkstatt nicht angehören, ist es eine besondere Anregung, auf diese Träume zu achten und zu sehen, wie Träumer aufeinander zuträumen, einander Botschaften senden, diese unter Umständen mit längst Vergangenem verknüpfen und sich auch zu ganz aktuellen Problemen gelegentlich Traumnotizen machen. Das alles soll also im folgenden sehr konkret miterlebt und diskutiert werden, und ich freue mich sehr, daß wir wirklich Gelegenheit haben, dann auch in den kleineren Gruppen uns mit diesem Material zu beschäftigen.

Thea Bauriedl

Erfahrungen mit Träumen in der psychoanalytischen Paartherapie*

In diesem Beitrag geht es auch um Unterschiede und Ähnlichkeiten zwischen psychoanalytischer und systemischer Paartherapie. Deshalb möchte ich eine kurze historische Beschreibung meines Interesses und meiner Forschung zur psychoanalytischen Paar- und Familientherapie voranstellen. Ich mache das kurz, um nur ein wenig die Hintergründe zu zeigen, die hier sicher nicht alle kennen.

Anfang der 70er Jahre hatte ich als Assistentin im klinisch-psychologischen Institut mit Sorgerechtsgutachten zu tun. Ich war sehr verunsichert und wußte nicht, wie ich feststellen sollte, welches denn nun der bessere Elternteil sei. Daraufhin habe ich angefangen, mich intensiv mit familiendynamischer und familientherapeutischer Literatur zu befassen. Damals gab es im deutschen Sprachraum zu diesem Thema vor allem die Arbeiten von Richter und Stierlin. Das Buch *Das Tun des Einen ist das Tun des Anderen* von Herrn Stierlin habe ich begeistert gelesen und habe mir gedacht: Auf diesem Weg geht es weiter – nicht nur für das Verständnis von Paaren und Familien, sondern sehr wohl auch für die psychoanalytische Theorie, für das Verständnis der interpersonellen Psychodynamik überhaupt. Es war mir wichtig, nicht nur einen Menschen in seiner innerpsychischen Dynamik zu verstehen, sondern eben auch sein Umfeld und wie er selbst auf das Umfeld reagiert und dieses auf ihn.

---

* Dieser Beitrag basiert auf einem Tonbandmitschnitt des Eingangsstatements von Thea Bauriedl im Rahmen der Tagung.

Damals nahm aber leider in der Literatur zur Familientherapie, insbesondere der systemischen Familientherapie, die pole-
mische Entwertung der Psychoanalyse immer mehr zu. Was da
geschrieben stand, wollte ich nicht glauben. Aufgrund meiner
psychoanalytischen Ausbildung und Identität habe ich angefangen, nach einem familientherapeutischen Konzept *innerhalb*
der Psychoanalyse zu suchen. Ich ging aus von der Objektbe-
ziehungstheorie, ohne dabei den Ödipuskomplex zu vernachläs-
sigen, allmählich allerdings mit einer neuen Sicht des Ödipus-
komplexes aus einer familiendynamischen Perspektive. Mich
interessierten vor allem die Verschränkungen der Objektbeziehungen zwischen zwei und mehr Personen. Ich wollte wissen,
wie die Übertragungen zwischen den Personen zusammenkom-
men und sich zu einem ganz spezifischen Beziehungsgeflecht
verbinden. Objektbeziehungen verstand ich immer als unbewußte Phantasien in Form von szenischen Phantasien, die in der
Psychogenese des einzelnen introjiziert werden. Das heißt, man
nimmt das in sich auf und hält es in sich fest, was man in zwischenmenschlichen Beziehungen erlebt hat. Und diese zwischenmenschlichen Szenen kommen dann in Übertragung und
Gegenübertragung wieder ans Tageslicht. Oder anders ausgedrückt: Man kann gar nicht anders wahrnehmen und sich verhalten oder erleben als das bisher für einen möglich war und
aufgrund der bisherigen Erfahrungen in der augenblicklichen
Situation möglich ist.

Mir war es wichtig, daß die Theorie von Übertragung und
Gegenübertragung nicht nur auf die therapeutische Beziehung
bezogen wurde, sondern auch auf die Paarbeziehung und die
Familienbeziehungen überhaupt. Damals gab es schon Andeutungen in psychoanalytisch-familiendynamischen Theorien, die
in die gleiche Richtung gingen, vor allem bei Horst Eberhard
Richter zum Beispiel die Überlegungen zur Übertragung der El-
ternbilder auf den Partner oder die Partnerin. Das gab es durchaus in der Literatur, wurde aber leider kaum oder gar nicht weiterentwickelt. Ich habe versucht, dieses Feld, das »zwischen«
den Personen und damit auch zwischen den Partnern ist, zu ver-

stehen – im Sinne von *Beziehungsstrukturen*, die die Verschränkung der Übertragungen zwischen zwei und mehr Personen bilden. Als Kind schon hatte ich die Vorstellung, daß mich vor allem die »Luft« zwischen den Menschen interessiert. Ich dachte, das, was *in* jedem einzelnen ist, ist schon ganz wichtig. Aber ich will vor allem auch begreifen, was ich *zwischen* den Personen spüre und wie ich das irgendwie fassen und erfassen oder verstehen kann. Das ist also ein ganz persönlicher Hintergrund meines Erkenntnisinteresses. In meiner sich allmählich entwickelnden Beziehungstheorie (Beziehungsanalyse) wurde es mir später immer wichtiger, das miteinander in Verbindung zu bringen, was innerhalb einer Person passiert und was zwischen den Personen passiert. Diese beiden Perspektiven drohten in Familientherapie und Psychoanalyse auseinanderzudriften, wobei sich die Psychoanalyse häufig nur auf den intrapsychischen Aspekt bezog, während manche familientherapeutischen Konzepte nur den interpersonellen Aspekt sehen konnten oder wollten.

Im folgenden werde ich speziell auf den Traum in der Paartherapie eingehen. Sowohl in selbst durchgeführten Paartherapien als auch in Supervisionen von Paartherapien habe ich nur wenige Träume von Paaren erlebt. Einzelne Träume werden schon berichtet, man kann auch damit arbeiten. Aber wenn man in einer Therapie nicht besonders einlädt zu träumen, Träume zu behalten und mitzuteilen, dann kommen die Patienten oft gar nicht auf die Idee, daß Träume wichtig sein könnten. Ich weise im allgemeinen zu Beginn von Paartherapien *nicht* auf mögliche Träume und auf deren Bedeutung hin, und zwar deshalb, weil ich vorwiegend mit den jeweils aktuellen Beziehungsphantasien und -gefühlen arbeite. Diese Phantasien und Gefühle versuche ich in der Begegnung und im Umgang der Partner miteinander und mit mir zu verstehen. Für den therapeutischen Prozeß ist es mir besonders wichtig, daß diese Phantasien und Gefühle *mitteilbar* sind und eben auch mitgeteilt werden. Denn aus meiner Sicht beruht jede psychoanalytische Therapie auf der Mitteilung und der Mitteilungsmöglichkeit von Gefühlen

16

und Beziehungsphantasien, wodurch das Agieren unbewußter und unaussprechbarer Phantasien nachläßt. Das bedeutet, daß der automatische Ablauf von Handlungssequenzen abnimmt, die in irgendeiner Weise schädigend sind – entweder für den Patienten selbst oder für dessen Bezugspersonen. Die Analyse oder Deutung von Träumen in der Paartherapie könnte den Prozeß der Verständigung über aktuelle Gefühle und Befürchtungen oder Hoffnungen behindern, jedenfalls sofern intellektualisierend mit dem Traummaterial umgegangen wird. Auch ist die Gefahr der gegenseitigen Interpretation der Partner zumeist sowieso schon ein Element ihres Aneinander-vorbei-Redens. Diese Gefahr könnte noch erhöht werden, wenn man sich auf (womöglich gegenseitige) Traumdeutung spezialisiert.

Im psychoanalytischen Prozeß (auch in der psychoanalytischen Paartherapie) soll also die Fähigkeit, sich dem anderen Menschen mitzuteilen und sich dabei selbst besser wahrzunehmen, gefördert werden. Die freie Assoziation in der Einzelanalyse dient diesem Zweck ebenso wie das Angebot in der Paartherapie, sich in einem geschützten Raum möglichst offen auf die eigenen Gefühle und Phantasien einzulassen und diese so weit wie möglich mitzuteilen. Ich spreche und schreibe in diesem Zusammenhang immer wieder von »Räumen der Toleranz«, die für grundsätzliche Veränderungsprozesse, wie sie die Psychoanalyse anstrebt, unabdingbar sind. Es geht dabei gleichermaßen um die Toleranz mit sich selbst und mit anderen, sowohl in der Einzeltherapie als auch in der Paar- und Familientherapie. Toleranz bedeutet hier nicht Gleichgültigkeit oder »Alles-aushalten-Können«, sondern eine erweiterte Wahrnehmung, ein Zulassen und »Für-wirklich-und-wichtig-Halten«, was in einem Menschen und zwischen den Menschen erlebt und phantasiert wird.

Nach meiner Erfahrung kommen in längeren Paartherapien Träume durchaus vor, allerdings ist es für mich immer auch wichtig, die *Bedeutung* des Träumens und des Träume-Erzählens in der aktuellen therapeutischen Situation zu verstehen, denn manchmal werden Träume zum Beispiel auch als Beweismittel gegeneinander verwendet. Da heißt es dann beispielsweise: »Ich habe aber geträumt, und weil ich das geträumt habe, bist du so, wie du in meinem Traum vorkommst.« Das zeigt schon, daß aus psychoanalytischer Sicht die *Bedeutung* der Traumerzählung besonders wichtig ist. Man kann durch Traumerzählungen Konflikten durchaus aus dem Weg gehen oder sich selbst rechtfertigen oder sich durch Fremdinterpretationen gegenseitig verletzen. Therapeuten, die selbst in Paartherapie kommen, haben gelegentlich ein Arsenal von Interpretationen zur Verfügung, das sie im Kampf gegen den jeweils anderen einsetzen, denn dazu kann man Träume und Trauminterpretationen natürlich besonders gut verwenden.

Gelegentlich, vor allem im fortgeschrittenen Stadium, entwickeln sich Paartherapien oft zu einer *»Analyse zu zweit«,* was Vor- und Nachteile hat. Dann treten zumeist auch zunehmend Träume in der Therapie auf, die durchaus sehr hilfreich sein können. Vorteile solcher »Analysen zu zweit« sehe ich darin, daß der Partner oder die Partnerin jeweils miterlebt, was sich beim anderen verändert. So vermindert sich die Gefahr, daß sich einer in irgendeine Richtung verändert und der Partner oder die Partnerin gar nicht mitbekommt, was mit dem anderen vor sich geht. Unter Umständen driften sie dann auseinander, weil sie über die jeweiligen Wünsche und Ängste nicht miteinander in Resonanz stehen. Besonders gefährlich ist diese Situation bekanntlich, wenn der oder die Analytiker/in zum Ersatzpartner oder zur Ersatzpartnerin geworden ist.

Wenn der Partner oder die Partnerin an der Therapie teilnimmt, können Konflikte auch direkt mit der Person ausgetragen werden, die im täglichen Leben davon betroffen ist. Der Weg über den Analytiker – also über die Übertragungsanalyse – kann dann unter Umständen etwas abgekürzt werden. Nachteile sehe ich in diesen »Analysen zu zweit« darin, daß oft nicht genügend Freiraum vorhanden ist, nicht genügend persönlicher Raum für jeden einzelnen, auch dem Analytiker gegenüber. Solche Paartherapien sind also nicht das gleiche wie eine Einzelanalyse. Ich halte deshalb eine sorgfältige Differentialindikation für außerordentlich wichtig.

In den »Analysen zu zweit« beginnen die Partner nicht selten, sich gegenseitig vor dem Analytiker ihre Träume zu erzählen. Das tun sie dann zu Hause oft auch. Man kann das auch als Ausdruck von zunehmendem Vertrauen verstehen, als zunehmende Fähigkeit, sich aufeinander einzulassen, sich aufeinander zu beziehen und Interesse füreinander zu entwickeln. Das kann, muß aber nicht so sein. Es kommt wie gesagt immer auf die *Bedeutung* des Verhaltens in der Beziehung an. Natürlich geben Träume in Paartherapien einen tieferen Einblick in die unbewußten Phantasien der Träumer als zum Beispiel die Erzählung alltäglicher Probleme. Es kann aber auch dazu führen, daß Partner und Partnerinnen meinen, man müsse jetzt ganz brav, weil man beim Analytiker ist, jeden Traum von A bis Z interpretieren, und wenn das geschafft ist, dann sei die Beziehung irgendwie besser. Damit hat Traumarbeit in der Paartherapie natürlich nichts zu tun.

Gelegentlich ist es auffällig, wie ähnlich zu einer bestimmten Zeit die Träume von Partnern sind. Dabei kommt es aber darauf an, was man als Ähnlichkeit bezeichnet. Ob ähnliche Gegenstände, Fahrräder oder Wasser oder Schiffe, als Ähnlichkeit gesehen werden oder ob es ähnliche und korrespondierende Gefühle, Ängste und Wünsche sind. Sicher sind solche Träume auf verschiedenen Ebenen zu sehen. Auf jeden Fall können Träume von Partnern in ihrer Zusammengehörigkeit gesehen werden wie auch alle anderen Phantasien. Ich meine aber, daß die in den Träumen enthaltenen Gefühle und Phantasien natürlich sehr viel wichtiger sind, als die konkreten Inhalte.

Es scheint mir auch wichtig zu unterscheiden, aus welcher Perspektive man auf die Träume schaut: aus der Perspektive der Therapie, der Diagnostik oder der Forschung. Zu Beginn meines Interesses für die Familiendynamik habe ich mich auch mit dem Konzept befaßt, das Jürg Willi zur Paardiagnostik mit Hilfe des Rorschachtests entwickelt hat. Dort hat er versucht, Parallelen zwischen den Rorschachantworten von Partnern herzustellen und gleichzeitig das Gespräch des Paares über die jeweiligen Antworten aufgenommen und analysiert. Es ist unglaublich schwierig, in der Forschung komplex genug zu arbeiten und zum Zweck der Operationalisierung nicht ein zu mageres Raster zu verwenden für das, was man sieht und sehen kann.

Der Zugang zum Unbewußten ist und bleibt das wichtigste Anliegen jeder psychoanalytischen Therapie. Ich meine, dabei können Träume auch in der Paartherapie sehr hilfreich sein. Denn sie sind ein Zugang zum individuellen und zum gemeinsamen Unbewußten – vor allem, wenn man die gemeinsame Arbeit an den Träumen, die Einfälle dazu und den Verlauf des Gesprächs über die Träume noch zusätzlich analysierend begleitet. Das Agens, das die Therapie befördert, ist nach wie vor der berühmte »natürliche Auftrieb des Unbewußten« (ein Ausdruck von *Freud*). Dieser natürliche Auftrieb kann unter Umständen auch in der Paartherapie angeregt und unterstützt werden durch die Einladung, zu träumen und Träume zu erzählen. Mitteilungen über so persönliche Erlebnisse wie die eigenen Träume sind immer auch ein Weg zu einem besseren Selbstverständnis.

In meiner therapeutischen Arbeit versuche ich, vor allem von meinen eigenen Phantasien auszugehen, die ich mir in gleichschwebender Aufmerksamkeit bewußt werden lasse. Aus diesen, meinen eigenen Phantasien, die aus meiner Sicht immer Teil der gemeinsamen Phantasien im Hier und Jetzt sind, versuche ich bewußt und reflektiert Interventionen abzuleiten, die aufklärend wirken und helfen, den zerbrochenen Dialog wiederzubeleben. Im Prinzip geht es mir dabei darum, viel zu fragen und wenig zu sagen, wenig zu behaupten und wenig zu deuten im Sinn von behaupten. Eigene Träume, also Gegenübertragungsträume über das Paar können dabei hilfreich sein, aber sie sind durchaus nicht nötig, um ein Paar und sich selbst in der Beziehung zu diesem Paar zu verstehen.

Die Quintessenz dessen, was ich zum Thema »Träume in der Paartherapie« sagen kann, ist eigentlich: Es kommt auf die Perspektive an. Ich kann schwer sagen: Das ist ein Paartraum, und das ist keiner, sondern ich kann jeden Traum jedes Menschen aus einer Perspektive betrachten, die dessen Beziehungsstrukturen oder Beziehungsphantasien betrifft. Da ist es natürlich auch interessant, wenn ich die Träume von zweien, die miteinander leben, aus dieser Perspektive betrachte und das Paar auf diese Weise besser verstehe, als wenn ich die Träume nicht gehört hätte.

Helm Stierlin

Der Traum in der Paarbeziehung: Systemische Perspektiven*

Zur »Traumvergessenheit« in der systemischen Therapie

In der systemischen Paar- und Familientherapie fanden Träume bisher kaum Interesse. So findet sich etwa in den Registern der Zeitschriften »Family Process« und »Familiendynamik«, die in den USA und in Deutschland am längsten etabliert sind, kein Beitrag unter dem Stichwort »Traum«. Und auf den vielen bis heute der Paar- und Familientherapie gewidmeten Kongressen blieb das Thema Träume, soweit mir bekannt, bislang ausgeklammert. Nur einige wenige Publikationen haben es in letzter Zeit aufgegriffen.

Das ist erstaunlich, bedenkt man, daß nicht wenige unserer Pioniere der Familientherapie ihren Weg dorthin von der Psy-

---

* Dieser Beitrag basiert auf dem Vortrag, den Helm Stierlin im Rahmen der Traumwerkstatt im Januar 1997 gehalten hat. Erstveröffentlichung als 11. Kapitel in: Helm Stierlin: Haltsuche in Haltlosigkeit/Grundfragen der systemischen Therapie. Frankfurt, Suhrkamp, 1997.

choanalyse her fanden. Das heißt, sie kannten Freuds »Traumdeutung«, wußten um die Bedeutung, die Freud den Träumen
zuerkannt, wußten daher auch, daß Freud die Träume als via
regia, als Königsweg zum Unbewußten, gesehen hatte. Wie läßt
sich daher die Vernachlässigung der Träume in der systemischen Paar- und Familientherapie erklären?

Nun, Versuche zu einer Erklärung dürften bei Verschiedenem
anzusetzen haben.

Dazu gehört einmal die empirische Schlaf- und Traumforschung, die in den letzten Jahrzehnten erblühte. Sie hat gezeigt,
daß unser nächtliches Träumen mit Phasen des sogenannten
REM-Schlafes verkoppelt ist. REM bedeutet Rapid Eye Move-
ment, also ein schnelles Bewegen der Augen im Schlaf, was
wiederum mit verstärkter Hirnaktivität, ablesbar etwa im EEG,
einhergeht. (Interessanterweise findet sich REM-Schlaf auch
bei nahezu allen untersuchten Säugetieren, was den Schluß zuläßt, daß auch diese träumen. Der REM-Schlaf entwickelte sich
vermutlich erst vor etwa 150 Millionen Jahren aus einer »gemischten Vorstufe«, die Neurobiologen der Universität von Los
Angeles jetzt beim Ameisenigel zu entdecken meinten.) Aber
wie dem auch sei, wir alle fahren, wie es vor kurzem im »Stern«
zu lesen war, »vier- bis sechsmal pro Nacht in einer Berg- und
Tal-Bahn zwischen traumlosem Tiefschlaf und aktivem Traum«
auf und ab.

Es mag mit dem nüchternen Pragmatismus der (überwiegend
amerikanischen) empirischen Schlaf- und Traumforscher zusammenhängen, daß diese dazu neigten, die Bedeutungshaftigkeit oder, wenn man so will: Tiefendimension von Träumen
eher gering einzuschätzen. Ihnen zufolge benötigen höher entwickelte Gehirne vermutlich REM-Phasen, um Ordnung in das
Chaos der Erfahrungen und Wahrnehmungen während der
Wachperioden zu bringen. »Am Ende eines Tages ist unser Gehirn wie ein unaufgeräumter Schreibtisch«, ließ sich dementsprechend der amerikanische Neurologe Bruce McNaughton
vernehmen. Allerdings – und das führt uns möglicherweise zurück zu der von Freud gesehenen Bedeutungshaftigkeit der

Träume – sehen nicht alle modernen Traum- und Schlafforscher das Traumgeschehen derart nüchtern als eine Art Aufräumarbeit. Der Hypnotherapeut Ernest Rossi beispielsweise, der sich ebenfalls intensiv mit der Neurophysiologie des Schlafes beschäftigt hat, vermittelt uns eher das Bild einer während der REM-Phasen geschäftigen »inneren Traumwerkstatt«, worin wir fortwährend aktiv um eine kreative Lösung der uns beschäftigenden Probleme bemüht sind. Und das können sowohl vergleichsweise banale Alltagsprobleme als auch (wie im Fall des Chemikers Kekulé, dem sich im Traum die Formel des Benzolringes erschloß) wissenschaftliche Probleme, es können nun aber auch existentiell bedeutsame Probleme sein.

Zu den Kontexten einer Traumdeutung

Aus diesen Andeutungen läßt sich bereits ersehen: Es hängt wesentlich von dem von uns gewählten Kontext und dem sich darin vermittelnden Welt- und Menschenbild ab, ob und wie wir unseren Träumen Bedeutung zumessen. So können wir etwa bei Traumdeutungen von einem Menschenbild ausgehen, in dessen Tiefe es gleichsam ständig brodelt, aber bei dem das, was da brodelt, sich uns und anderen, so wichtig es auch sein mag, in seiner Bedeutung verschließt – es sei denn, wir lassen uns auf eine detektivische Suche ein, zu der wir dann auch, wenn es sein muß, einen Psychoanalytiker zu Hilfe nehmen. Wir können aber auch von einem Menschenbild ausgehen, demzufolge es dem einzelnen in erster Linie um ein pragmatisches Realitätsmanagement und dementsprechend vor allem darum geht, etwaigen angestauten Seelenmüll, der solches Management behindert, möglichst rasch und effektiv zu entsorgen.

Aber auch wenn wir, wie in der Psychoanalyse, von einem Menschenbild ausgehen, in dem Träumen eine wichtige, wenn nicht gar existentielle Bedeutung zukommt, stellen sich deren Erkenntnis und Würdigung Hindernisse in den Weg.

Diese haben zunächst einmal damit zu tun, daß Träume in einer schnell vergehenden Bildersprache zu uns sprechen (falls sie eben überhaupt sprechen, das heißt, falls sie überhaupt nach einem An-Sprech-Partner verlangen). So mögen Träume zwar von einer »Traumarbeit« Zeugnis ablegen, wie Freud sie in seinem Hauptwerk, der »Traumdeutung«, entschlüsselt zu haben glaubte (das heißt einer Traumarbeit, die sich als die Arbeit eines Traumzensors verstehen läßt, der Prozesse wie Verdichtung, Verschiebung, Verkehrung ins Gegenteil etc. in Gang setzt, Prozesse, wie Freud sie auch anhand eigener Träume zu illustrieren versuchte). Aber bevor wir uns solcher Traumarbeit überhaupt zuwenden können, verlangen uns Träume eine andere Art von Arbeit ab. Und das ist eine Umsetzungs- und Übersetzungsarbeit: Die Bildersprache des Traumes muß sozusagen erst einmal in eine gesprochene (oder geschriebene) Sprache überführt werden, oder, anders ausgedrückt: die Traumbilder müssen sich zunächst durch Worte und Sätze einfangen und bearbeiten lassen, wie die jeweilige Sprache diese bereitstellt. Und in diesem Überführungsprozeß kann nur allzu leicht verlorengehen oder verfälscht werden, was den eigentlichen Bedeutungsgehalt der Träume ausmacht. Sehen wir etwa die Bildersprache der Träume als eine oder gar *die* Sprache der Seele an, dann läßt sich hier sagen: Versuchen wir die Traumseele zum Sprechen zu bringen, spricht sie schon nicht mehr.

Aber es stellt sich noch ein weiteres Problem, und das entzündet sich an der Frage: Wer hat hier Deutungskompetenz und -macht?

Die zentrale Frage: Wem steht Deutungsmacht zu?

Bekanntlich haben sich systemische Therapeuten mehr als andere Mitglieder der Helferzunft vom konstruktivistischen Zeitgeist berühren lassen und haben sich möglicherweise auch deswegen so wenig für so fragile Konstrukte, wie es Träume nun einmal sind, erwärmen können. Aber gerade weil es sich hier um so zerbrechliche Konstrukte handelt, gewinnt für systemische Therapeuten die Frage an Bedeutung: Wer ist jeweils kompetent, wer ist berechtigt und wem steht die Macht zu, Träume zu deuten oder, nun vielleicht genauer: diesen eine auch für den Partner (und möglicherweise noch andere Familienmitglieder) relevante Bedeutung zu geben – Träume, die, wie wir soeben sahen, nun einmal in einer Grauzone der schnellen Vergänglichkeit und der Vieldeutigkeit angesiedelt sind und die sich einem wissenschaftlichen Zugriff prinzipiell zu entziehen scheinen?

Auf den ersten Blick könnte es nun scheinen, als habe Freud mit dem von ihm geschaffenen Setting der psychoanalytischen Zweierbeziehung eine Antwort auch auf diese Frage gefunden: Der Psychoanalytiker, der Abstinenz wahrt und sich zugleich in gleichschwebender Aufmerksamkeit auf den Analysanden einstimmt, erlaubt diesem mit Hilfe von dessen eigenen Einfällen und Assoziationen die jeweils eigene, ihm gemäße Traumdeutung zu finden, die der Analytiker dann nur noch abzusegnen braucht.

Bei genauerer Betrachtung zeigen sich die Dinge jedoch komplizierter: Der Analytiker bleibt letztlich im Besitz der Deutungsmacht, die er im Rahmen der ihm durch die psychoanalytische Metatheorie gemachten Vorgaben ausübt. Das kann durch die vergleichsweise direkte Anlieferung von Deutungen geschehen, es kann sich aber auch auf subtilere Weise vollziehen, indem er durch seine Fragen oder auch nur durch sein Schweigen zu erkennen gibt, in welcher Richtung sich die Deutungsbemühungen des Analysanden bewegen könnten oder sollten und wie sie zu bewerten sind. Berücksichtigt man, daß der Analysand vom Analytiker abhängig ist und im psychoanalytischen Setting noch ein zusätzlicher regressiver, die Abhängigkeit verstärkender Sog zur Wirkung kommt, dann wird beispielsweise auch verständlicher, warum in Psychoanalysen Freudscher, Jungscher oder Adlerscher Provenienz offenbar jeweils solche Träume geträumt werden, die in den theoretischen

Kanon des Analytikers hineinpassen, sich also entweder vorwiegend um frühkindliche Sexualität, um Archetypen oder um die Kompensation von Minderwertigkeitskomplexen drehen: Sie legen Zeugnis ab von einer auf die Befindlichkeit und Erwartungen des Analytikers eingestimmten, empathischen Anpassungsbereitschaft und Anpassungsleistung des Analysanden, die jedoch nicht unproblematisch sind.

Damit ergibt sich als weitere Frage: Wie steht es um die Deutungsmacht etwa der Partner in Paarbeziehungen? Oder anders gefragt: Wie läßt sich hier – immer vorausgesetzt, man mißt Träumen eine auch für die Paarbeziehung zentrale Bedeutung zu – ein Deutungsarrangement für die Träume entwickeln, die die Partner in ihre Beziehung einbringen und von deren Bearbeitung sie sich eine für die Beziehung konstruktive Wirkung versprechen?

Aus der Sicht des systemischen Therapeuten zeigt sich hier folgendes Problem: Paare, die einen systemischen Therapeuten aufsuchen, sind typischerweise in einen offenen oder verdeckten Machtkampf verstrickt, der sich oft in dem manifestiert, was sich als *maligner Clinch* beschreiben läßt. Die Verstrickung ist um so größer, als sie aus einer Altlast von Verletzungen und vermeintlichen Ungerechtigkeiten erwächst, die jeder Partner auf der Basis seiner Konstruktion der zwischenmenschlichen Realität und, damit verbunden, seiner Bewertungs- und Verrechnungskriterien erinnert und bewertet. Man kann auch sagen: Die Partner rechnen dann jeweils, geht es um das partnerschaftliche Verdienstkonto, in Währungen ab, die nicht miteinander konvertibel sind (vgl. Stierlin 1997, Kapitel »Verrechnungsnotstände«).

Daraus ergibt sich: Systemische Therapeuten sind vor allem gefordert, den Partnern zu helfen, Wege aus Machtkampf und Clinch zu finden und bezogene Individuation zu fördern. Das kann auf vielerlei Weise geschehen. Aber im allgemeinen bedeutet dies, daß sie ihre Aufmerksamkeit weniger auf die Inhalte von Aussagen über Träume und auf die sich durch die Träume vermittelnden Beziehungsphantasien als auf die (formalen) Muster,

»Spielregeln« und unterschiedlichen Verrechnungssysteme zu richten haben, die den Machtkampf und Clinch aufrechterhalten. Für therapeutische Interventionen bietet sich dann jeweils eine doppelte Stoßrichtung an: eine, die bei den Mustern der Interaktion, so wie sich diese dem von außen beobachtenden Therapeuten zeigen, ansetzt, und eine, die die verinnerlichten Grundannahmen, Leitunterscheidungen, Geschichten, Bewertungen und Erwartungen zu beeinflussen sucht, die in den Partnern eine jeweils bestimmte Motivations- und Verrechnungsdynamik aktivieren. Der Königsweg, auf dem solche Interventionen zur Wirkung gelangen, ist demgemäß nicht die Analyse und Deutung von Träumen, durch die sich ein Zugang zum Unbewußten erschließt, sondern es sind Fragen, die der Therapeut stellt und die dazu angetan sind, Unterschiede einzuführen, die für das Selbstverständnis und die Motivationsdynamik der Partner wie auch für die Gestaltung von deren Beziehung einen Unterschied machen können. Und das sind dann eben nicht mehr Fragen, die sich so oder so auf Träume beziehen.

Die Bedeutung des Kontexts

Dabei spielt nun der (zeitliche, räumliche, interaktionelle und ideengeschichtliche) Kontext, in dem etwas gezeigt oder gesagt wird, eine zentrale Rolle. Diesen Kontext kann man als Therapeut umdeuten, erweitern oder neu markieren, und kann damit auch den gezeigten Mustern, dem jeweiligen Spiel, aber auch den verhaltensanleitenden Grundannahmen und Motiven eine neue – möglichst clinchlösende – Bedeutung geben. Und das gilt nun auch für den – relativ seltenen – Fall, daß Klienten in einer systemischen Therapie in Gegenwart des Partners spontan über Träume berichten, die sie für sich und den Partner für bedeutsam halten.

In einem solchen Fall berichtete eine Frau von einem Traum, in dem sie erlebte, wie ihr Partner als Werwolf ein Schmuckstück zerbiß, das sie von ihrer Mutter geerbt hatte. In dem sich anschließenden Streit mit dem Partner fühlte sie sich durch ihren groben Werwolf-Mann so stark an die Wand gepreßt, daß sie voller Angst erwachte. Sie selbst deutete den Traum in Anwesenheit des Mannes sogleich so, daß dieser sie einmal wieder an ihrer verwundbarsten Stelle – der Loyalität, die sie ihrer Mutter gegenüber empfand und die der Mann angeblich nicht respektieren wollte – zu verletzen suchte.

Es hätte naheliegen können, diesen Traum zum Anlaß zu nehmen, den für sie selbst und die Partnerbeziehung bedeutsamen Konflikt zur Sprache zu bringen, der aus ihrer starken Bindung an die Mutter erwuchs, durch die sich ihr Partner in den Schatten gestellt sah. Ich hätte sie auch ermuntern können, ihrem Gefühl des Überwältigtwerdens durch ihren Werwolf-Mann noch mehr Ausdruck zu geben – für sie die wohl zentrale Beziehungsphantasie – oder, wenn man so will, diese Phantasie mittels ihrer Assoziationen noch weiter auszuspinnen. Es bestand indessen Grund zu der Annahme, daß dies keinen Unterschied bewirkt hätte, der einen Unterschied im obigen Sinne hätte machen können: Der Loyalitätskonflikt war schon in einer vorangegangenen Sitzung zur Sprache gekommen, und die – offene oder implizite – Ermutigung, ihren negativen Gefühlen ihrem Mann gegenüber noch freieren Lauf zu lassen, hätte den Paarbeziehungshorizont voraussichtlich nur noch mehr verdüstert.

Statt dessen erschien es sinnvoll, Fragen zu stellen, die nunmehr den Kontext der Paarsitzung, in der der Traum berichtet wurde, berücksichtigten, so zum Beispiel: »Was meinen Sie, ist die Tatsache, daß Sie Ihren Traum so unvermittelt in die Paarsitzung eingebracht haben, bei Ihrem Manne eher dazu angetan, Sie wegen Ihrer Bereitschaft zur Offenlegung eines konfliktbesetzten Traumthemas zu respektieren, da ihm dies nun auch leichter machen könnte, mit sozusagen offenem Visier mit Ihnen zu kämpfen, oder wäre es bei diesem eher dazu angetan, sich heftig zu verteidigen und bei seinen Gegenattacken womöglich noch einen Zahn zuzulegen?« Durch diese und ähnliche Fragen – die sich sowohl an sie selbst als auch an ihren

Ehemann richteten – lassen sich möglicherweise beide einladen, für einen Augenblick ihre starken Emotionen hintanzustellen und auf das Muster des eskalierenden Machtkampfes zu achten, in dem sie beide befangen waren. Aber das hatte nun in einer Weise zu geschehen, die auch Verständnis für das Verhalten der Frau zu bezeugen suchte, ja in diesem Verhalten auch eine Ressource für eine konstruktive Bewältigung des Paarkonfliktes sichtbar machen konnte. Was nicht ausschloß, daß zu einem späteren Zeitpunkt, als sich die emotionalen Wogen schon etwas geglättet und, damit einhergehend, die Partner gelernt hatten, einander zuzuhören und einen gemeinsamen Aufmerksamkeitsfokus zu teilen, sich auch der angedeutete Loyalitätskonflikt wieder zur Sprache bringen ließ – aber nunmehr mit besseren Aussichten für dessen konstruktive Bewältigung.

Diese Andeutungen dürften genügen, um verständlich zu machen, daß Träume, falls sie überhaupt in eine systemische Therapie eingebracht werden, sich weniger wegen ihrer zu entschlüsselnden Bedeutung als wegen ihrer Brauchbarkeit für systemische Interventionen nutzen lassen. Und diese können dann sowohl bei den Mustern der Beziehung als auch bei den jeweils verinnerlichten, verhaltensanleitenden Grundannahmen und Geschichten der Partner ansetzen. Im optimalen Falle lassen sich so im Zuge eines Feed forward, das heißt von abweichungsverstärkenden Rückkopplungen, schnelle wie auch anhaltende Veränderungsprozesse sowohl in den einzelnen Partnern als auch in deren Beziehung in Gang setzen.

Noch einmal zur Rolle von Träumen in der systemischen Therapie

Bedeutet das nun, daß Träume und Beziehungsphantasien in der systemischen Therapie, wie ich sie vertrete, keinen Platz haben? Das dürfte indessen nicht der Fall sein. Wohl aber bedeutet es, daß wir einerseits den jeweiligen Kontext mehr als bisher zu berücksichtigen haben und wir andererseits den Begriffen Traum und Beziehungsphantasie im Vergleich zu dem, was sich uns in den klassischen psychoanalytischen Schriften zur Traumdeutung vermittelt, eine andere und erweiterte Bedeutung zu geben haben.

Um noch einmal auf den Kontext zurückzukommen: Das obige Beispiel des Werwolf-Traums war in einem ganz bestimmten Kontext angesiedelt: dem einer Paarbeziehung, in der ein (offener oder verdeckter) Machtkampf oder eben ein maligner Clinch das Paargeschehen prägte. Das Leiden an solchem Clinch hatte die Partner in die Therapie geführt. Daraus resultierte der Auftrag an den Therapeuten, in erster Linie als Clinchbrecher tätig zu werden. In meiner Erfahrung ist es in der Tat ein sich so oder so darstellendes Machtkampfszenarium, das viele, wenn nicht die meisten Paare in eine Paartherapie führt. Es gibt aber zweifellos auch Szenarien, in denen Machtkampf und Clinch das Geschehen weniger oder gar nicht bestimmen und daher eine andere Auftragslage besteht. So kann es das Anliegen der Partner sein, mit Hilfe eines Außenstehenden gleichsam den Status ihrer bezogenen Individuation zu überprüfen, also sich beispielsweise zu fragen, ob und wie in einer bestimmten Phase des individuellen und Paar-Lebenszyklus – wie etwa nach dem Flüggewerden der Kinder – die Balance von Nähe und Distanz geändert werden könnte oder geändert werden sollte. Geht man von solchem Kontext aus, könnte sich auch ein partnerschaftlicher Traumaustausch als sinnvoll erweisen und ließe sich demzufolge auch der genannte Werwolf-Traum als ein Hinweis darauf deuten, daß es zwischen den Partnern zu dicht geworden ist und sie dementsprechend gut daran täten, Eigenbereiche sowohl mehr selbst zu entwickeln als auch beim Partner zu tolerieren. Aber hier stellte sich dann die Frage, ob es dabei noch um etwas geht, das den Namen Therapie verdient, ja ob gerade solche Paare noch Therapie nötig haben.

Aber geht es um die Bedeutung von Träumen in der systemischen Therapie, wird noch eine weitere Überlegung wichtig: Die klassischen psychoanalytischen Schriften zur Bewertung und Deutung von Träumen fassen den Traumbegriff in der Regel eng: Träume werden darin als Sprößlinge des sich im Schlaf regenden Unbewußten den Tagesproduktionen gegenübergestellt, die sich dem Realitätsprinzip zu beugen haben.

Aber solche Grenzziehung erweist sich im Lichte vieler neuerer Erkenntnisse und Erfahrungen als zunehmend fragwürdig. Dazu gehört etwa die Erkenntnis, daß die innere Traumwerkstatt eines Individuums, auf die ich anfangs anspielte, offenbar nicht nur nachts, sondern auch tagsüber in einem Rhythmus von etwa eineinhalb Stunden in Betrieb bleibt. Das heißt, auch tagsüber ist unser Unbewußtes fast fortlaufend um eine kreative Lösung der uns beschäftigenden Probleme und damit um Selbstregulation bemüht. Und dabei zeigt es sich nun gleichsam löchrig zur Alltagswelt und zum Alltagserleben hin. Anders gesagt: Es zeigen sich viele Löcher, durch die hindurch dieses Unbewußte Anregungen sowohl aus dem Alltagserleben aufnimmt als auch, in einem rekursiven Prozeß, Anregungen dorthin aussendet. Vor allem Milton Erickson und die ihm verpflichteten Hypnotherapeuten – zu denen auch der anfangs erwähnte Ernest Rossi gehört, der sich um die Klärung gerade dieser Zusammenhänge besondere Verdienste erworben hat – haben uns dafür sensibilisiert, wie über Tagträume, über Geschichten, über die jeweils verwendeten Metaphern und Bilder sich Phantasien und, damit verbunden, auch leichte Trancezustände auslösen lassen, die nun alle auf die Arbeit der inneren Traumwerkstatt Einfluß haben. Das kann in einer Weise geschehen, die sich auf das Individuum (und damit letztlich auch auf die Paar- und Familienbeziehung) befreiend, problemlösend, Zuversicht und Hoffnung weckend auswirkt; es kann aber auch so geschehen, daß eher das Gegenteil eintritt. (So kann beispielsweise schon in den ersten Minuten eines Paargespräches die Betonung von und Suche nach Problemen einen die ganze folgende Therapie belastenden Erwartungshorizont schaffen, worin Vorstellungen oder nun auch Phantasien von tiefsitzenden und schwerwiegenden Problemen und damit verbundener Schuld und Defizienz dem therapeutischen Geschehen die Richtung weisen.)

Man könnte daher etwas grob sagen: Systemische Therapeuten haben mit solchen Alltagsphantasieszenarien schon genug
am Hals, was sie herausfordert und beschäftigt, so daß sie sich
nicht auch noch um Träume zu kümmern brauchen. Denn gerade weil solche Alltagsphantasien immer präsent und/oder an-
regbar sind, stellt sich ihnen auch vermehrt die Aufgabe, auf die
Muster und Spielregeln zu achten, die entweder dazu angetan
sein können, einen bereichernden Dialog zwischen den Partnern zu ermöglichen – einen Dialog, der unter bestimmten Umständen auch den Austausch über Träume einschließen kann –,
oder eben auch bewirken können, daß sich die Partner in einer
unendlichen Beziehungsklärung verhaken und sich weiter in offenen oder verdeckten Machtkämpfen und Mißverständnissen
verbiestern.

Thea Bauriedl und Helm Stierlin

Systemisches und
psychoanalytisches Denken

Eine Podiumsdiskussion
moderiert von Eva Jaeggi

Jaeggi: Ich denke, es ist keine Gefahr, daß wir allzu schnell
sagen: Wir meinen sowieso das gleiche. Wir meinen offensichtlich nicht das gleiche in ganz vieler Beziehung. Und dazu ist ja
auch dieses Symposium da. Aber ich glaube, daß es auch doch
wiederum Aspekte gibt, die gegenseitig interessant sein könnten. Ich habe zumindest als Psychoanalytikerin gerade am
Schluß der Ausführungen von Helm Stierlin einige Dinge gesehen, wo ich denke, so könnte ich es auch, vielleicht anders

formuliert, sehen. Aber ich glaube, es wird im Laufe der Diskussion sehr klar werden, daß hier unterschiedliche Aspekte, unterschiedliche Menschenbilder, unterschiedliche Vorstellungen von Wissenschaft da sind. Vor allem, wie man etwas wissenschaftlich erforscht und natürlich auch ganz andere Vorstellungen vom Unbewußten.

Bauriedl zu *Stierlin*: Ich dachte, es gibt zwei Schwerpunkte, in dem, was Sie gesagt haben: Der eine ist wissenschaftstheoretischer Art und der andere ist methodischer Art. So habe ich es jedenfalls verstanden und jetzt hätte ich gerne eine Antwort von Ihnen auf meine Gedanken, die ich hatte, während ich Ihnen zuhörte. Und zwar denke ich, daß Wittgensteins Nebel davon kommt, daß er glaubt, man brauche, um wissenschaftlich zu sein, eine saubere Objektivität. Nur, wenn man das glaubt, dann fühlt man sich im Nebel, wenn man andere Vorstellungen hat. Aber es ist ja auch schon einige Zeit her, daß Wittgenstein dies gesagt hat und außerdem hat er sicher nicht nur das gesagt. Also, durchaus gerade nicht. Ich meine, im Laufe dieses Jahrhunderts hat sich die Vorstellung von Wissenschaftlichkeit ja sehr verändert in Richtung auf Interaktion, Dialog und Prozeß. Eine Relativitätstheorie wurde wichtig, nicht nur in der Physik, sondern auch im Bereich der Sozialwissenschaften und der Psychologie. So scheint mir das auch ein Mißverständnis der Psychoanalyse zu sein, wenn man sie nur so sieht, als hätte der Psychoanalytiker die Deutungsmacht und würde sie auch in jedem Fall so ausnützen, wie er sie hat. Ich meine, daß ein Psychoanalytiker, der das tut, kein Vertrauen in die Heilungsmöglichkeiten in zwischenmenschlichen Beziehungen hat. Die Vorstellung, daß der Psychoanalytiker seine Deutungsmacht *gegen* den Analysanden einsetzt, ist ein Zerrbild der Psychoanalyse. Da wird Psychoanalyse, wie sie sein kann, nicht gesehen. Mir scheint, daß wir zur Zeit in einer Phase sind, wo eine neue Naturwissenschaftlichkeit propagiert wird, die auch den Ruf nach einer sauberen Form der Therapie nach sich zieht. Sauber zum Teil, wie ich meine, befreit vom Unbewußten. Das war der wissenschaftstheoretische Teil.

Stierlin: Man kann natürlich sehr unterschiedliche und auch legitime Vorstellungen von Wissenschaft haben. Man kann der objektivierenden, sozusagen idiotensicheren Wissenschaft der Naturwissenschaften eine mehr hermeneutisch vorgehende gegenüberstellen, die Sinngehalte erschließt. Das ist absolut legitim, da habe ich gar nichts daran auszusetzen. Es gibt ja eine lange Debatte in unseren Kreisen darüber. Aber das Problem ist: Immer dann, wenn die Inhalte, um die es geht, vieldeutig werden, wird die Frage des Konsenses und die einer gemeinsamen Bewertung zentraler. Ich habe in meinen Schriften unterschieden zwischen der sogenannten harten und der weichen Realität. Ich glaube, Frau Bauriedl, wir haben keine große Schwierigkeit, uns darüber zu einigen, daß wir gemeinsam an einem Tisch sitzen, der weiß ist und hart. Obgleich Physiker, die subatomare Teilchen studieren, sagen können, das ist ja gar kein Tisch, das ist ein Wirbel von subatomaren Teilchen. Aber auf dieser Ebene können wir uns einigen. Aber wenn es zum Beispiel darum geht, ob nun ein bestimmtes Verhalten Ausdruck und Folge von Zuneigung ist oder von Abstand nehmen oder ob es eine verdeckte Form von Haß ist, wird es sehr viel schwieriger, einen Konsens herzustellen. Und es wird auch immer schwieriger, wenn man etwa mit so fragilen Gewächsen wie Träumen zu tun hat, einen Konsens darüber herzustellen, was sie eigentlich bedeuten können. Aber, wenn wir schon darüber kommunizieren, müssen wir uns irgendwie um einen solchen Konsens bemühen. Sonst redet jeder ja in seinem eigenen solipsistischen Käfig. Wenn man sich freilich um einen Konsens bemüht, wird es sehr schwierig, Fragen zu vermeiden wie: Wer entscheidet letztlich darüber, was zu gelten hat? Dann geht es um Fragen der Deutungsmacht. In meiner Erfahrung geht es in Paarbeziehungen, die sehr belastet sind, wo Symptome auftreten, fast immer um die Frage: Wessen Realität gilt? Also, gilt die Realität der Frau, die den Mann sieht als einen sich zurückziehenden Faulpelz, oder gilt die Realität des Mannes, der die Frau sieht als eine ständig ihn anklammernde Tomate, die ihm gar keinen anderen Ausweg läßt, als sich in die Ecke zu begeben. Also, solche Unterschiede der Sichten des

Verhaltens des Partners führen dazu, daß sich darauf dann auch Mißverständnisse, Anklagen, Verletzungserlebnisse aufbauen. Der Punkt, den ich klarzumachen versuche, ist, daß es bei der Analyse von Träumen noch schwieriger ist als bei sonstigen Inhalten, die in einer Paarbeziehung zur Sprache kommen, hier einen Konsens zu finden und einen inneren Abstand einzuführen.

Bauriedl: Darf ich darauf nochmal antworten? Also, ich glaube, da ist wirklich ein wesentlicher Unterschied. Mir geht es überhaupt nicht um Konsens, überhaupt nicht um Einigung, auch nicht um Entscheidung. Die Deutungsmacht, um die wird freilich gekämpft zwischen den Partnern, das ist ganz klar, wenn es um einen Machtkampf geht. Und dieser Kampf kann sich oder wird sich dann auch wiederholen in der therapeutischen Beziehung. Und wenn Analysen schlecht laufen, dann kämpfen Therapeuten gegen Patienten um die Deutungsmacht und umgekehrt. Was ich meine, ist etwas ganz anderes. Deswegen habe ich gesagt, das Wesentliche ist für mich die Mitteilung und der Verständigungsprozeß. Wir werden nie die gleiche Wahrnehmung haben, das ist auch überhaupt nicht nötig. Aber wichtig ist die Möglichkeit, das mitzuteilen und eine Resonanz zu finden beim anderen. Resonanz ist mir viel wichtiger als Gleichheit – die halte ich sowieso für eine Illusion. Aber dieser Prozeß der Verständigung, das ist mir das Wichtige an der Sache. Und deshalb ist auch die therapeutische Intervention sehr unterschiedlich in den beiden Verfahren.

Stierlin: Ich kann dazu sagen, es kann nicht immer Konsens bestehen. Aber dann muß man mit Dissens leben können. Das ist etwas sehr, sehr wichtiges: dem anderen erlauben, seine andere Sicht zu haben. Und auch stehen lassen können, daß hier Konflikte sind, die sich nicht lösen lassen. In meinen Schriften habe ich ausgeführt, was ich für ein ganz wichtiges Kennzeichen der bezogenen Individuation halte: Daß ein Austausch möglich wird gerade auf der Basis der erreichten Eigenbereiche, der Individuation. Die große Gefahr, die ich sehe, ist immer – aber ich lasse mich gern überzeugen – daß gerade, wenn man meint, man ist eingestimmt auf den Partner, man sozusagen die Verschiedenheiten überkleistert. Und ich meine, das kann sehr schnell geschehen, wenn man sich so in einen Traumzustand begibt. Vielleicht hat es auch, gerade vom therapeutischen her mit diesen unterschiedlichen Verrechnungssystemen zu tun, die Sie eben als unterschiedliche Wahrnehmungen bezeichnet haben. Ich habe jetzt gerade eine Arbeit geschrieben, wo ich Verrechnungsnotstände beschrieben habe, die einfach darauf zurückzuführen sind, daß Partner das, was sie eingebracht haben, was ihnen zusteht, in der Beziehung, völlig anders sehen, und damit irgendwann nicht mehr zurechtkommen. Das kann man auch nicht übertünchen.

Bauriedl: Es geht mir auch nicht um Übertünchen, sondern um – also jetzt therapeutisch methodisch – um Verstehen. Wenn ich verstehe, aufgrund welcher Ängste, aufgrund welcher Wünsche, diese unterschiedlichen Verrechnungssysteme aufrechterhalten werden müssen, nämlich damit man einen sicheren Abstand und eine sichere Nähe zueinander hat, dann kann ich Teile von bisher abgespaltenen und in Polarisierung ausgetauschten psychischen Inhalten dort wieder sehen, wo sie hingehören, nämlich beim einzelnen. Ich war Ihnen für den Begriff »bezogene Individuation« immer sehr, sehr dankbar. Ich beziehe mich auch oft auf diesen Begriff, weil es ein dialektischer ist. Und das ist etwas ganz Elementares in der Psychoanalyse, so meine ich: das dialektische Denken. Das scheint mir im systemischen Denken sehr stark mechanistisch geworden zu sein. Da wird für mich dann der Mensch das Abbild eines Rechnungssystems. Ich kann aber trotzdem in sehr vielen Begriffen und Vorstellungen der systemischen Therapie und Theorie Parallelen finden. Natürlich findet man, wenn man mit Paaren arbeitet, zu ähnlichen Vorstellungen, wie die Therapie gehen könnte, und auch zu ähnlichen Vorstellungen, wie eine gesunde Paarbeziehung aussieht. Aber für mich geht es dabei auch immer darum, die Dialektik und die Gegenläufigkeit der unbewußten Phantasien miteinzubeziehen. Und dann brauche ich weniger von außen – im hypnotherapeutischen Sinn von außen – Phantasien zu verändern, sondern ich kann in die Phantasien mit hineingehen und dort die Veränderungsimpulse und Wünsche auffinden und ihnen Resonanz geben. Dann fangen die Partner von selbst an, sich zu verändern, jeder einzeln und damit auch die Beziehung. Das ist meine Vorstellung von Veränderung.

Stierlin: Niemand kann in den anderen hineinsehen. Es ist sehr löblich, sich um Verstehen zu bemühen, aber die Praxis zeigt einfach, das ist ein sehr schwieriger Prozeß. Dazu gehört ja, daß man einen gemeinsamen Aufmerksamkeitsfokus teilt, daß irgendwie klar wird: Das meine ich, das sind meine Phantasien, das sind die Phantasien des anderen, daß man Gemeinsamkeiten und Unterschiede anerkennt. Das gehört alles dazu. Ich darf in diesem Zusammenhang vielleicht eine Erfahrung einflechten, die mich sehr beeinflußt hat, auf das Formale zu schauen, was den meisten hier vielleicht etwas abwegig erscheint. Ich habe lange Zeit an einem Forschungsinstitut mit dem Kommunikationssystem von Familien gearbeitet, in denen eine Schizophrenie aufgetreten ist. Dort haben Margaret Singer und Lyman Wynne für mein Gefühl geniale Untersuchungen mit der Auswertung von Kommunikationsabweichungen anhand von Rorschach-Tests durchgeführt. Sie konnten aufgrund der Rorschachs der Eltern voraussagen, ob in dem Kind eine schizophrene Störung vorlag und auch, welcher Art. Sie haben eine Trefferquote von fast 100 % erreicht, außer in einem Fall. Und in diesem einen Fall, wo das schief gegangen ist, waren die Inhalte völlig gleich, die Eltern waren völlig aufeinander eingestimmt in ihren Phantasien. Da zeigte sich so eine Harmonie, und diesen formalen Aspekt hatten die Forscher außer acht gelassen. Mit »formal« meine ich die Strukturen, die Spielregeln der Kommunikation. Aus diesem Grund halte ich das für so wichtig.

Jaeggi: Ich würde gern auch noch ganz kurz das Wort Deutungsmacht aufgreifen. Das Buch von Pohlen hat ja viele aufgeregt und erregt – der Titel ist ja auch sehr eingängig. Er tut so, als wäre die Macht des Therapeuten vor allem die des Deutens. Und das möchte ich doch zurückweisen. Die Macht des

Therapeuten ist, egal welche Therapieform, in irgendeiner Weise vorhanden. Ich denke nicht, daß Systemiker da in einer anderen Lage sind als Analytiker. Es sind andere Dinge, wie sie ihre Klienten beeinflussen können. Und immer ist es Aufgabe der Therapeuten, dieses Machtgefälle anders zu strukturieren, möglichst gering zu halten, aufzulösen. Ich denke, so eingängig es auch klingt, daß der Analytiker mit seinen Deutungen nun die Welt des Klienten strukturiert, sollte man das doch mal als Analytiker auch weitergeben. Es geht immer um Macht und in jeder Therapieform. In diesem Zusammenhang würde ich auch sagen, [zu Stierlin] das Beispiel des Werwolf-Traums, das du gebracht hast, das würde ein Analytiker nie so deuten, vor allem auch, wenn es um Paarträume geht, würde es nie so gedeutet werden: »Aha, Sie erleben Ihren Mann als so böse«. Natürlich wird vom Paar selbst so gedeutet, aber das wäre sicher nicht die Deutung, bei der man stehenbleibt. Sicher würde man zum Beispiel in der Traumwerkstatt mit vielen Assoziationen auch des Partners, mit vielen Erlebnissen, Erinnerungen arbeiten. Und was dann zum Schluß herauskommt, ist nicht die Wiederholung dessen, was sowieso bewußt ist, nämlich daß es um einen Machtkampf geht und um Loyalitätskonflikte, sondern es würden möglicherweise eben andere Strukturen sich unter diesem manifesten Traumtext erschließen. Deswegen denke ich, ist das Beispiel schief, so faszinierend ich es finde, wie du damit umgegangen bist. So kann man natürlich umgehen mit jeder Sache, die jemand erzählt, und ich halte es auch für sinnvoll. Aber ich denke, zu sagen, so mache ich es nicht wie die Analytiker, das ist ein bißchen ein ungerechter Vorwurf, weil es auch kein Analytiker so machen würde.

Stierlin: Ich gebe gerne zu, und ich glaube, für systemische Therapeuten ist es selbstverständlich, daß sie Macht ausüben und sie einbringen und sich sozusagen zum Manipulieren bekennen, denn wir alle manipulieren – das ist ganz klar. Der Unterschied, den Manfred Pohlen zum Beispiel herauszuarbeiten meint, ist, daß die Analytiker die Macht haben. Mein Ziel wäre: Wir wirken emanzipatorisch. Er meint, da ist so eine Mystifizierung, gegen die er anrennt. Und wenn man genau nachliest, glaube ich, kann man manches für seine Argumente sagen. Also, ich habe mich sehr intensiv mit dem Buch beschäftigt.

Bauriedl: Nur hat er selbst früher nichts anderes gepredigt als die Emanzipation in der Psychoanalyse. Und wie! Ich wollte nur gerne sagen: Was ist denn dann Macht? Das müßte man dann definieren.

Stierlin: Macht sozusagen als Möglichkeit, andere Menschen einzuschränken. Ein Diktator hat die Macht, jemanden ins Gefängnis zu werfen. Ich lese gerade ein Buch über Mao Tse Tung. Er hatte die Macht, Leute, die ihm nicht gefielen, sofort verschwinden zu lassen. Also, das ist eine extreme Macht. Aber, wenn beispielsweise es darum geht, Macht auszuüben über Menschen, die sozusagen autonome Systeme sind, die sich Gedanken machen, dann wird die Sache sehr viel schwieriger, dann wird die Sache komplexer. Ein Beispiel: Eine Mutter, die ihr Selbstwertgefühl davon abhängig macht, daß ihr Kind gedeiht, gibt dem Kind Macht. Denn wenn es sich als Versager zeigt, drogenabhängig wird, hat es die Macht, sozusagen die Mutter an ihrem verwundetsten Punkt zu treffen. Dann beginnt eine Beziehungsdialektik der Macht. Wo es sehr kompliziert wird. Und ich glaube, man muß auch die Beziehung unter diesen Aspekten sehen: Welche Faktoren tragen zur Macht bei? Zum Beispiel: Systemische Therapeuten sehen Patienten viel weniger als Analytiker. Ich glaube schon, daß die Länge der Therapie auch die Abhängigkeit, die sich dadurch einstellt, ein Faktor in dem Machtgefälle werden kann, unter anderem.

Bauriedl: Nur, die Abhängigkeit ist schon vorhanden. Die Struktur, mit der ein Patient oder eine Patientenfamilie kommt, die enthält ja das Problem der Abhängigkeit in dem Sinn, daß dauernd gegen die Abhängigkeit gekämpft wird und dadurch Abhängigkeit entsteht, also neurotische Abhängigkeit. Wenn die natürliche zwischenmenschliche Abhängigkeit nicht ausgehalten werden kann, entwickelt sich die suchtartige Abhängigkeit. Also, wir haben da ganz unterschiedliche Vorstellungen von Abhängigkeit. Ich meine auch, daß Patienten mit inneren

Vorstellungen, also Beziehungsphantasien von Machtkämpfen, kommen. Da ist die Gefahr enorm groß, daß der Therapeut welcher Provenienz auch immer, mitspielt in diesem Machtkampf. Die Psychoanalyse hat mindestens die Chance. Ich will überhaupt nicht sagen, daß Psychoanalytiker diese Chance immer nützen, aber sie entsteht in ihrem methodischen Konzept; die Chance, daß der Therapeut in seiner Eigenanalyse merkt: Ich bin in einem Machtkampf mit dem Patienten, oder ich gerate mit hinein, und ich kann durch Eigenanalyse, weil ich eben lange Erfahrung habe und weil das das Zentrum meiner Arbeit überhaupt ist, versuchen, alternativ zum Machtkampf in eine *dialogische Beziehung* einzusteigen. Dadurch kommt man automatisch aus dem Machtkampf heraus, indem man aktiv versucht, sich zu verständigen. Verständigung heißt: Mitteilen, Fragen und Antworten. Und das ist eine ganz andere Beziehungsstruktur als die Frage: »Wer hat recht?« So verstehe ich Psychoanalyse: Als ein Herauskommen aus dem, vom Patienten mitgebrachten, vom Therapeuten unter Umständen mitgespielten Machtsystem. Und das wäre die Potenz, nicht die Macht, sondern die Potenz des Analytikers, sich selbst in dieser Struktur zu verstehen und zu sehen, an welchen Stellen er selbst mitspielt, indem er dem Patienten sagt, wie er ist. Das ist immer schon passiert mit den Patienten, daß man ihm gesagt hat, wie er ist. Das ist natürlich eine fatale Geschichte, wenn sich das in einer Analyse oder einer anderen Therapie nur wiederholt. Wenn es gut geht, kann der Analytiker mit den Szenen des Machtkampfs so umgehen, daß er seinerseits alternative Szenen einführt, nämlich Szenen der Verständigung.

Schiff ohne Fahrrad?
Ein Paartraum im Gespräch

Im zweiten Hauptteil geht es um das Herzstück dieses Bandes. An einem Beispiel sollen drei unterschiedliche Zugänge zum Traum erprobt werden ohne Angaben zum biographischen Hintergrund und zum Assoziationsverlauf in der Gruppe.

Natürlich widerspricht es der psychoanalytischen Haltung zum Traum, die Einfälle des Träumers nicht zu berücksichtigen. Allerdings zielt unser Experiment auch nicht auf die psychische Wirklichkeit der Träumer. Das wäre nach unserem Verständnis von Deutung auch nicht möglich. Hätten wir den Seminarteilnehmern auch die Assoziationen vorgelegt, so wären allein dadurch die »Deutungen« auch nicht valider geworden: denn die Träumer waren nicht da. Und wären sie dagewesen, so wäre es eine andere Gruppe gewesen, mit der sie ihre Träume bearbeitet hätten. Daß wir den Interpretationsgruppen die Einfälle vorenthalten haben, verdeutlicht, daß es uns nicht um die Deutung der Träume dieser realen Träumer ging, sondern um den Traum, den er im Seminar anstößt und um die Bewegung, die daraufhin entsteht.

Zunächst stellen wir das Traummaterial vor, das den Seminaren zur Verfügung stand, danach drei Protokolle der parallelen Arbeitsgruppen. Das Klima einer Großgruppe (jeweils 80 Teilnehmerinnen und Teilnehmer) ist auch mit Tonbandgeräten und Mitschriften schwer einzufangen. Protokollieren ist eine teilnehmende Beobachtung, eine subjektive Sicht, die den Versuch unternimmt, herauszuarbeiten, was in der jeweiligen Gruppe Bedeutung gewonnen hat.

Anschließend an diese Protokolle werden die biographischen Informationen nachgetragen. Dabei wird einiges an Hintergrund zu erfahren sein – aber des Rätsels Lösung wird, obwohl der Titel es ironisch verheißt, nicht geboten. Und das mit Absicht. Es geht uns nicht darum, etwas zu erraten, jemandem auf die Schliche zu kommen – sondern wir wollen einen Gesprächsraum anbieten, in dem verschiedene familientherapeutische Methoden miteinander über den Traum verhandeln können.

Die Offenheit unseres Gesprächsangebots an dieses Symposium entspricht unserer Haltung in den Traumgruppen selbst. Auch hier arbeiten wir »without memory and desire« (Bion 1967), ohne auf bestimmte Komplexe hinauszuwollen und ohne Veränderungsabsicht. Unser Vorgehen ist tendenziell, nämlich soweit es uns gelingt, nicht-deutend. Auch die Teilnehmer bitten wir, möglichst nicht zu deuten und zu fragen, sondern sich ihren eigenen Bildern zu überlassen. Der Gruppenverlauf wird nur insofern beeinflußt, als eine zu tiefe Regression vermieden wird. Das hat zur Folge, daß jede Gruppe bei jedem Traum nur so weit kommt, wie sie eben kommt, daß Themen ausgespart bleiben und auch bleiben dürfen. Wir werden das sehen.

Die Podiumsdiskussion, die die Tagung abschloß, widmete sich zum einen dem Vergleich der parallelen Fallbearbeitungen in den von Bauriedl, Jaeggi und Stierlin geleiteten Arbeitsgruppen und darüberhinaus dem Vergleich der Grundannahmen der systemischen und der psychoanalytischen Familientherapie. Ein zusammenfassender Artikel von Eleonore Metzker-Podhorsky soll den Vergleich zwischen diesen Perspektiven herstellen. Ein weiteres Thema der Podiumsdiskussion, nämlich die Frage nach der therapeutischen Nutzung von Paarträumen, wird im nächsten Hauptteil von Andreas Hamburger gesondert diskutiert. Martina Roth schließt mit ihrem Beitrag über die heldische Position diesen Teil ab, in dem sie die Träume des Paares und den Gruppenverlauf in eine größere, kulturanalytische Perspektive stellt.

Die Traumbeispiele, die wir ausgewählt haben, sind bewußt nicht spektakulär. Es wird keine Katze aus dem Sack gelassen.

Die Träume sind eher typische Beispiele aus einer Paargruppe – da bleiben die Katzen gelegentlich im Sack, und das darf auch so sein. Das Beispiel wird zeigen, daß der Traum vielleicht ein königlicher Weg zum Unbewußten ist – und das heißt, zu den unbegriffenen Umgangsweisen –, aber keine Rolltreppe. Wir glauben, daß auch in der Traumarbeit mit diesem Paar Wesentliches unausgesprochen geblieben ist. Auch deshalb haben wir dieses Beispiel ausgewählt.

Es stammt von einem Paar aus einer Forschungsgruppe der Traumwerkstatt, das nicht mit einem therapeutischen Anliegen kam, sondern nur neugierig auf sich selbst war, allerdings auch Anlaß hatte, es zu sein. Frau Grübig ist Anfang dreißig, ihr Mann ein gutes Jahrzehnt älter. Das Paartraumseminar fand an zwei Wochenenden statt, mit einem Abstand von 14 Tagen dazwischen.

Traum der Frau

Dieser Traum wurde am ersten Wochenende in der 3. Sitzung des Traumseminars erzählt. Die Träumerin hat ihn ungefähr viereinhalb Monate vor diesem Seminar geträumt. Das Paar war zu diesem Zeitpunkt bereits zum Seminar angemeldet.

Wir fahren mit dem Rad an einen See, und im Traum bin ich mir gar nicht so sicher, daß es Gerd ist, aber im Traum ist sicher, daß das mein Partner ist. Warum ich unsicher bin, daß das der Gerd ist, ist aus dem Grund, weil er ganz anders aussieht. Also, ich bin deswegen nicht sicher, daß es Gerd ist, weil er im Traum ganz anders aussieht. Ich erinnere kein Gesicht, aber er ist klein und dick (lacht und wiederholt es). Wir fahren mit dem Rad und kommen an den See. Wir können nicht, wie wir es uns vorgestellt haben, direkt auf den See zufahren, nur ein bißchen an dem See entlang, bis zu einem Bootshaus. Es ist alles abgesperrt, und wir ärgern uns ganz furchtbar. Es ist abgesperrt, weil eine Segelregatta stattfindet, aber nicht nur mit Segelbooten, sondern erstaunlicherweise auch mit Tandems oder mit Mehrfach-Tandems, die wir auch schon auf dem Wasser fahren sehen. Es sind so 3–4 Leute auf einem Tandem, und die fahren komischerweise mit dem Rad auf dem Wasser. Gehen nicht unter, treten wie wild, und diese Tandems fahren auch so an den Seeufer-Radwegen herum, so daß wir nicht herankönnen. Wir müssen dann großräumig, den See im Blickfeld, das Ganze umfahren und kommen schließlich dann doch zu einem Bootshaus, und da wollen wir segeln gehen. Ich werde das erste Mal segeln, das haben wir uns schon lange vorgenommen, daß wir mal zusammen segeln. Gerd kann es, ich nicht, und wir nehmen uns also ein Boot. Meine Vorstellung im Traum ist, daß ich als erste ins Boot gehe, steige ein, setze mich vorne an die Spitze, und im Traum glaube ich auch, daß der, der an der Spitze sitzt, steuern muß. Das wird mir erst bewußt, als ich da schon sitze, und der Gerd hinten sitzt – die Segel sind schon, wie sagt man, bestellt, gesetzt – und sofort, als wir im Boot sind, beginnt ein wahnsinniger Wind, kommt ein wahnsinniger Wind auf, und ich bin vollkommen mit der Situation überfordert. Das Boot schießt sofort über den See, und ich sage dann zu ihm: Ja, tu doch was, ich kann doch nicht segeln, und er sagt: Nee, das kannst du auch nicht, du kannst nicht beim ersten Mal Segeln gleich manövrieren und das Ganze managen, wir müssen Plätze tauschen. Also, wie gesagt, meine Vorstellung war, daß man von der Spitze des Bootes aus das Ganze macht, das stimmt ja in Wirklichkeit nicht, hab' ich mir sagen lassen (lacht). So, und jetzt müssen wir also Plätze tauschen, und das hat mir große Angst gemacht, ich bin auch in solchen Dingen sehr ängstlich: wie Plätze tauschen, ohne zu kentern? Das war so mein Gefühl, da kentern wir, wenn wir also da stehen, und dann machst du den Vorschlag, ich solle doch zwischen deinen Beinen durchkriechen, damit wir möglichst ohne das Gleichgewicht zu verlieren da durcheinander, ineinander vorbeikommen. Ich mache das dann auch, mußte dann durch diese wahnsinnig dicken Schenkel durch und hatte zwei Ängste: einmal eben Angst vor dem Kentern und das andere, Angst zwischen diesen dicken Schenkeln zu ersticken, also daß ich nicht durchkomme. Und schließlich war ich mit dem Kopf durch, ich war ein Stück erleichtert, weil ich dann wieder atmen konnte, und wir sind aber genau in dem Moment gekentert. Ich weiß dann im Traum nicht, ob der Gerd mitgekentert ist oder ob ich nur aus dem Boot herausgefallen bin und er dringeblieben ist. Auf alle Fälle tauche ich dann in dieses Wasser ein und habe also wahnsinnige Todesangst, daß ich ertrinke, und Gerd rettet mich und zieht mich an den Füßen aus dem Wasser raus. Packt mich so an den Füßen und zieht mich so heraus – und da war ein Schnitt, also ich weiß nicht wie ich ins Boot kam, wie das Boot an Land kam, das weiß ich dann alles nicht. Dann kommt ein neuer Abschnitt sozusagen: Wir sitzen dann, pitschnaß, aber froh und ich gerettet an dem Bootssteg und vor uns zahlreiche Segelboote mit umgelegten Masten und Drähten und so Skai-Lederabdeckung und lassen so die Beine baumeln, und der Gerd schnitzt oder ritzt, muß ich sagen, mit einem Messer in dieses Teil der Abdeckung so wie zufällig irgendwelche Ornamente oder malt da so rum, ritzt da so rum. Und zum einen erkenne ich aus einer Figur oder aus einem Symbol, das er malt, glaube ich, daß das eine Vagina ist, also einfach ein weibliches Geschlechtsteil. Und ein anderes Einritzen, da erkenne ich mich selber, da hat er so . . . , ich weiß, daß es ich bin, obwohl das nicht von vorn ist, das Porträt, sondern so schräg von der Seite, ich habe da hochgesteckte Haare, und ich sage: Mensch, das ist dir aber wirklich gut gelungen. Da sagt er, ja, besonders stolz bin ich so auf die Nackenpartie, den Hals und die Nackenpartie. Und er, um mir das zu schenken, dieses Bild, schneidet es dann raus. Das andere war nur so eingeritzt, er schneidet es dann raus und schenkt mir das, und es bekommt dann noch so, ja, wie 'ne Larve, es wird dann noch mehrdimensional. Es bekommt Konturen, wie eine Larve. Ja, das war der Traum.

Traum des Mannes

Dieser Traum wurde am zweiten Wochenende in der 3. Sitzung dieses Traumseminars erzählt.

Das ist ein Traum aus der Zeit zwischen den beiden Wochenenden. *Pause.* Wir – wobei nicht ganz klar ist, wer »wir« ist, ob das wir beide sind oder auch noch andere Leute, ich bin auf jeden Fall dabei, sind in Holland unterwegs mit dem Fahrrad. Eine Radwanderung, stelle ich mich vor, wo man jeden Tag eine bestimmte Strecke zurücklegt – und an einem Abend finden wir kein Quartier und gehen dann mit den Rädern auf einen dieser Frachter, die in Holland auf diesen Grachten verkehren, nehmen wir sozusagen ein schwimmendes Quartier. Die Reise ist sehr schön, wäre eigentlich sehr schön, wenn nicht zwei große schwarze Hunde an Bord wären, und der eine, der größere und der ältere und aggressivere, beißt meinen Vater ins Bein. Ich weiß nicht, wo mein Vater plötzlich herkommt in dem Traum – vorher ist er nicht dabei, aber an Bord ist er dann plötzlich – und em, *Pause*, und ich versuche irgendwie, um mich vor diesem Hund zu schützen, versuche ich immer, zwei Glastüren zwischen mich zu bringen. Vielleicht so ähnlich wie bei den Banken, die auch immer zwei Glastüren haben, als Schutz. Und versuche auch den Leuten an Bord das klar zu machen, daß das die einzige Möglichkeit ist, uns vor diesen Hunden zu schützen, daß wir alle immer darauf achten, daß zwei Glastüren geschlossen sind, konsequent geschlossen werden. Das war es schon, glaube ich, mehr fällt mir jetzt nicht ein.

An dieser Stelle fragt Frau Grübig ihren Partner: »Und die tun das nicht, oder was?« und er antwortet:

Nein, also ich habe meine größte Mühe, immer wieder muß ich irgendwelche Türen zumachen, weil irgend jemand es vergißt, nicht dran denkt oder, vielleicht 'n Spaß, oder eine andere Einstellung zu den Hunden hat als ich, aber ich habe das ja gesehen, daß sie meinen Vater gebissen haben, ins Bein. *Pause*. Ja, damit wäre der Traum beendet.

Eleonore Metzker-Podhorsky

Eine Traumwerkstatt mit Eva Jaeggi*

Eva Jaeggi spricht einleitend über das Erinnern von Träumen und die Widerstände dagegen, die man respektieren solle. Sie erzählt einen eigenen Traum, den sie selbst kurze Zeit vor dieser Gruppe geträumt habe.

Dieses Seminar stelle die Arbeit in der Traumwerkstatt nach und ihre Art, wie sie persönlich eine Traumgruppe leite. Jaeggi beschreibt das Procedere ausführlich anhand von Beispielen. Für dieses Seminar schlägt sie die Gruppenform eines »fishbowls« mit einer Innengruppe von etwa acht bis zehn Personen vor. Der Platzwechsel sei jederzeit durch »Schultertippen« möglich, wobei die angesprochene Person dann aus der Gruppe trete.

*   Ich danke Astrid Brundke und Lothar Schon, der das Seminar mit mir protokollierte, für ihre Anregungen und Eva Jaeggi für die Durchsicht der Zusammenfassung.

Jaeggis Einleitung mutet mich szenisch als Bezugnahme auf ihren Vortrag an und das darin angesprochene Thema des Schulenvergleichs und ihrer Kenntnis verschiedener Schulrichtungen in der Psychotherapie. Sie bewegt sich sicher zwischen einer eher direktiven Haltung und der Psychoanalyse mit dem Hintergrund des Unbewußten. Ihr eigener Traum nimmt Bezug auf die Gruppensituation.

Traum der Frau

Jaeggi liest die beiden Träume vor und bemerkt, es habe sicher eine Bedeutung, daß die Träumerin diesen Traum nach der Anmeldung zum Seminar geträumt habe. Sie gibt damit die Information weiter, die ihr selbst vor dieser Veranstaltung zur Verfügung stand. Dann fordert sie die Teilnehmer auf, sich in die Runde zu setzen. Es regt sich niemand.

Szenisch habe ich das Empfinden, daß diese »Verweigerung« dazu dient, einen Zwischenraum herzustellen. Einmal zwischen die Träume, die »in einem Atemzug« berichtet wurden und auch zwischen das Paar. Ich notiere: »Keine Luft zwischen beiden«.

Die ersten fünf Teilnehmerinnen bewegen sich zögernd in die Mitte. Jaeggi lädt mehrmals die Männer ein, sich zu beteiligen. Als sich einer vorwagt, klatschen alle anderen Beifall. Die Innengruppe verändert sich nicht mehr. Jaeggi leistet Hilfestellung, um den Anfang zu erleichtern. Sie bezieht sich auf den Traum der Frau und erinnert daran, daß die Runde nun in der Phase der Anmutung sei.

Eine Frau beginnt mit der Szene des Traumes, bei der die Frau durch die Beine des Mannes kriechen sollte. Sie habe dieses Kriechen körperlich nachempfunden. Das habe sie an ihre eigenen Träume über enge Kleidungsstücke denken lassen, bei denen sie aufwache.

Die szenische Information der Atemlosigkeit und Enge zeigt sich noch in diesem ersten Einfall.

Ein zweiter Beitrag beschreibt das Gefühl zum ganzen Traum. Der Teilnehmerin fällt ein wunderschöner Samstag ein, an dem an einem Badesee emsiges und vergnügtes Treiben geherrscht habe. Diese fröhliche Stimmung habe sich bei ihr während der Traumerzählung verändert. Eine junge Studentin berichtet von ihrem Ärger darüber, daß es keinen direkten Zugang zum See gegeben habe. Sie wisse von reichen Leuten, daß sie mit ihren Privatgrundstücken den direkten Zugang zu einem bayerischen Badesee versperrten. Um an den See zu kommen, müsse sie sich deshalb durchs Dickicht zwingen.

Der männliche Teilnehmer meint, ihn habe die Traumerzählung zunächst überschwemmt, sei ihm zuviel gewesen. Er habe sich verführt gefühlt, sofort alles zu verstehen. Nun sei er sich nicht mehr so sicher über seine Gefühle zum Traum, spüre ein Hin- und Hergerissensein. Er finde es anstrengend, mit einem Tandem übers Wasser zu fahren. Die junge Studentin fällt ihm ins Wort. Sie stelle sich das ganz leicht vor, sehe lauter bunte Wimpel auf dem Wasser.

Jaeggi greift eine szenische Information auf. Sie bemerkt, bei der Frau sei Frustration spürbar: »Da ist immer etwas, was mich hindert«.

Ich denke, eigentlich ist bei Frau und Mann Frustration aufgetaucht: der Mann erlebt Ambivalenz und Anstrengung, die Frau Ungeduld und Gehindertwerden.

Eine andere Teilnehmerin findet den Mann im Traum »knuddelig«. Es habe sie belustigt, als er zur Träumerin sagte: »Das kannst du nicht«. Spätestens da hätte sie ihn als ihren Mann erkennen müssen. Eine andere Frau fühlt sich an ihre eigene Ehe und an ein Segelerlebnis mit ihrem Mann erinnert, der im Gegensatz zu ihr segeln könne. Sie habe die Fahrt auf dem Boot aufregend und toll gefunden.

Eine andere Teilnehmerin berichtet ein Kindheitserlebnis. Sie finde die Tandems nicht schön, diese vermittelten ihr ein unangenehmes Gefühl. Friedlich erlebe sie nur den Bootssteg. Das Kindheitserlebnis sei eine unangenehme Erfahrung mit ihrem Vater und anderen Kindern gewesen, als er sie in eine gefährliche Situation beim Segeln gebracht habe. Nur sie und er hätten die Gefahr wahrgenommen. Als sie wieder am Ufer angekommen seien, habe die Mutter sehr geschimpft.

Der männliche Teilnehmer schaltet sich ein. Ihm gefalle eine spielerische Haltung. Im Traum werde das Spielerische, Naive nicht belohnt. Er habe das Gefühl, man *müsse* gerettet werden.

Die Szene spitzt sich zu. Vater und Mutter, Frau und Mann in Konkurrenz? Ist es gefährlich und unangenehm, wenn sich Eltern nicht immer einig sind, oder könnte auch eine spielerische Komponente enthalten sein?

Eine Frau sagt, als der Sturm aufgekommen sei, habe sie Angst bekommen, ob das wohl gut gehen könne. Jaeggi ergänzt, ihr Empfinden sei zu Beginn zwiespältig gewesen. Man solle sich nicht soviel zutrauen, wenn man das erste Mal segele. Sie habe eine leicht aggressive Stimmung gespürt mit der unausgesprochenen Aufforderung an den Mann, er solle etwas tun. Eine Frau findet die Träumerin nicht gescheit, denn Anfänger würden immer in die Spitze reingesetzt! Sie habe sie ein wenig »größenwahnsinnig« empfunden.

Jaeggi berichtet eine Geschichte, die ihr zum Einritzen der Skaiabdeckung einfällt. Sie erlebe dieses Tun wie jenes von »halben Kindern, vorpubertär«. Ein Mitschüler von ihr sei einmal vom Lehrer erwischt worden, als er ein Vaginasymbol in einen Radiergummi geritzt habe. In den fünfziger Jahren sei das so furchtbar gewesen, daß dieser Junge deshalb einen Psychiater habe aufsuchen müssen. Heute denke sie sich bei obszönen Worten, die in Fluren und Liften im Institutsgebäude an der Universität geschrieben stünden, daß doch wenigstens Studenten über dieses Alter hinaus sein müßten.

Eine Frau äußert, sie traue dem Mann nicht so ganz. Er sei nicht der tolle Mann, sondern mit der Aufgabe, die Situation zu retten, total überfordert. Eine andere Frau widerspricht. Man habe nicht wissen können, daß dieser Sturm aufkomme. Sie erlebe die Träumerin wie ein Kind, das meine, durch Blicke oder Gedanken alles zu erreichen. Sie spüre ihre Wut auf den dicken

Mann, der sie bremse. Eine andere Frau gibt zu bedenken, daß im Traum das Steuer vorne sei, aber in echt ...

Jetzt setzt sich ein zweiter Mann in die Runde. Er fühlt sich angesprochen, möchte der Wut auf den dicken Mann etwas entgegensetzen. Es entspinnt sich eine Diskussion über den Konflikt, wer nun das Steuer übernimmt und auf welche Weise das geschehen könnte. Eine Teilnehmerin schlichtet schließlich: »Beide haben ihren Anteil, aber er hat mehr Erfahrung«.

Diese einfühlende Haltung in die Paardynamik ebnet den Weg für weitere Einfälle.

Die Szene erinnert eine Frau an mittelalterliche Prunkschiffe. Frauen nähmen dort den Platz ein, der dem Manne gefalle und plötzlich seien Frauen nur noch Schönheitsobjekte. Jaeggi denkt an die »Nackenszene« aus dem Traum. Sie sehe in der Träumerin dabei die »schöne Stolze mit dem Schwanenhals«, im Traum schön getroffen. Ein ambivalentes Bild. Das runde Symbol des weiblichen Geschlechtsorgans solle vergessen, das Bild des Nackens jedoch für die Ewigkeit aufbewahrt werden. Ihr sei dabei eine Frau in einem von ihr geleiteten Projekt eingefallen, der gegenüber sie Bedenken gehabt habe, weil sie so schön gewesen sei. Eine Frau widerspricht. Sie empfinde, das Bild werde durch Beteiligung des Mannes dreidimensional, und es entstehe die Larve.

Die positiv besetzte Phantasie der Teilnehmerin über die Beteiligung des Mannes und die sich widersprechenden Einfälle öffnen die Möglichkeit zur Triangulierung.

Die Beiträge drehen sich um den Begriff der Larve. Die Teilnehmer denken an einen Schmetterling, einen Käfer. Jaeggi sieht die Larve aus Leder gemacht und erzählt, daß der Begriff der Larve auch die Bedeutung einer Maske haben könne, je nachdem, aus welchem Sprachraum die Träumerin komme. Einer anderen Teilnehmerin fallen venezianische Masken ein, hinter denen man sich verstecken könne. Masken hätten immer zwei Seiten, vorne und hinten.

In diesen Frauendiskurs schaltet sich ein männlicher Teilnehmer mit einem Einfall ein, der ins Konkrete führt.

Er erzählt von seiner ersten Liebe, als er und seine Freundin 17 Jahre alt gewesen seien. Er erinnere aus dieser Zeit einen »manischen Überschwung«, der jedoch mit viel regressivem Empfinden einhergegangen sei. Heute wisse er, daß ihnen damals die Reife gefehlt habe. Eine Frau erzählt, wie unangenehm sie empfunden habe, daß der Mann im Traum die Träumerin an den Beinen hochziehe. Sie habe bei sich gedacht »um Gottes Willen, wie schrecklich«.

Jaeggi unterbricht an dieser Stelle die Einfälle und faßt den bisherigen Ablauf zusammen.

Ich bin erstaunt und erlebe ihr Eingreifen als Abbruch zu einem Zeitpunkt, wo es spannend wurde. Diese Intervention hat selbstverständlich äußere, zeitliche Gründe. Und dennoch: der Abbruch paßt in die Szene. Meine Phantasie ist, daß Jaeggi sich mit den Traumfiguren und ihrem unbewußten Thema identifiziert hat. Auf der Ebene der Träumerin könnte das heißen, daß diese den letzten Teil des Traumes allein erleben möchte. Jaeggi formuliert für die Träumerin:

Die Frau habe im Traum an dieser Stelle abgeschaltet. Sie empfinde ihr Tun als einzelnes Tun, es fehle das Gemeinsame. Die Gruppe habe viele Themen berührt. Im Traum sei der Ausflug nicht befriedigend verlaufen, es sei zu einer Enttäuschung gekommen. Die Annahme, man könne etwas steuern, sei wohl zu groß gewesen. Sie habe darin geendet, sich zu verstecken, dargestellt im Bild der Larve. Der Mann habe nicht viel bewirken können. Daß er so dick und klein geträumt worden sei, enthalte viel Entwertung.

Jaeggi führt aus, ihr sei »natürlich« die Szene einer Geburt eingefallen, was allgemein Zustimmung findet. Zu diesem Bild gehörten auch die umgelegten Masten im Traum, die in Zusammenhang mit Sexualität stünden. Sie denke an eine Hemmung, wirklich in Fahrt zu kommen. Eine Teilnehmerin unterbricht die Leiterin: »In Fahrt schon, aber zu schnell.« Diese fährt fort. Es gehe im Traum um eine Kraft, die keine sei. Eine Teilnehmerin wendet ein, sie habe schon Leidenschaft gespürt. Jaeggi läßt sich in ihren Ausführungen nicht stören. Der Aspekt der Sexualität sei direkt ausgedrückt, nämlich im Symbol der Vagina – aber, es bestehe wie bei allen Träumen die Gefahr vieler Deutungen. Das Thema Sexualität stelle in Gruppen häufig ein Problem dar. Sie erlebe dieses Paar, die Träumerin, auf einem »pubertären« Niveau.

Auf der Ebene der bewußten Haltung nimmt Jaeggi in ihrer Zusammenfassung eine »abgeklärte«, fast entwertende Position im Hinblick auf die Träumerin und ihren Mann ein, läßt sich durch Unterbrechungen anderer Frauen der Gruppe nicht stören. Szenisch ließe sich diese Haltung, sich nicht stören zu lassen, mit der Einnahme der Führungsposition vergleichen, die die Träumerin in ihrem Traum übernommen hat. Geht es auch um Führung in sexueller Hinsicht?

Es könnten sich in dieser Szene auch selbstentwertende Anteile der Träumerin abbilden, die Jaeggi vorübergehend als Selbstanteile der Träumerin aufgenommen hat. Phantasiert man die Gruppe ebenfalls als Anteile der Träumerin, so wird diese Selbstentwertung jedoch nicht von allen Teilnehmerinnen geteilt. Die zunächst zaghaften Versuche, dagegen zu sprechen, verdichten sich in der folgenden Sequenz und stellen den unterbrochenen Kontakt wieder her.

Die junge Studentin versteht eine so »pubertäre« Haltung. Sei es denn pubertär, wenn man etwas wo hineinritze? Einer der Männer schaltet sich ein. Für ihn sei die ganze Stimmung im Traum davon bestimmt gewesen, wo die beiden am Ende wohl »landen« würden. Die junge Frau fällt ein, sie habe die Schlußszene »total schön« gefunden. Der Mann, der sich schuldbewußt fühle, wolle seiner Frau als Entschuldigung zeigen, daß er sie verstehe. Deshalb ritze er eine Vagina ein, als Geschenk. Die Larve bedeute nicht nur Verstecken, sondern zeige die Absicht des Mannes, auf seine Frau eingehen zu wollen. Es habe etwas zu tun mit »sich schön machen« oder Fasching feiern.

Als Beobachterin bin ich sehr angetan von der Szene, spüre einen gewissen Zauber. Meine Notiz lautet: »Jaeggi beachtet diese Szene nicht. Ihre Intervention hat etwas Ernüchterndes«.

Jaeggi entgegnet, der Mann brauche die Träumerin, wobei nicht klar ist, ob sie den im Traum meint. Die Sexualität sei stark, und er beschenke seine Partnerin mit Bewunderung. Eine Teilnehmerin fügt hinzu, in der japanischen Kultur sei der Nacken die am höchsten erotisch besetzte Stelle des Körpers. Jaeggi meint, sie würde an dieser Stelle gerne mehr über die Träumerin wissen. Eine Frau kommt zurück auf das Traumbild der Larve. Ihr Empfinden sei dabei, daß der Traum einen positiven Ausblick habe. Sie spüre den Wunsch der Träumerin, ihr Mann möge sie als Frau wahrnehmen. Sie sehe nicht nur skeptische Aspekte, sondern auch Hoffnung.

Jaeggis Versuch, die Flut der Einfälle in der Gruppe zu beenden, ist nicht ganz geglückt. War die Phantasie der Geburtsszene zu anregend, um damit aufzuhören? Sie läßt sich nochmals auf die Einfälle der Gruppe ein.

Man könne wohl beides hineinsehen – den Wunsch und die regressive Tendenz. Eine Teilnehmerin ergänzt, im Schluß des Traumbildes der Maske sei viel Unklares, Doppeldeutiges enthalten. Eine andere Frau meint, es sei ein sehr langer Traum gewesen, der aber gut ausgegangen sei. Jaeggi stimmt zu. Es habe ein Arrangement zwischen dem Paar stattgefunden. Bei der Szene, in der die Träumerin von ihrem Mann an den Füßen herausgezogen werde, habe sie an eine Steißgeburt gedacht. Das Baby sei jedoch richtig herum an den Füßen herausgezogen worden. Es entsteht Verwirrung, Widerspruch und Lachen in der Gruppe. Bei einer normalen Geburt werde das Baby doch immer mit dem Kopf zuerst geboren, nicht mit den Füßen! Nun ist Jaeggi verwirrt und schließt lachend mit den Worten: »Vergessen Sie das bitte!«.

In der Fehlleistung von Eva Jaeggi könnte nochmals die schon zuvor phantasierte Identifikation mit der Träumerin Gestalt finden, denn auch Jaeggi verwechselt kurzfristig einen normalen Geburtsvorgang, so wie die Träumerin im Segelboot das Steuer.

Traum des Mannes

Die Stimmung ist sehr verändert. Meine Notiz lautet: »Jaeggi ist ganz anders, so, als ob sie sich geschützt fühle. Beim Traum der Frau erlebte ich sie skeptisch und gegen die Träumerin eingestellt. Nun empfinde ich die Atmosphäre viel wohlwollender als zuvor. Auch in der Gruppe herrscht mehr Ruhe«.

Jaeggi fordert auf, sich auf den Traum des Mannes einzustellen und die Privatheit des Träumers zu schützen. Trotz Zurückhaltung gebe man als Leiter natürlich immer eine Richtung vor.

Die Innengruppe besteht nun aus drei Frauen und einem Mann. Eine Frau fragt neugierig, wie sich der Träumer verhalten würde, wenn er anwesend wäre. Jaeggi antwortet, er würde sich ganz heraushalten, die Einfälle auf sich wirken lassen und danach Ablehnung oder Bestätigung äußern. Sie erinnert die Gruppe an Trauminhalte: »Traum des Mannes – Sie erinnern sich, Fahrrad, Grachten, schwimmendes Schiff, Hotel und so, Hunde, Vater.«

Die Gruppe scheint nach der Arbeit mit dem Traum der Frau das Bedürfnis nach einer kleinen Pause zu haben. Dies könnte man szenisch als Einstimmung auf den Traum des Mannes verstehen und als Wunsch, sich nicht sofort persönlich einbringen zu müssen. Gleichzeitig ist es eine Wiederholung der Eingangsszene, als zwischen dem Paar »zu wenig Luft« war.

Der junge Mann beginnt mit einer Beschwerde. Er habe sich kaum auf den Traum des Mannes konzentrieren können, weil der Traum der Frau so lang gewesen sei. Auch jetzt habe er wenig Erinnerung. Nach einer kleinen Pause beteiligen sich Teilnehmer aus der Großgruppe. Eine Frau berichtet eine Alltagssituation. Das Türenschließen erinnere sie an ihren Mann, der ein »fanatischer Türenschließer« sei im Gegensatz zu ihren Kindern als »fanatische Türenauflasser«, während sie sich in der Mitte bewege. Sie habe diesen Sachverhalt nie problematisch erlebt, aber beim Anhören des Traums habe sie gespürt, daß dieser Trauminhalt etwas mit ihrer Familie zu tun habe. Ein Mann findet die Glastüren faszinierend und versteht, daß der

Träumer solche Türen brauche, denn ihm gehe es genauso. Unter Lachen der Gruppe meint er, ihm würde allerdings eine reichen, aber eine, durch die man etwas beobachten könne und die trotzdem geschlossen sei, um Schutz zu bieten.

Eine Teilnehmerin wundert sich darüber, daß der Träumer »zwei Türen zwischen sich« bringen wolle. Sie frage sich, wie das gehen solle. Es entsteht ein Hin und Her über das Thema der Türen und der Hunde, die rausgehalten werden sollen.

Einer Teilnehmerin fällt auf, wie sehr der Träumer die Verantwortung für andere übernehmen wolle. Er erlebe andere zu sorglos, denn nur er wisse, daß diese Hunde beißen würden. Eine weitere Teilnehmerin bemerkt, das gleiche geschehe bei der Quartiersuche – auch da fühle er sich verantwortlich. Jaeggi schildert einen Strandspaziergang mit ihrem Mann auf einer einsamen Insel. Damals seien vier schwarze, verwilderte Hunde laut bellend auf sie zugesprungen und sie habe gedacht, ihre »letzte Stunde« sei gekommen. Ihr Mann habe beherzt vorgeschlagen, den Hunden in die Augen zu schauen, was sich als wirksam gezeigt habe. Es habe sie sehr froh gemacht, daß ihr Mann Verantwortung übernommen und ihr Schutz geboten habe.

Szenisch zeigt sich, wie ambivalent Verantwortung zu übernehmen erlebt werden kann. Die ersten Einfälle der Frauen lassen eine etwas genervte Seite spüren über einen Mann, der immer die Verantwortung übernehmen möchte. Jaeggis Einfall führt zu einer lebensbedrohlichen Situation, in der sie sich von ihrem Mann geschützt fühlte, die Übernahme der Verantwortung erleichternd wirkte. Das Thema, daß der Mann Verantwortung übernehmen solle, spielte auch im Traum der Frau eine Rolle.

Jaeggi bemerkt, sie habe das weibliche Traumelement des »Gerettetwerdens« zwar nicht im Traum entdecken können, den Traum aber anhand der Fahrräder und des Wassers als Antwort auf den Traum der Frau erlebt.

Die junge Teilnehmerin empfindet auch diesen Traum als Entschuldigung. Sie glaube, es sei dem Träumer ganz recht gewesen, daß die Hunde den Vater gebissen hätten. Der Einfall mit dem Kreditinstitut und den Glastüren sei wie eine Entschuldigung, und der Träumer wolle verhindern, daß jemand von den Hunden gebissen würde. Sie verstehe es nicht ganz, denn überzeugender könne eigentlich der gebissene Vater vor den gefährlichen Hunden warnen. Vielleicht seien die Hunde gar nicht so bösartig?

Jaeggi überlegt, daß im Hund die Frau als aggressives Element geträumt werde, die in ihrem Traum den Mann entwertet habe. Mit diesem Traum räche er sich.

Die vorsichtig formulierte, aber negative Deutung regt den Widerstand anderer Frauen und ruft aggressiv lustvolle Einfälle zum Traum und zum Träumer hervor.

Die Einfälle drehen sich um das Reinbeißen, was schließlich in Wortspielen und Lachen gipfelt: »ins Bein beißen«, »das tue auch der Klapperstorch«, »den letzten beißen die Hunde«.

Die sexuell-aggressive, lustvolle Stimmung glättet sich. Es entstehen Einfälle, die ein Miteinander phantasieren.

Eine Teilnehmerin empfindet das Öffnen und Schließen der Türen als positive Qualität, die ein sich Öffnen oder Schließen des Träumers bedeuten könnte. Im Öffnen liege eine Bereitschaft, das anzunehmen, was da komme, zum Beispiel auch einen Hund. Eine andere Frau führt diesen Gedanken fort. Sie sehe im Bild, die »Türen zwischen sich zu bringen« die Möglichkeit, eine Tür zu eigenen Gefühlen, auch aggressiver Natur, offen zu lassen. Der Träumer müsse allerdings auch da etwas dazwischen bringen.

Die Einfälle finden Zustimmung und die Gruppe einigt sich darauf, daß der Träumer ein »bissel schauen« wolle, aber dazwischen zwei Türen als Sicherheit benötige.

Auf dem Boden des Wohlwollens für den Träumer berichtet eine Frau einen Einfall, der die potentielle Verzweiflung in solch einer Situation beschreibt.

Diese Situation habe sie beim Zuhören sehr beschäftigt. Ihr sei ein Erlebnis in den Sinn gekommen, als sie sich mit ihrer Familie im Urlaub auf einer Fahrradtour befunden habe und es eines Abends ganz schwierig geworden sei, ein Nachtquartier zu finden. In Erinnerung daran habe sie gedacht: »Und die müssen jetzt dieses Schiff nehmen mit diesen Hunden«. Dabei habe sie sich erinnert, daß sie damals den Tränen nahe gewesen sei. »Es war eine Katastrophe.« Sie hätten letztlich ein Zimmer gefunden, welches wunderschön gewesen sei, sogar am See mit Störchen vor dem Fenster. Jemand wirft ein: »Klapperstörche!« Nach heftigem Lachen erzählt eine Teilnehmerin, in ihrer Phantasie hätten die schwarzen, bösen Hunde jeden Moment hervorspringen können. Sie habe deshalb das Bild des Träumers mit den Glastüren nicht verstehen können, wenn wirklich Angst vorhanden gewesen sei und der Wunsch, sich vor den Hunden schützen zu wollen.

Die junge Frau phantasiert einen Zusammenhang zwischen sterilen, leblosen Bankinstituten und Hunden, die das Gegenteil verkörperten. Bankinstitute hätten nichts Schmutziges, was irgendwie rieche, ganz im Gegensatz zu Hunden, die einen starken Geruch verbreiteten, wenn sie naß seien. Beim Fahradfahren seien sie zudem gefährlich. Bewege man die Beine, komme es sogar vor, daß man vom Hund geschnappt werde!

Die Einfälle beleben die triebhafte Seite des Traumes und erweitern quasi das Lachen beim Einfall mit den Störchen.

Jaeggi fügt hinzu, die Bank schütze ihre Schätze, und auch der Träumer wolle seine Schätze schützen. Einer der Männer sagt, er könne die Angst vor Verletzung gut nachvollziehen. Vor Banken habe allerdings auch er Angst, denn die zögen einem das Geld nur so aus der Tasche, wenn man da reingehe. Unter heftigem Gelächter führt der Teilnehmer weiter aus, man komme als armer Mann wieder heraus, werde ausgeraubt. Die junge Frau meint, aber doch nur, wenn man einen Kredit wolle, normalerweise vermehre die Bank das Geld. Dieses Argument überzeugt den Mann nicht. Er bleibt dabei, daß er sein Geld in jeden Fall hintrage und es dort auch bleibe. Der andere Mann schließt sich ihm an und bemerkt, Banken würden Geld schlukken. Dies regt den ersten Teilnehmer an zu sagen, sie seien »unheimliche Geldschlucker«.

In dieser Sequenz tritt eine lustvolle Sturheit der Männer auf, die die Seite der Bank als Geldvermehrer strikt verleugnet. In mir entsteht die Phantasie von Streitereien, die Männer mit ihren Frauen über das verplemperte Haushaltsgeld führen.

Eine Teilnehmerin wiederholt, im Gegensatz zur sterilen Bank stellten die Hunde einen animalischen Aspekt dar. Der Teilnehmer mit dem Einfall zur Bank äußert nun, bei den beißenden Hunden habe er auch an die Frau gedacht.

Das Äußern des Einfalls der raffgierigen Bank und die Toleranz der anwesenden Frauen ermöglicht nun dem Mann die direkte Äußerung seines doch eher aggressiven Einfalls zur Frau und hat etwas sehr Befreiendes. Die Karten liegen auf dem Tisch.

Sie kralle sich fest, hänge an einem ... Aus einem vorsichtigen Lachen wird lautes Gelächter, als eine der Frauen ergänzt: »und läßt einen nicht mehr los.« Die Antwort des Mannes bleibt unverständlich, geht in der Heiterkeit der Gruppe unter. Der andere Mann erzählt, er habe beim Einfall der riechenden Hunde gedacht, Geld stinke auch. Die Frauen widersprechen, Geld stinke nicht! Es entsteht ein kleiner Disput über diesen Widerspruch, der erneut in lautem Gelächter endet. Der Mann sagt dann lachend: »Es scheint einiges verkehrt herum zu sein!«
Die junge Frau berichtet plötzlich einen gruseligen, sehr ernsten Einfall. Sie habe bei den Hunden an schwarze Dobermänner mit spitzen Ohren gedacht, die in einem ihr bekannten Film den Wahnsinn verkörpert hätten. Sie seien ein Symbol für Kälte, Gleichgültigkeit und Irrationalität und das paarweise Auftreten lasse in ihr die Phantasie von »gespaltenen Zwillingen« entstehen. Es liege etwas Verrücktes darin, daß der Träumer denke, er müsse sich vor zwei Hunden mit zwei Türen schützen.
Jaeggi bemerkt, ihr falle spontan ein, daß einer ihrer psychoanalytischen Lehrer gesagt habe, was paarig auftrete, sei weib-

lich und dreifach auftretendes entspreche dem Männlichen. Die junge Frau wundert sich weiter, daß der Vater plötzlich auf dem Schiff gewesen sei. Sie habe sich gefragt, was dieser auf einer Reise solle, die der Träumer mit seiner Frau unternehme. Auffällig finde sie, daß der ältere Hund den Vater gebissen habe.

Jaeggi nimmt Bezug auf das Thema Sexualität, das im ersten Traum ebenso Inhalt gewesen sei. Sie meine, an dieser Stelle könne Aggression gegen den realen Vater enthalten sein, der dem Träumer nicht beigebracht habe, wie man mit einer Frau umgehe. Der Vater als männliches Vorbild habe versagt. Eine Frau widerspricht. Sie sei sich nicht sicher, ob die Frau überhaupt bei dieser Radtour dabei gewesen sei.

Jaeggi greift den Gedanken auf. Sie habe das bei beiden Träumen auffällig erlebt. Man wisse nicht, ob die Frau oder der Mann dabei seien oder nicht, ob sie wirklich seien oder nicht. Es scheine, als ob jeweils die Figur des anderen undeutlich sei. Eine Frau äußert, sie habe bei beiden Träumen eine ähnliche Strömung gefunden. Es habe einen schönen Anfang gegeben, aber dann sei eine diffus, bedrohliche Stimmung entstanden, losgelöst von realen Begebenheiten.

Eine Frau kann sich plötzlich die Hilflosigkeit des Träumers vorstellen, als ihm gegen Ende des Traumes klar wurde, daß keiner auf ihn höre. Jaeggi denkt an ihr Erlebnis mit den Hunden und überlegt, ob sich der Träumer vielleicht auch direkt mit den Hunden seines Traumes hätte befassen können und sie anschauen, um etwas zu bewirken.

Es verdichtet sich der Wunsch, den als hilflos erlebten Träumer zu schützen oder ihm ein Instrument in die Hand zu geben, damit er sich selbst helfen kann. Nun greift ein Mann den Aspekt der Hilflosigkeit auf. Damit geschieht ein Anschluß an Gefühle dieser Art, wie sie der Träumer, auch ein Mann, haben könnte.

Die Szene erinnere ihn sehr an den Traum der Frau. Dort sei Thema gewesen, wer Segeln könne und die Gefahr richtig einzuschätzen wisse, jedoch niemand habe etwas angepackt. In seinem Traum sehe der Träumer die Gefahr durch die Glastüren und tue nichts, sondern wirke passiv und starr. Ein anderer Mann meint, dieses Detail mit den anderen Personen, die die Türen offen ließen, zeige, daß die Angst des Träumers sehr groß und unangenehm für ihn sei.

Eine Frau aus der Großgruppe äußert einen Einfall. Sie habe empfunden, daß bei einigen von Männern geäußerten Assoziationen das weibliche Element stark im Vordergrund gestanden habe: »Die Männer kriegen da die Kinder, sozusagen«. Sie habe das beim Einfall erlebt, wo die Frau durch die Schenkel des Mannes habe kriechen müssen, wo er sie aus dem Wasser ziehe und bei der Assoziation um den Klapperstorch, der den Vater beiße.

Wir sind plötzlich bei beiden Träumen und die Teilnehmerin geht sogar soweit, die These zu postulieren: »Die Männer kriegen da die Kinder!« Hat die Teilnehmerin ein besonders feinsinniges Empfinden für dieses Thema, weil sie hochschwanger ist? In ihrem Einfall schwingt das Thema der Konkurrenz zwischen den Geschlechtern mit, wenn es um das Kinderkriegen geht. Berührt dieser »Quereinfall« vielleicht auch die Hilflosigkeit der Männer, das Thema von vorher?

Die Gruppe nimmt den Einfall zustimmend auf, und es fällt der Begriff der Geschlechterverwirrung, der die Träumer unterliegen könnten.

Eine Teilnehmerin findet den Mann im Traum nicht so verschlossen. Sie wisse aus eigener Kindheitserfahrung, wie schwierig es sei, zwei Türen gleichzeitig zuzuhalten, und habe den Eindruck, er sei ganz schön beschäftigt mit seiner Angst und Verwirrung.

Die Gruppe spricht durcheinander. Eine Frau kommt schließlich zu Wort und meint, sie habe Sysiphusphantasien gehabt. Der Träumer rase herum, aber alle, einschließlich ihm selbst merkten, daß es sich dabei um einen sinnlosen Vorgang handele. Eine andere Teilnehmerin spürt die Angst vor der Aggression und eine nächste den Wunsch, alles Geschehen unter Kontrolle zu bringen. Das Auftauchen des Vaters sei zudem ein überraschendes Moment gewesen, fast wie ein Hauptelement und schwierig zu verarbeiten. Ein Mann wirft ein, der Träumer müsse den Vater auch schützen, was eine Umkehrung enthalte. Jaeggi spricht die Aggression gegen den Vater an, die sich im Gebissenwerden ausdrücke.

Szenisch findet eine Art Ruhe- und Überlegungsphase statt, in der die Gruppe versucht, den Träumer in seiner Angst und Unruhe zu verstehen. Der männliche Teilnehmer spürt, daß Väter geschützt werden wollen. Jaeggi hingegen betont mehr die Seite der Aggression gegen den Vater.

Sie meint, man müßte mehr über den Vater wissen, was einen Mann veranlaßt, zu sagen, man müsse vor allem wissen, ob der Träumer selbst Vater sei.

Eine andere Teilnehmerin ist fasziniert, daß es sich bei den Türen um Glastüren handelt. Bei Holztüren, die geschlossen seien, herrsche Ruhe, während bei Glastüren die gegenseitige Beobachtung möglich sei. Jaeggi ergänzt, ein zu großer Schutz vor Aggression rufe Stillstand und Sterilität hervor, dann gebe es keine Sexualität mehr.

Die junge Frau denkt wieder an die Radtour. Sie erinnert sich, daß sie ursprünglich gedacht habe, diese werde weitergehen, nachdem der Träumer und die anderen ein Quartier gefunden und dort die Nacht verbracht hätten. Es klinge nun aber so, als ob sie, oder zumindest er, den Radurlaub aufgegeben hätten. Ein Mann findet eine Parallele zum ersten Traum, wo das Paar nicht an den See gekommen sei. Ein weiterer Teilnehmer erlebt eine gewisse Ungerechtigkeit in dem Gefühl, sich nicht wirklich auseinandergesetzt zu haben. Man wolle schon, aber es gelinge nur halb. Jaeggi stimmt zu und zieht eine Parallele zum Segelschiff aus dem Traum der Frau. Diese hätte auch träumen können, daß sie der Gefahr und dem Sturm standhalte und ihr Mann sie darin unterstütze.

An dieser Stelle hat eine Frau aus der Großgruppe eine »allgemeine Frage«. Sie finde das Deuten spannend und erlebe es als Problem, nicht deuten zu dürfen. Obwohl sie diesen Schutz für die Träumer als notwendig erachte, empfinde sie ihn als Barriere und sie könne so nicht arbeiten. Sie benötige die Deutung und sei es die Eigendeutung der Träumer.

Manifest ist dies ein Beitrag zur Methode der Traumarbeit. Szenisch zeigt sich darin die Unzufriedenheit einer Teilnehmerin, die gerne die (Be-) Deutung der Träume kennen möchte. Es ist wohl kein Zufall, daß diese Frage an dieser Stelle auftaucht, denn die Beiträge der Teilnehmer kommen der Realität des Paares, das diese Träume geträumt hat, sehr nahe, finden jedoch aufgrund des Settings keine Auflösung – ein Manko der Methode? Bindet man diese Sequenz in die Szene ein, könnte darin also auch eine Unzufriedenheit des Träumers abgebildet werden.

Jaeggi stimmt zu. Deutungen der Träumer selbst fänden in einer Traumgruppe statt, wenn diese es wollten. Trotz eigener Skepsis habe sie immer empfunden, daß die Träumer mehr Klarheit über ihre Träume bekommen hätten. Auch in dieser Gruppe sei andeutungsweise ein Wissen über die Dynamik des Paares entstanden, das natürlich bei dessen Anwesenheit stärker geworden wäre. Das Ernstnehmen der eigenen Gegenübertragungsgefühle habe sie dabei als Bereicherung in ihre psychoanalytische Arbeit einbeziehen können.

Als Abschluß bedankt sich Eva Jaeggi bei der Gruppe für deren »wunderbare Mitarbeit«.

Angela Kühner und Martina Roth

Gibt es eine spezifisch systemische Arbeit mit Träumen?

Helm Stierlins systemische Diskussion

Die Arbeitsgruppe von Helm Stierlin findet im Hörsaal statt. Stierlin bittet, näherzukommen, damit man besser ins Gespräch kommen könne. Er stellt fest, daß die Gruppe und er in der einzigartigen Situation seien, den gleichen Informationsstand sowohl über die Traumwerkstatt durch die Ausführungen von Hildegard Baumgart als auch über die Träume durch die Darstellung von Hamburger zu haben.

Er liest die Träume nochmals vor, auf Wunsch eines Teilnehmers allerdings in umgekehrter Reihenfolge: erst den Traum des Mannes, dann den der Frau.

Stierlin fordert die Teilnehmerinnen und Teilnehmer auf, ihre Ideen, Einfälle, Fragen und Kommentare, die sich aus den Traumbeispielen ergeben, in die Gruppe einzubringen. Er wolle dann seinen »systemischen Senf« dazu geben. Zum Abschluß betont er nochmals, daß alle den gleichen Informationsstand in bezug auf die Träume haben, alle gleich »wissend und unwissend« seien.

Unterschiede, die Unterschiede machen ... – Der »kleine Unterschied« zwischen Mann und Frau ...

Einer Frau fällt ein, daß ein Vater in der Regel Schutz biete. Der Vater hier aber werde gebissen und falle in der Schutzfunktion aus. Zu dem Traum der Frau assoziiert ein Teilnehmer Nähe, lustvolle und erotische Auseinandersetzung. Ein weiterer Teilnehmer findet den Traum des Mannes industriell angehaucht: Frachter, beißende Hunde, Türen, Glastüren, diese Abschottung ...

Stierlin, der aufgrund der schlechten Akustik im Raum die einzelnen Beiträge zugespitzt zusammenfaßt, betont, daß die Träume jeweils andere Qualitäten haben, die möglicherweise mit dem Geschlecht der Träumenden zu tun haben.

Eine Zuhörerin betont dagegen die Gemeinsamkeiten der Träume: das Wasser, das Radfahren, die Boote. Stierlin markiert daraufhin den Unterschied zwischen dem Frachter, der die Passagiere passiv mitschleppe und Segelbooten, die nur mit der Aktivität der Segler fortzubewegen sind.

Eine Teilnehmerin versteht nicht, wieso der Träumer gesagt habe, er habe zwei Glastüren zwischen *sich* gestellt. Stierlin liest die Stelle nochmals vor.

Ein Mann stellt fest, daß der Traum der Frau sprachlich elaborierter sei als der des Mannes. Ihr Traum erfasse die Handlungsabläufe und die emotionalen Nuancen differenzierter, wohingegen der Mann kürzer und weniger ausführlich träume, so daß er den Eindruck gewinne, Herr Groß könne seine innere Bewegung nicht so gut an Sprache binden wie Frau Grübig.

Stierlin ergänzt, daß der Traum der Frau dreimal so lang sei wie der des Mannes, der noch dazu viel sachlicher sei. Möglicherweise hänge die unterschiedliche Ausgestaltung der Träume mit Unterschieden zwischen Männern und Frauen zusammen.

Eine Teilnehmerin bemerkt, daß Angst in beiden Träumen Thema sei: Frau Grübig habe Todesangst und Herr Groß habe Angst vor Hunden, die beißen könnten. Stierlin ergänzt, daß Frau Grübig außerdem noch Angst habe, zu kentern oder erdrückt zu werden, wohingegen seine Angst sich auf die Hunde konzentriere. Er fragt die Gruppe, ob sich emotional ein Unterschied in der Angst von Herrn Groß und Frau Grübig deutlich machen lasse und erinnert dabei an die lustvolle Komponente, die das »durch die Beine kriechen« habe.

Ein Mann hält dagegen, daß die beißenden Hunde auch die aggressiven Anteile des Träumers bedeuten können oder auch die Angst vor den eigenen aggressiven Anteilen. Stierlin zitiert Wilhelm Busch: »Noch in der Schrecksekunde nähern sich drei fremde Hunde«, und er fragt sich, wie sich der lustvolle Frauentraum mit dem Männertraum, in dem die Angst vor den Hunden großen Raum einnehme, verträgt.

Eine Frau nimmt wahr, daß Frau Grübig die ganze Zeit auf ihren Mann bezogen sei, während sie in seinem Traum nur kurz auftauche, da Herr Groß in seinem Traum nur mit sich beschäftigt sei. Stierlin kommentiert dies mit der Idee, ob sich darin möglicherweise typische Geschlechterkonstellationen widerspiegeln: die Frau als Expertin für Beziehung und Bezogenheit, der Mann beschäftigt mit Selbstbehauptung und Instrumentellem. Er verweist auch auf die wissenschaftliche und populär-wissenschaftliche Literatur zu diesem Thema.

Die Idee der typischen Geschlechterdifferenz wird von einer Zuhörerin als generelle Feststellung abgelehnt, sie merkt aber an, daß sich im Traum von Frau Grübig mehr Stimmungen und Gefühle abbilden. Stierlin stellt nochmals die Vielschichtigkeit des Traums von Frau Grübig im Gegensatz zu dem ihres Mannes heraus.

Ein Mann assoziiert zu der Beschreibung ihres Partners als »klein und dick« eine afrikanische Mutterskulptur, was für ihn bedeute, daß sich Frau Grübig mit ihrer eigenen Mutter beschäftige wie ihr Mann, der sich im Traum mit dem eigenen Vater auseinandersetze. Dieses »durch die Beine kriechen« habe auch etwas von einer Geburtsszene, was ebenfalls auf die Beschäftigung von Frau Grübig mit ihrer Mutter verweise.

Stierlin fragt sich eher, ob sich die Frau über ihren Mann lustig mache, indem sie ihn als »klein und dick« bezeichne. Ist er überhaupt ein Mann oder ein Kind?

Eine Frau überlegt, ob sie lieber auf dem Frachter oder auf dem Segelboot sein möchte. Stierlin weist darauf hin, daß auf dem Segelboot der Machtkampf stattgefunden habe, bei dem es um Fragen wie »wer ist kompetent« und »wer darf die Zügel in der Hand haben« gehe.

Eine Teilnehmerin bemerkt, daß Frau Grübig eigentlich die Dominante sei. Dies schließe sie daraus, daß das Boot gekentert sei, als Frau Grübig die Führung aufgegeben habe. Stierlin fragt, ob dies andere auch so sehen.

Ein Mann merkt an, daß Frau Grübig möglicherweise nur vordergründig das Steuer übernehme, sich aber eigentlich wünsche, daß ihr Mann die Führung übernehme. Auch Stierlin sieht, daß Frau Grübig ambivalent in ihrem Führungswillen sei. Spielt sie nur die Schwächere, damit er den starken Mann spielen kann? Möchte sie ihn eigentlich als starken Mann sehen? Weiß Frau Grübig, daß sie die Stärkere ist, zumindest emotional?

Ein anderer Mann meint, verstanden zu haben, daß die Frau erkenne, daß vorne nicht das Steuer des Segelbootes sei, woraufhin sie den Platz tauschen möchte, um eben wie bisher steuern zu können. Eine Teilnehmerin findet es witzig, daß Frau Grübig sich im Unwissen wieder an die Führung bringe, da ja hinten gesteuert werde. So steuere diejenige, die nicht segeln könne.

Wer führen kann und wer führen soll in der Partnerschaft bleibe ungelöst – so Stierlin –, denn sonst würde das Paar nicht kentern und in eine Katastrophe geraten.

Ein Zuhörer wendet ein, daß der Traum von Frau Grübig nach bestandenem Abenteuer sehr harmonisch und nicht katastrophal ende. Ganz im Gegenteil zum schönen Ende des Traums von Frau Grübig stehe das Ende des Traums von Herrn Groß: Als eigentlich ein friedlicher und erholsamer Abend auf dem Frachter beginnen könne, gehe der Kampf los. Stierlin knüpft an diese Äußerung an und betont nochmals, daß sich der Traum der Frau in Richtung eines spontanen und harmonischen Zusammenspiels entwickle und sich möglicherweise eine gute Lösung ergeben habe, die auch etwas Spielerisches zeige.

Eine Teilnehmerin analysiert, daß in den Träumen Herr Groß die Vater- und Retterrolle einnehme, wohingegen sich Frau Grübig in der Tochter- und inferioren Rolle befinde. Eine andere Teilnehmerin ergänzt, daß das Boot kentere, als Frau Grübig die Führungsrolle beanspruche. Das Kentern befördere sie in die Tochterrolle und ermögliche es Herrn Groß, sich als Retter zu gebärden.

Herrn Stierlin erinnert dies an die Dynamik des von Hegel beschriebenen »Herr-Knecht-Verhältnisses«, welches ins Ungleichgewicht komme, sobald einer versuche, aus seiner eng umspannten Rolle herauszutreten. Gerade die wechselseitige Anerkennung und Abhängigkeit in den jeweiligen Positionen halte dieses sonst sehr instabil werdende Arrangement zusammen. Er stelle sich dies analog dem Hegelschen Herr-Knecht-Verhältnis folgendermaßen vor: Die Frau bekomme mehr Macht aufgrund ihrer größeren Emotionalität und der komplementären »Verscheuklappung« des Mannes. Sie beanspruche nun die Führung und Macht, was das Arrangement ins Ungleichgewicht bringe.

66

Das Boot kentere, was ein Ausdruck für den Zusammenbruch der wechselseitigen Anerkennung und Abhängigkeit sein könnte.

Eine Teilnehmerin betont die wechselseitige Abhängigkeit des Paares voneinander und sagt, daß das Boot gekentert sei, weil die Frau die *ganze* Macht wollte. Dadurch sei das Gleichgewicht durcheinander geraten. Ihr Mann sage zurecht: »Du kannst nicht das *Ganze* steuern«.

Stierlin erläutert, daß möglicherweise zentrale Fragen moderner Paare verhandelt werden. Wer nimmt welche Position ein und wer gleicht was aus, wer steuert und wie steuert der andere dagegen, wie bringen wir die verschiedenen Bedürfnisse von Vertrautheit und Sicherheit einerseits, Abenteuer und Spontanität andererseits zusammen.

Ein Teilnehmer wendet ein, daß erst der Wind das Gleichgewicht zum Kentern gebracht habe und das Paar folglich nicht per se instabil sei, sondern durch den plötzlich aufkommenden Wind aus der Bahn geworfen wurde. Stierlin stimmt diesem Einwand zu und stellt daraufhin die Frage, was der Wind eigentlich bedeuten könne.

Jetzt schaltet sich ein Zuhörer ein, der davor warnt, den Traum von Frau Grübig als genaues Abbild der Beziehung des Paares zu sehen. Statt dessen sei es doch ihr Bild oder sogar ihr Wunschbild der Beziehung. Der Traum von Herrn Groß werde dagegen nicht als Abbild der Beziehung betrachtet.

Stierlin nimmt diesen kritischen Einwand auf und verweist darauf, daß sich schnell eine Bewertung der Liebesbeziehung eingeschlichen habe. Auch eine andere Frau wünscht sich, daß man nicht so sehr deutet, sondern eher bei seinen eigenen Assoziationen bleibe. Trotzdem frage sie sich, ob dies weiterführe. Stierlin merkt dazu an, daß deutlich werde, welche Fülle an Informationen sich einstelle, wenn sich alle empathisch auf den Traum einlassen und wie viele verschiedene Zugänge zum Traum dadurch entstehen. Allerdings wolle er nicht die Frage nach dem Nutzen der Assoziationen außer acht lassen... Doch schon wird eine neue Idee in den Raum gestellt.

Kontexte und Metatheorien, die die Träume strukturieren

Der Traum der Frau – führt ein Zuhörer aus – liege schon einige Monate zurück. Allerdings sei das Paar zu diesem Zeitpunkt schon angemeldet gewesen. Folglich könnte der Traum von Frau Grübig die Ängste und Erwartungen in bezug auf die Gruppensituation ausdrücken: Sie könnte sich fragen, mit welchen Menschen sie in einem Boot sitze, welchen Platz in der Gruppe sie als Paar bekommen und wie sie erlebt werden. Der Traum des Mannes, der nach dem ersten Wochenende geträumt wurde, drücke möglicherweise schon die Verarbeitung der Erlebnisse auf dem Boot aus. Möglicherweise tauchten viele Aggressionen und Ängste, die sich in der Gruppe entwickelt haben, nach dem ersten Wochenende auf.

Stierlin freut sich, daß die Wichtigkeit des Kontexts, in dem ein Traum geträumt und erzählt werde, von dem Teilnehmer angesprochen wurde. Laut den vorhandenen Informationen wurde dieser Traum nach der Anmeldung, also im Wissen um das Traumseminar, in dem es um Paare und die Gruppe gehe, geträumt. Stierlin meint, deswegen würden Systemiker den Kontext »Paartraumworkshop« genauer bestimmen.

Diesen Gedanken verfolgt ein Mann, der die Bezogenheit der Träume aufeinander herausstellt. Die Frau rufe im ersten Traum aus: »Tu doch etwas!« Herr Groß führe sozusagen ihre Aufforderung in seinem Traum voller Tatendrang aus und komme vor lauter Aktivitäten gar nicht zur Ruhe.

Stierlin faßt die Bewegung vom Traum der Frau zum Traum des Mannes in den Begriffen »Spiel und Gegenspiel« zusammen und verdeutlicht, daß der Traum des Mannes im Kontext des Traumes der Frau zu sehen ist. Er kommt zu seiner Hypothese, die er schon an anderen Stellen angedeutet hat: Die Frau möchte innovativ sein, auf gefühlsmäßiger Ebene mehr riskieren, wohingegen sich der Mann emotional abschotte, sich auf dem Frachter verbarrikadiere. Möglicherweise fühle sich Herr Groß von den emotionalen Ansprüchen seiner Frau überfrachtet.

Diese Hypothesen ließen sich sehr gut prüfen – so eine Teilnehmerin –, wenn man kontextuelle Fragen, in diesem Fall Fragen nach dem Zustandekommen der Teilnahme des Paares Groß/Grübig stelle: Wer meldete an? Wer hat ein höheres Interesse an dem Traumworkshop? Wer erwartet sich was? Wer hat den größten Leidensdruck?

Für Stierlin sind diese Fragen »Wasser auf seine systemische Mühle«: Sie erhellen die Motivation des Paares.

Eine Zuhörerin sieht als Grund für die Partizipation an diesem Paartraumworkshop, daß das Paar in seiner Entwicklung gebremst sei. Dies schließe sie daraus, daß das Paar im Traum Schwierigkeiten habe, zum See zu gelangen und auch Probleme habe, eine Unterkunft zu finden. Stierlin ergänzt, daß das Paar möglicherweise einen neuen Weg finden möchte, weil es in der Beziehung langweilig geworden sei, und er zitiert den Titel einen Buches von *Welter-Enderlin* »Liebe, Lust und Lange Weile«. Eine andere Teilnehmerin sieht den Wunsch nach Veränderung in der Larve ausgedrückt, die Herr Groß aus der Persenning schneidet.

Stierlin erklärt, daß Entwicklung immer beide Seiten habe, Risiken und Gefahren, aber auch Stagnation und Bestandswahrung bedeute, die er eher beim Mann verorte. Doch beide Seiten von Veränderungen seien wichtig, wie er in seinem Buch »Das Tun des einen ist das Tun des anderen« ausgeführt habe.

Kontext – Arbeitsauftrag – Informationsreduktion

Nach einem Zwischenspiel mit weiteren Assoziationen, die eigentlich nicht an die Hypothese von Stierlin anknüpften, fragt eine Frau, was diese Assoziationen mit dem systemischen Vorgehen zu tun hätten. Daraufhin fühlte sich Stierlin aufgefordert, den zu Beginn der Gruppenarbeit in Aussicht gestellten »systemischen Senf« zu servieren. Er greift das Thema der Überfrachtung mit Assoziationen und Einfällen auf, was sich – so Stierlin

– möglicherweise auch in der Gruppe eingestellt habe. Um sich vor dem Gefühl der Überwältigung und Konfusion mit Informationen zu schützen, begrenzten er und seine Mitarbeiterinnen und Mitarbeiter in Heidelberg die Bildung von Hypothesen, die sich aus einem Genogramm bilden lassen, auf fünf Minuten.

Stierlin betont in diesem Zusammenhang nochmals die Wichtigkeit, den Kontext der Arbeit zu klären. Dahinter steht die Idee, daß Therapie nur gut laufen kann, wenn die Erwartungen und Wünsche der Paare an die Therapeutinnen und Therapeuten geklärt worden sind. Wichtig sei festzustellen, ob das Paar sich auf eine gemeinsame »Tagesordnung« für die Beratung geeinigt habe. Um die Notwendigkeit der Klärung des Arbeitsauftrags zu illustrieren, wählt Stierlin folgendes Beispiel: Ein Paar meldete sich zur Paartherapie an. Bei der Klärung der Motivation des Ehepaares wurde schnell deutlich, daß die Frau alles gemacht hätte, um die Ehe zu retten, zumal bei einer Scheidung zwei kleine Kinder in Mitleidenschaft gezogen würden. Der Mann dagegen war lediglich dem Rat seines Rechtsanwaltes, alle Beratungen und Therapien mitzumachen, gefolgt, um gute Konditionen bei der Scheidung aushandeln zu können.

Zentral für den Kontext der Traumwerkstatt sei die Frage, was Menschen in eine solche führe und ob die Partner aus denselben Gründen in eine solche kommen. Er frage sich, ob die Teilnehmerinnen und Teilnehmer ein ernsthaftes therapeutisches Anliegen an die Workshops haben oder ob diese lediglich dem »urlaubsgetönten marital enrichment« dienen.

Er bezieht sich auf Steve de Shazer, einen amerikanischen Kurzzeittherapeuten, der die Klienten folgendermaßen unterteile: Eine Gruppe von Klienten habe ein wirkliches Anliegen, also ein spezielles Problem, welches sie in einer Beratung lösen möchten. Dann gebe es noch die Gäste, die einfach neugierig seien und in der Regel wieder höflich nach Hause geschickt werden. Zwischen diesen extremen Gruppen gebe es noch die Kunden, die ein unspezifisches Anliegen haben, »sich schlecht fühlen«, welches, falls es zu einer Beratung kommen soll, noch zu einem genauen Auftrag formuliert werden müsse.

Erfolgserlebnisse – so Stierlin – können nur entstehen, wenn klar sei, was denn überhaupt erreicht werden soll, wenn es also einen Arbeitsauftrag gebe. Um dies zu verdeutlichen, wählt Stierlin folgendes Bild: Ein Mann setzt sich in ein Taxi und sagt: »Möglichst schnell dorthin!« Auf die Nachfrage des Taxifahrers sagt der Mann, daß er noch nicht wisse, wohin!

In diesem Sinne sei zu klären, was die Ausgangslage eines Problems sei, welche Erwartungen die Klienten an die Therapeuten und die Therapie haben und was das Ziel der Beratung sein sollte. Diese Fragen interessieren ihn auch im Kontext der Traumwerkstatt.

Daraufhin erklärt eine Mitarbeiterin der Traumwerkstatt, daß erst während der Traumsitzungen mit dem Paar klar werde, worin das Problem des Paares bestehe. Die Traumworkshops dienen aus ihrer Sicht der Selbsterkenntnis und der Selbsterfahrung. Durch die Bearbeitung der Träume könne eine erste Bestandsaufnahme der Dynamik des Paares gemacht werden. Erst daraus wiederum können sich erste Ideen über mögliche Entwicklungsschritte des Paares ergeben.

Stierlin sagt, daß ihm der Kontext der Traumwerkstatt zu vieldeutig erscheine. Wichtig sei ihm, zu betonen, daß die Metatheorie, in diesem Fall die Verbindung von Paar und Traum, die Arbeit in den Traumworkshops strukturiere, spezifische Erwartungen evoziere und deswegen nur bestimmte Träume zur Bearbeitung zur Verfügung gestellt werden.

Die Durchlässigkeit des Unbewußten und die Macht der Muster

Zu dem Beispiel des Ehepaars mit der unterschiedlichen Motivation für eine Beratung vermißt ein Teilnehmer die Berücksichtigung der unbewußten Motivation des Paares. Es könne sich doch auch so verhalten, daß die Frau eigentlich sehr selbständig sei, wohingegen der Mann so unselbständig sein könne,

was sich darin ausdrücken würde, daß er sich seinem Rechts-
anwalt unterwerfe.

Stierlin erklärt zu dem Themenkreis »unbewußt – bewußt«
folgendes: Das Unbewußte sei für ihn erst einmal eine Verding-
lichung der Seele. Entgegen früheren Annahmen sei das Unbewußte viel durchlässiger mit dem Bewußten verbunden. Beispielsweise kämen Metaphern oder Bilder ständig in Berührung
mit dem Unbewußten. Auch die Muster oder Spielregeln eines
Systems, denen die Systemiker auf der Spur seien, seien ge-
speist von unbewußten Wünschen. Es sei keineswegs so, daß
sich systemische Therapeuten nur mit bewußtem Material beschäftigen. Da systemische Therapeuten in der Regel mit mehreren Menschen zu tun haben, müssen sie das Zusammenspiel
der Personen im Blick haben, so daß sie sich nicht nur auf das
individuelle Unbewußte konzentrieren können. Für ihn seien
gute Kollegen diejenigen, die sowohl die »Sprößlinge des Unbewußten« als auch die Muster eines (familiären oder ehelichen) Zusammenspiels im Blick haben und bearbeiten können.

Die Systemiker hätten im Gegensatz zu den Psychoanalytikern immer ein Bedürfnis, Komplexität zu reduzieren. Dies
hänge damit zusammen, daß ein System von mehreren Personen zwangsläufig viele Informationen produziere, mit denen
die Therapeuten fertig werden müssen. Um nicht von diesen
Informationen überflutet zu werden, sei es wichtig, das Zepter
in der Hand zu haben und strukturierende Fragen zu stellen. Als
Analytiker habe er anfangs Familientherapien gemacht, in denen er alles habe laufen lassen. Dies habe oftmals zur Ver-
schlechterung des familiären Zusammenspiels geführt, da die
Familie ihren Clinch vorgeführt habe und nun vom »Richter«
einen Urteilsspruch erwartet habe. Oftmals sei es aber aus systemischer Sicht notwendiger, die Beteiligten aus dem malignen Clinch unter Wahrung der therapeutischen Neutralität zu
befreien, wie es die Bearbeitung des »Werwolf-Traums« zeige.

Träume als unschuldige Waffe? –
Der Werwolf-Traum

In seinem Beitrag hatte Stierlin das Fallbeispiel des »Werwolf-Traums« eingebracht, mit dem er seinen Umgang mit Träumen illustrierte.

Stierlin ermutigte weder die Frau noch den Mann, an dem Traum anzuknüpfen oder dazu zu assoziieren. Er wendet sich direkt an die Frau und nimmt Bezug darauf, daß sie den Traum ausgerechnet in dieser Situation einbringt (Akteurin in der Therapie ist sie!): Was meinen Sie, wie ist das für Ihren Mann, wenn Sie jetzt diesen Traum erzählen?

Stierlin erklärt sein Vorgehen so, daß es ihm darum gegangen sei, die Wogen zu glätten, um mit dem Paar weiterzukommen. Träume, so Stierlin, können dazu verführen, den anderen wirklich so zu sehen, wie er in dem Traum vorkomme. In dem Beispiel tut die Frau fast so, als sei der Mann wirklich der Werwolf und habe den Schmuck gefressen. Dies wirft sie ihm dann vor. Generell könne leicht übersehen werden, daß die Träumerin Akteurin sei. Sie hat geträumt und sie bringt den Traum an genau der Stelle ein. Im akuten Streit verwendet sie den Traum wie eine »unschuldige« Waffe, denn wer kann schon etwas dafür, was er/sie träumt? Stierlin dagegen betont, daß man auch Verantwortung für die eigenen Träume übernehmen müsse. Sartre sei aus diesem Grund dem Konzept des Unbewußten sehr skeptisch gegenübergestanden, es könne leicht als Ausrede mißbraucht werden, die eigene Verantwortung nicht zu sehen.

Als Therapeut ist es für Stierlin an dieser Stelle wichtig, sich nicht dazu verführen zu lassen, einseitig die Perspektive der »unschuldigen« Frau zu übernehmen. Er löst das Problem so, daß er den Traum nicht deutet, sondern ihn für eine systemische Intervention nutzt, die in eine andere Richtung weiterführen soll. Freilich übersieht er den Inhalt des Traums dabei nicht: Durch seine Vorkenntnisse/Hypothesen über das Paar – aber ohne deren Assoziationen – sieht er im Traum den Loyalitätskonflikt der Frau zwischen Mutter und Ehemann. Auf diesen will er aber erst später im Verlauf der Beratung, wenn sich das Paar beruhigt hat und die Situation deeskaliert ist, wieder eingehen.

Stierlin schlägt noch einmal den Bogen von diesem Beispiel zu seiner Arbeit in der Paartherapie. In belasteten Beziehungen gehe es aus seiner Sicht oft um die Frage, wessen Realität gilt. In diesem Sinne kämpften die Partner oft auch in der Therapie um die Deutungsmacht. In dem Zusammenhang helfe die Deutung von Träumen gerade nicht weiter, sondern es müsse darum gehen, einen inneren Abstand zu den Träumen herzustellen.

Entzauberung der Träume, denn Fragen sind der Königsweg

Für Stierlin sind Träume nicht der Königsweg zum Unbewußten und damit auch kein Königsweg für die Therapie. Als Hamburger die beiden Träume vorlas, war seine Faszination sehr spürbar, und er vermittelte einen gewissen Zauber, der für ihn als Analytiker ganz offensichtlich von den »Sprößlingen des Unbewußten« ausgeht. Stierlin trug die Träume in der Arbeitsgruppe selbst noch einmal vor, in unserer Wahrnehmung bereits ein wenig »ent-zaubert«. Es schien, als messe er ihnen weniger Bedeutung bei, als wolle er sie entmystifizieren. In vielen seiner Äußerungen wurde deutlich, daß für ihn im Umgang mit Paaren anderes zählt: Es geht nicht um die Produktion vieler neuer Hypothesen, sondern um deren Reduktion. Es geht nicht um das Verweilen, bei dem was ist, sondern um das, was das Paar aus dem »malignen Clinch« herausführt und weiterbringt. Dabei sind für ihn Fragen das Entscheidende. Systemische Fragen werden als wichtige Interventionen gesehen, die »bezogene Individuation« ermöglichen sollen. Solche Fragen sind zirkuläre Fragen, Fragen nach Unterschieden, Fragen, die die Beziehung deutlich machen. Hier werden nicht Fragen an das Unbewußte oder seine Sprößlinge gestellt, sondern direkt an das Paar, seine

Realität und den Kontext der Paartherapie. Wenn Träume in der Paartherapie auftauchen, dann wird auch gefragt: Wer bringt ihn ein, warum, warum jetzt, wie ist es für den anderen? Der Inhalt des Traums wird dabei jedoch nicht oder kaum befragt.

Andreas Hamburger

Etwas passieren lassen, damit Bewegung ist

Thea Bauriedls beziehungsanalytische Diskussion*

In der von Thea Bauriedl geleiteten Arbeitsgruppe über die beiden Beispielträume entstand ein spannender und überaus lohnender Prozeß. Ich verstehe das als Frucht ihrer beziehungsanalytischen Methode, die darauf abzielt, nicht von außen innerpsychische Strukturen im »Patienten« oder Gesetzmäßigkeiten im »System« zu analysieren, sondern die Bedeutung zu verstehen, die sich im Hier und Jetzt der Gruppe abbildet.

Bauriedl setzt einen Rahmen für die folgende Arbeit, indem sie vorschlägt, die zur Verfügung stehende Zeit (1½ Stunden) zu dritteln: Ein Drittel für den Traum der Frau, ein Drittel für den des Mannes, das abschließende Drittel für die Frage, wie wir die Paarbeziehung nach der Bearbeitung der beiden Träume verstehen könnten. Sie fordert die Teilnehmer auf, sich nicht zu Wort zu melden, sondern »zu sprechen, wenn Sie das Gefühl haben, daß Sie dran sind.« – »Was ist Ihnen eingefallen, was ist

*   Ich danke Andrea Vollmer für Hilfe bei der Protokollierung und Thea Bauriedl für eine Durchsicht meiner Zusammenfassung.

75

Ihnen geblieben? Wie haben Sie gefühlsmäßig auf den Traum reagiert?«

Der Traum von Frau Grübig

Zuerst meldet sich eine Frau zu Wort: »Es traut sich wieder mal keiner anzufangen. Mich hat die Panik beschäftigt, sich an die Spitze setzen zu müssen...«, und danach tragen drei weitere Teilnehmerinnen ähnliche Eindrücke zusammen: die Angst zwischen den Schenkeln, vor dem Kentern, vor der Abhängigkeit vom Segelexperten. Als ein Mann erfolglos versucht, sich zu Wort zu melden, kommentiert Bauriedl die Szene: »Hier sind die Frauen an der Spitze, und die Männer kommen nicht recht zu Wort.« Diese szenische Deutung bewirkt eine rasante Kehrtwendung. Drei Männer springen mit ihren Einfällen in die Arena: Auf-dem-See-Gehen, Neid, die Form der Verdopplung, die eingeritzte Vagina... Und wieder wird lediglich die Szene im Raum von Bauriedl angesprochen: »Wie schnell das kippt: entweder sagen Frauen was oder Männer. Es scheint, hier gibt es nur einen Führungsplatz. Wie könnte es der Frau selber gehen, was will sie, wovor hat sie Angst?«

Diese Bemerkung setzt die Szene in der Gruppe in bezug zum Traumtext, und zeigt gleichzeitig die Perspektive auf, diesen Schein (hier und im Traum scheint es, als gebe es nur einen Führungsplatz) als Kompromiß von Wünschen und Ängsten zu verstehen.

Die Einfälle der Gruppe kreisen nun um Wünsche und Selbstvertrauen der Träumerin: Sie traue anderen mehr zu als sich selbst, verlange aber von sich, den Partner übers Wasser führen zu können. Andererseits könnte sie Angst vor der Enge haben (und, wie Thea Bauriedl ergänzt, vor dem Herausfallen). Es hat den Anschein, als hätten in dieser Phase Männer und Frauen ihre Phantasien zunächst voreinander präsentiert: Ein Mann erlebt den Traum als »eine Folge von Verhinderungen...« – eine Frau findet die Träumerin jedoch »zielstrebig«. Bis dann das

Gruppenklima dichter wird und die Phantasien aufeinander zu-
rücken. Eine Teilnehmerin findet die Enge zwischen den Schenkeln panisch erschreckend, und sie kann im Herausgezogen-
werden aus dem Wasser gar keine Erlösung sehen. Aber dagegen wehrt sich ein Mann: »Die dicken Schenkel sind nicht nur
Enge – dagegen wehre ich mich – da ist auch eine Intensität von
Berührung.« Das deutet eine sexuelle Variante des Bildes an,
die dann von einer Teilnehmerin ausgesprochen wird: »Die
Frau ist plötzlich auf der Männerseite, ein Wechsel ist vollzo-
gen. Frauen dürfen Männer sein.«.

An dieser Stelle kommentiert Bauriedl den sich entfaltenden
Diskurs mit der Frage: »Müssen oder dürfen Frauen Männer
sein?« Auch diese Intervention greift die Szene der Gruppe auf
und ergänzt sie um die Ambivalenz. Nach einer Reihe von Bei-
trägen, die um Ambivalenzen kreisen, kommt eine Frau auf das
Einritzen im Traum zu sprechen. Das habe ihr richtig wehgetan,
und sie empfinde es so, als lege der Mann die Träumerin auf
die Rolle der Frau fest. Ja, meint Bauriedl, in *ihrem* Traum ist
es so: »In ihrem Erleben zeigt er ihr: So bist du und kannst es
mit nach Hause nehmen.« Auch hier also läßt sich hinter der
projizierten Abwehr ein Wunsch erkennen, der dann in der
Gruppe formuliert wird, als sei der Traum eine Vorbereitung auf
die Traumgruppe gewesen. »Ich träume, daß du mir zeigst, wie
ich bin.« Am Schluß des Traums, in der »schönen Nackenpartie«, fühlt die Träumerin sich gesehen – träumt sich als eine, die
sich gesehen fühlt.

An dieser Stelle schwenkt das Gruppengespräch auf den Begriff »Larve« ein, dessen Mehrdeutigkeit (Puppe/Maske) ausführlich besprochen wird. Die Zweigeschlechtlichkeit dieser
Figur wird deutlich und die Gruppe bemerkt, daß sie sich mit
der Differenzierung befaßt: »Was ist männlich, was ist weiblich?« Das Bild der Larve enthält eine Entwicklungs- und Über-
gangsphantasie. Sexualität und Erotik werden spürbar. Und damit kommt das Traumbild des Sturms in die Diskussion. »Der
Sturm kommt in dem Moment, wo sie an die Spitze geht, da
kommen Turbulenzen.« Es entsteht der Eindruck, daß genau in

diesem Moment die Träumerin den Wunsch nach dem Steuer-Mann verspürt. Und zugleich – kein Zufall – wird in der Gruppe die Gegenbewegung thematisiert. Zur großen Erheiterung der Gruppe fragt eine Frau: »Warum ist sie nicht weggeschwommen, als sie im Wasser war?« – Bauriedl: »Als günstige Gelegenheit zur Flucht?«, was die lustvolle Heiterkeit der Gruppe verstärkt. Offenbar sind wir nun dabei, den Wunsch nach Emanzipation und Entfaltung von Weiblichkeit in dem Traum am eigenen Leibe zu spüren. Bauriedl deutet den Gruppenprozeß in der Sprache des Traums: »Auf der Ebene der Sexualität ist es die Angst vor und der Wunsch nach dem Sturm – auf der Beziehungsebene: Wer hat das Sagen, wer darf oder muß führen? Wie müssen und dürfen wir sein als Männer und Frauen? In dem Moment, wo sie (sexuell) aktiv ist, heißt es, das kannst du nicht – aber *sie* hat es geträumt.«

In weiteren Einfällen der Teilnehmer werden die Wünsche deutlich, die auf den Mann im Traum gerichtet sind: Er ist einer, der ihr die Initiative überläßt und ihre Inszenierung mitmacht. Es ist, als wisse er (und nicht zu vergessen: »er« ist eine Figur ihres Traums!) um die heimliche Doppelbedeutung des Sturms.

Wir haben also, so endet die Diskussion zum Traum von Frau Grübig, eine Frau, die davon träumt, sich mit ihrem Mann einen schönen Tag zu machen und am Ende findet sie ihr eigenes Bild. Dazwischen kommt dieses Kentern: Es ist eine große Veränderung, nichts Ungefährliches. Bauriedl sieht darin die Perspektive auf das Traumseminar. Es geht um Übergang, um Ruhe, um Geburt, um Verstecken, um Verführung – das alles wird angerührt durch das Traumbild. Und sie findet, es wäre interessant, was die Träumerin zu dem Symbol Larve sagen würde. Ist eine Larve ein kleines, farbloses Wesen in der Erde? Oder Karneval in Venedig? Das ist kein Widerspruch. Das Larvenbild enthält die Hoffnung, sich verstecken zu können und auch die Aussicht auf Farbigkeit. Es ist ein dialektisches Bild. Man kann sich auch Zeit geben zur Entwicklung.

Der Traum von Herrn Groß

Ziemlich genau zur angekündigten Zeit schlägt Bauriedl vor, an dieser Stelle nun dem Mann Platz zu geben.

Auch diese analytische Pünktlichkeit enthält eine szenische Botschaft: Es ist weder nötig noch möglich, das, was im gegenwärtig zur Verfügung stehenden Raum nicht begriffen worden ist, noch durch Überziehen einbringen zu wollen.

Entsprechend diesem entlastenden Signal beginnt die Diskussion in der Gruppe sehr rege, nachdem auf Wunsch einiger Teilnehmer der Traum von Herrn Groß noch einmal vorgelesen wurde. Er war nicht mehr präsent, und das gehört schon mit zu der Szene, die sich nun zu entfalten beginnt. Die Einfälle regnen durcheinander. Ob das nicht der Traum der Frau gewesen sei? Und ob es nicht schlimm sei, wie verbittert der Träumer über die »Schluderer« sei, die die Türen nicht schließen? Auf ähnliche Elemente der beiden Träume wird hingewiesen: Gefahr, Wasser, Räder, Sturm. Was aber nicht vorkommt im Traum des Mannes, so wendet ein Teilnehmer ein, ist die Partnerin. Sie haben, sekundiert ein anderer, den Kontakt verloren, sie ist verschwunden. Aber in der Erzählung, meint eine Frau, da schaltet sie sich ein.

Jemand sieht den Traum auf die Traumgruppe bezogen. Die Gruppe wollte sich ein schönes Wochenende machen, und jetzt tauchen diese schwarzen Hunde auf, die Seminarleiter, und die verderben den Spaß – ein Einfall, der große Heiterkeit im Seminar auslöst, und eine Folge von Ideen über Ordnungsliebe, Angst und Aggression gegen den Vater. In diesem Durcheinander der Einfälle, die um den prospektiven Bezug des Traums auf die bevorstehende Traumgruppe kreisen, kristallisieren sich langsam geschlechtsspezifische Wahrnehmungen heraus. Eine Frau meint, das sei ein typisch männlicher Traum (»das muß ein Mann geträumt haben, denn ein Mann muß eine bestimmte Strecke pro Tag zurückgelegt haben«), eine andere bemerkt das besondere Schutzbedürfnis (»wie bei Banken, in denen eben

alles geschützt ist durch Doppeltüren«), eine dritte findet es ärgerlich, daß der Träumer anderen Leuten vorschreibt, was sie
tun sollen (»vielleicht hätte man die Hunde ja auch streicheln
können«). Daraufhin meldet sich ein Mann und sagt: »Er findet
aus seiner Mühle nicht heraus, alle schützen zu müssen.«

An dieser Stelle der Diskussion schaltet sich die Leiterin zum
ersten Mal ein: Bauriedl sagt, sie könne gut verstehen, wie das
sei, wenn man sich verantwortlich fühlt.

Bauriedl hat hier wohl ihre Verantwortung als Diskussionsleiterin gespürt
und sich im »Weglachen« auch unwohl gefühlt. Statt das aber von außen
anzusprechen, benennt sie ihre eigene Befindlichkeit an der Stelle, wo sie
von einem Teilnehmer angesprochen wird. Szenisch interessant ist, daß
sie mit der Einfühlung in die Rolle des Verantwortlichen sogleich einen
Kontakt herstellt zu der ansonsten den Männern zugeschriebenen Position.

Sie bemerkt auch, daß ihr aufgefallen sei, wie unterschiedlich
die Einfälle von Männern und Frauen seien: Die Frauen tendie-
ren eher dazu, die Handlungen des Protagonisten als »typisch
Mann« einzuordnen; die Männer dagegen bemerkten eher seine
Notlage: »Er kommt nicht raus aus der Verantwortung.«

Nun scheint die Rückseite des »typisch Mann«-Bildes zum
Vorschein zu kommen. Eine Frau vermutet, der Träumer habe
wohl Angst vor dem Unbewußten, vor den Hunden, und nicht
nur vor der Verantwortung. Und zwei Männer melden die Erfahrung von Angst an. Einem war »Holland in Not« eingefallen,
und ihn beschäftigt, wie der Träumer nach etwas *Festem* suche
(der Frachter, die Glastüren wie bei einer Bank, aber man muß
immer aufpassen, daß sie zu sind). Eine Frau meldet sich an
dieser Stelle: Sie findet es tragisch, daß diese Angst des Träumers im Traum nicht ernstgenommen wird. Sie fühlt, daß er die
Angst wohl anschauen will – deshalb träumt er Glastüren, nicht
Eisentüren.

Betrachtet man diese Sequenz, so fällt auf, daß der ursprünglichen Opposition der Männer- und Frauenbilder komplementäre, kontaktsuchende
Phantasien gefolgt sind.

Nun meldet sich ein Mann, der vorhat, eine ganz andere Idee einzubringen. Er sagt: »Ich bin auf einem anderen Schiff. Ich höre immer ›Angst‹, aber ich spüre nichts davon. Mir ist eingefallen: ›Läufige Hündin‹ kann man auch als Schimpfwort verwenden, da geht es vielleicht auch um bedrohliche Sexualität – und die möchte er eben doch sehen, durch die Glastür.« Ein anderer Mann meldet sich ebenfalls mit einer bedrohlichen Phantasie: Der eine Hund könnte den Vater kastrieren, und der zweite Hund wäre dann für ihn, für den Träumer vorgesehen. Gegen diese Männerphantasien wendet eine Frau ein: Nein, es gehe hier um Schwäche, um die weiblichen Anteile des Träumers ... Bauriedl, die wohl bemerkt hat, wie mit einemmal die Bilder wieder auseinanderstreben und die Spaltung männlich/weiblich sich unbewußt neu etabliert, gibt zu bedenken: »Männer können so was schon auch haben, schwache Anteile.« Die Gruppe lacht erleichtert. Aber die folgenden Einfälle kreisen doch weiter um die Vorstellung, daß das Zulassen von Schutzbedürftigkeit doch etwas weibliches sei, während es beim Mann mit dem Bild der Türen eher um Kontrolle gehe.

Wie um aus diesem Dilemma herauszufinden, kommt einer Teilnehmerin der Einfall: »Es geht auch um Einsamsein, um Alleinsein. Die einzige Beziehung, die der Träumer hier hat, ist die zum Vater, also zwischen Vater und Sohn.« Bauriedl greift diesen Einfall auf und bittet die Gruppe, sich vorzustellen, der Träumer sei ein kleiner Junge, der eine Phantasie erzählt, und er erzähle sie als Traum (damit sie ernstgenommen wird). »Wenn man diese Phantasie ernst nimmt: Was erzählt er dann? Welche Phantasie haben Sie über seine Herkunftsfamilie?«

Der Wechsel in die Perspektive des Kindes erleichtert es, Beurteilungen des Träumers beiseite zu lassen und mit ihm zu fühlen – das, was er denkt und tut, als Botschaft an die Umwelt zu verstehen. Auch diese Intervention war in der Gegenübertragung fundiert. Wie der Familientherapeut in der Gegenübertragung in die Position des Kindes rückt, wenn die Eltern die Spaltung aufrechterhalten (Bauriedl 1980), so wird auch hier der Leiterin die kindliche Position zugänglich, weil und nachdem in der Szene der

Es folgen Einfälle in rascher Folge: Angst um den Vater, Angst, er könnte behindert sein durch diesen Biß, aber auch: Sind die Hunde die bedrohlichen Eltern? Ist der Junge verzweifelt und sucht dringend Schutz, muß ständig dafür sorgen – und fordert auch andere dazu auf, überfordert sie dabei? Oder muß er umgekehrt für den Vater sorgen? Nein, meint eine Frau in munterem Ton: Er ist aggressiv, er will, daß der Vater gebissen wird! Und weil er, der Träumer, Angst hat, macht er die Türen zu. Die Therapeuten bedrohen sein männliches Vaterbild und diese Bedrohung »muß man ganz fest wegsperren«. Eine andere Frau meldet sich und sagt, in ihrer Phantasie identifiziert er sich so mit dem Vater, als wäre er gebissen worden.

Bauriedl faßt diese Beiträge in der Frage zusammen: »Könnte es vielleicht etwas sein wie: So geht es den Männern?«

Sie kommentiert damit die Bewegung in der Gruppe, die auf ihren Vorschlag hin, die kindliche Position zu beleben, möglich geworden ist. Statt der vorher gruppenüblichen Zuschreibungsphantasien sind nun positiv einfühlbare Aspekte der Phantasien über den Träumer angesprochen worden. Nicht: »So sind die Männer«, sondern: »So geht es den Männern.«

Diese Frage ermöglicht nun der Gruppe, auf eine fruchtbarere Weise die Frage nach dem Vater zu stellen. Konnte der Vater sich nicht schützen? Versucht deswegen der Träumer, jetzt sich und ihn zu schützen? In der Phantasie einer Teilnehmerin wird der Ort des Vaters plötzlich diffus: Ist der Vater hinter den Türen, bei den Hunden, oder ist er drinnen? Ist er Angreifer oder Angegriffener? Ein Mann meint, die Sorge schließt ja nicht die Aggression aus. Plötzlich kommt die Phantasie einer Realtraumatisierung der Väter auf. Einer Teilnehmerin fällt ein Traum einer Frau dazu ein, der ihr berichtet wurde: Der Vater erzählte dieser Frau im Traum, daß ihn ein Hund gebissen hätte – was als Hinweis auf sein psychisches Kriegstrauma verstanden wurde. Sie plädiert dafür, zu bedenken, Träume seien vieldeutig, es sei nicht immer alles intrapsychisch – es gebe auch Krieg, Bomben, Angriffe von außen.

Nun kommt eine ältere Teilnehmerin mit einer Interpretation des Träumers, die auf seine Lebensgeschichte spekuliert. Sie vermutet ödipale Aggression und eine gescheiterte Ehe. Es sei da »lebensgeschichtlich was drin«. Ein Mann stellt zwischen dieser Deutung und der Phantasie vom beschädigten Vater eine spekulative Verbindung her: Dem Vater sei in der ödipalen Phase des Träumers etwas Schlimmes passiert, und er fühle sich nun schuldig dafür. Etwas ratlos schweigt die Gruppe angesichts dieser konkreten biographischen Phantasien, bis eine Teilnehmerin zum konkreten Traumbild zurückkehrt: Es beschäftige sie, wie brüchig eigentlich der Schutz der Glastüren sei: »Glastüren, Glashaus – das ist gar kein richtiger Schutz.« Ob es nicht eher die Schwierigkeit sei, an den Vater heranzukommen, weil immer eine Wand, eine Tür dazwischen ist?

Bauriedl greift an dieser Stelle das Bild der Glastüren auf. Es sei in der Gruppe immer wieder aufgetaucht, und sie fragt sich und die Gruppe, welches Gefühl mit diesem Bild wohl verbunden sei. Eine Art »Glastüren-Gefühl«, den Mann nicht zu spüren, das bei ihr selbst zu der Überlegung geführt habe, wie man denn näher an ein Gefühl für ihn herankommen könne. Versuchen wir, ihn uns als Kind vorzustellen. »Das ist ein Versuch die Glastüren aufzumachen, aber davor hat er ja so Angst, weil da kommen ja wieder die Hunde.« – »Unsere Annäherung an den Mann, also an seinen Traum, hat etwas damit zu tun, daß wir einerseits hinwollen und andererseits seine Angst spüren – und sie trotzdem nicht spüren.«

In der Gegenübertragung der Gruppe, also der emotionalen Reaktion auf die vom Traum angebotene Szene, bildet sich die emotionale Szene des Traums ab – die Tür wird zugehalten. Was mir in der folgenden Sequenz auffällt, ist, daß mehrere »untergegangene« Beiträge zu den Glastüren noch einmal kommen.

Eine Frau hatte seine Not gespürt, daß die anderen nicht verstehen, daß er die Türen zumachen muß. »Soviel Türen wie Hunde« wirft Bauriedl ein – wohl um das in der Gruppe wiederholt aufgetauchte, die Abwehr in der Beziehung zum Traum illustrierende Bild der Glastüren mit dem abgewehrten Impuls (Hunde) in Beziehung zu halten. Eine andere Teilnehmerin wiederholt ihren Hinweis auf die Sehnsucht nach anderen Möglichkeiten – es gebe ja auch andere Gefühle zu Hunden, nämlich positive. Ein Mann legt Wert darauf, festzuhalten, wieviel Mühe es kostet, die Türen geschlossen zu halten.

Drastisch inszeniert sich die Befürchtung, nicht wahrgenommen zu werden, als nun der Teilnehmer, der vorhin mit seinem Einfall »läufige Hündin« nicht zum Zuge gekommen war, zu einem größeren Beitrag anhebt. Er habe den Eindruck, daß Vater und Sohn im Traum sich schützen müssen vor einer zugreifenden Weiblichkeit. Und er fragt, ob es auch hier in der Gruppe wohl »die Frauen« gekränkt habe, daß der Träumer in seinem Alter noch Angst habe. Allgemeines Gelächter in der Gruppe, obwohl nicht ganz klar ist, welche Kränkung er meint. Bauriedl fragt nach, und er erklärt noch einmal mit Bezug auf die Äußerung der älteren Teilnehmerin: Sein Beitrag über die Bedrohung durch weibliche Sexualität sei ja wohl mit einer ödipalen Phantasie abgewehrt worden. Bauriedl nimmt das Moment der Kränkung, das er angesprochen hat, auf und fragt ihn direkt: »Und wie kränkend haben Sie das erlebt?«

Sie kehrt damit die von dem Teilnehmer intendierte Aussage zwar um, aber sie beläßt die wahrgenommene Emotion bei dem, der sie wahrgenommen hat. In dieser beinahe heftigen Szene wiederholt sich auf der Ebene der Gruppendynamik die Szene des Traums.

Die angesprochene ältere Teilnehmerin erklärt nun noch einmal ihre Hypothese über die ödipale Situation des Träumers.

Die ältere Teilnehmerin und der ebenfalls bereits etwas gesetzte Kollege, die hier ihre Hypothesen gegeneinanderstellen, erscheinen in der Gruppe wie eine Inszenierung der Angst vor Kontakt. Die Stimmung wird etwas ablehnend. Doch wie es in Gruppen manchmal so geht, es kommen rettende Beiträge. Zwei Frauen formulieren genau den angesprochenen Ge-

84

gensatz, aber nicht als polarisiertes Gegeneinander, sondern als sich ergänzende Polarität.

»Er hat den Traum ja erzählt in einem Paartraum-Seminar. Ich glaube, er hat Angst vor seiner Frau.« – »Und er fürchtet, daß er mit seiner Angst nicht ernstgenommen wird.«

In der Gruppe wird deutlich, daß der Zugang zum Traum des Mannes schwerer gefallen ist als zu dem der Frau. »Warum mußten wir seinen Traum nochmal lesen? Er ist wohl mehr im Hintergrund? Sie rauscht in ihrem Traum nach vorne und bringt die Paarbeziehung ins Spiel, und er sitzt im Glashaus und wagt nicht, mit Steinen zu werfen.« Als Reaktion auf ihren Traum sucht er nach Sicherheit. Auf der Beziehungsebene heißt das: Sie zieht ihn rein, und jetzt muß er schauen, wie er damit umgeht. Es geht um »Ausgeliefertsein«.

Die Paarbeziehung

An dieser Stelle der Diskussion ist wieder ein Zeitabschnitt erfüllt, und Bauriedl leitet über zur dritten Fragestellung des Seminars.

Phantasien über die Beziehung

Zunächst werden Parallelen bemerkt. Beide versuchen eigentlich, einen erholsamen Rahmen zu träumen: Ruhe, Harmonie, Freizeit, Wasser, Fahrrad – das wäre schön. Aber in beiden Träumen tritt Angst auf. Bei Frau Grübig die Panik in Verbindung mit dem Kentern und im Traum von Herrn Groß die Angst vor den eindringenden Hunden. Das Wasser, das in beiden Träumen vorkommt, sei vielleicht das Gespräch zwischen beiden.

Dann fällt einer Teilnehmerin fällt auf, daß man den Traum des Mannes wie eine Antwort auf den Traum der Frau verstehen könnte: »Ich habe auch Angst, ich bin auch nicht immer der Beschützer.«

Drei Teilnehmer formulieren nun Hypothesen über den gegenseitigen Bezug der beiden Träume. Geht es um die Frage nach der Verbundenheit? Oder nach der Verteilung von Macht und Potenz in der Beziehung (»Sie hat Angst vor ihrer Potenz – und er auch«)? Oder geht es doch um sein Vaterproblem?

Nach diesen Deutungsversuchen der Männer kommen nun zwei Frauen zu Wort. Eine Teilnehmerin meint, sie empfinde den Traum des Mannes zu Anfang stark auf die Frau bezogen, ihre Symbole finden Antwort in seinem Traum, aber plötzlich sei dieser Bezug weg. Im Traum der Frau sei er der Retter, in seinem Traum dagegen komme sie nicht mehr vor. Auch eine andere Teilnehmerin findet, die beiden seien doch sehr stark bezogen aufeinander. Beide hätten im Unbewußten Schwierigkeiten mit ihren inneren Elternfiguren. Bei ihr sei es, vermittelt über das Traumthema Fruchtbarkeit (das Bild der dicken Schenkel) die Mutter – bei ihm der Vater, der bedroht sei, den er womöglich bedrohe. Beide hätten diese Schwierigkeiten in der Beziehung auf den Partner übertragen. Das greift ein Teilnehmer auf. Und beide können ihre Erwartungen aneinander nicht mitteilen: Sie sagt nicht: »Laß mich mal an deine Stelle« und er auch nicht: »Ich möchte Entlastung.«

Thea Bauriedl bemerkt in diesen Interpretationsversuchen der Gruppe eine gemeinsame Phantasie – einer sitzt vorn (im Boot, auf dem Tandem), der andere ist dabei. Sie sind hintereinander, nicht zueinander, miteinander oder nebeneinander, aber es herrscht Sprachlosigkeit, es gibt keine Mitteilungsmöglichkeit in bezug auf Angst oder auf den Wunsch nach Hilfe.

Daraufhin bemerkt ein Teilnehmer das Ungleichgewicht: »Die Larve darf sich entwickeln, während er Entwicklung verhindert, Türen schließt.« – Eine Einschätzung, die Bauriedl relativiert: »Ja, aber das können wir auch als eine Perspektive sehen. Es gab in der Diskussion hier auch die Umkehrung. Es ist gesagt worden, daß bei der Frau vieles nicht geht, und bei ihm haben wir auch den dringenden Wunsch bemerkt, mitzuteilen, welche Angst er hat. Wir können den Entwicklungsaspekt bei beiden sehen und die Hemmung auch bei beiden. Es ist eine Entwicklung in uns, eine Entwicklung des Bildes sowohl der beiden als auch der beiden als Paar. Es ist immer beides – das Verstecken und das Zeigen, das Weiterwollen und das Angsthaben.« Wenn man diese Dialektik zu bemerken beginnt, löst sich die Polarisierung auf. Dann ist nicht die Frau immer vorn und der Mann immer hinten oder andersherum, sondern wir sehen beide in ihrer inneren Ambivalenz oder in ihrer inneren Dynamik zueinander. Damit ergibt sich ein Bild der Paarbeziehung, der Wunsch nach Entwicklung wird sichtbar – auch in bezug auf das Traumseminar – und es gibt auch Angst in der Beziehung.

Ein Teilnehmer meint daraufhin, man könnte sich bei beiden einen Folgetraum vorstellen: Wie sich bei ihr die Larve entwickelt und wie er die Türen aufmacht . . .

In die Einfälle im Seminar ist also nun Bewegung gekommen. Bauriedl greift das auf und stellt eine Parallele zwischen der Befindlichkeit der Seminargruppe und der möglichen Befindlichkeit des Paares her, aus der die Träume geträumt worden sind.

»Man könnte sich vorstellen, daß sie etwas gemeinsam passieren lassen, damit sie sich bewegen können. Etwas, das aufregend, ängstigend, bedrohlich ist, dann können sie aktiv werden. So könnte man es sich vorstellen. Wir haben ja gottseidank keine Vorstellung von der Realität dieses Paares und können also spekulieren.«

Das war immerhin, wie im nächsten Kapitel dieses Bandes gezeigt wird, schon recht präzise spekuliert.

Es kommen nun unterstützende Einfälle, wie beispielsweise der Wunsch nach einem »hilfreichen Kurzschluß«, um zusammenzukommen. Bauriedl fragt nach: »Im Sinne von Kontakt?« was bestätigt wird.

Die Bilder haben sich verändert. Jetzt sind die Wunschphantasien mit enthalten, auch wenn die Angst- oder Abwehrseite noch spürbar ist. Im

»Kurzschluß« schwingt die Angst mit, daß zu viel Energie zu schnell und zu direkt fließt. »Kontakt« ist dagegen die Weiterleitung von Energie an den Ort, wo sie Bewegung ermöglicht.

In beiden Träumen wird der Wunsch nach Respekt und Anerkennung der jeweiligen Bedürftigkeit spürbar. Die Traumbilder sind verschränkt – die Frau träumt ein schnittiges Segelboot, in dem man was erleben kann, der Mann träumt ein Hausboot, in dem man wohnen kann. Dieses Bild wird in der Gruppe freudig aufgegriffen und weiterentwickelt: »Die Frau macht großen Wind – und er baut einen Windfang!«

Der Paartraum und die Traumwerkstatt

Nachdem nun Polarität und Gegenseitigkeit benannt sind, stellt Bauriedl der Gruppe eine Frage, die zurückführt zum Thema dieses Bandes: »Aus dieser Polarität könnte etwas sehr Kreatives entstehen zwischen den beiden – nur durch die Polarisierung sind sie festgenagelt. Halten Sie dieses Paar eigentlich für ziemlich »krank«, oder was sind Ihre Vorstellungen?«

Die Frau wird für »ich-stark« gehalten, denn sie erlebe das Kentern – »normalerweise wachen doch die Leute da auf« –, und was die Paarbeziehung anlangt, so ist in der Gruppe der Eindruck entstanden: »Sie sprechen wenig miteinander im Traum, aber sie haben eine Beziehung.«

Die Diskussion wendet sich mit dieser Frage dem Kontext der Traumerzählungen zu, der Paartraumgruppe. Geht es in der Traumwerkstatt um Therapie? Geht es um Forschung?

Bauriedl fragt nach der Parallele der manifesten Motive: »Wie schätzen Sie das ein, daß Fahrrad, Wasser und Boot bei beiden vorkommen? Halten Sie das für eine hervorragende Intuition, oder ist es das schon von Herrn Stierlin angedeutete Phänomen: Man träumt, was der Analytiker hören will? Wie können wir verstehen, daß an den gleichen Inhalten weitergeträumt wird?«

Ein Teilnehmer sieht es als Anpassungsbereitschaft, ein sich Einlassen auf den Dialekt des anderen. »Die Frau hatte es schon Wochen vorher geträumt, sehr kräftige Bilder – und er bezieht sich auf die Bilder der Frau und sagt: Nicht ganz so rasch.«

Auch andere Gruppenteilnehmer sehen in der Parallele der Bilder eine intensive Korrespondenz, eine gemeinsame Struktur, eine gemeinsame Symbolik und eine Fähigkeit, darauf einzugehen. Eine gelungene Spiegelung und – auf Symbolebene – gemeinsame Themen. Im Wasser sieht ein Teilnehmer das Unbewußte, im Boot sitzen beide, und auf dem Tandem sitzen zwei, die etwas gemeinsam angehen. Aber eine Frau wendet ein, es könnte auch langweilig harmonisch werden, wenn die Beziehung mit fester Rollenteilung 20 Jahre so weitergehe.

Bauriedl faßt zusammen: »Wir haben wieder beide Aspekte. Einerseits die Anpassungsmöglichkeit, das Eingehen auf den anderen durch Übernahme der gleichen Bilder, und andererseits die potentielle Starre, die darin besteht, daß man wenig eigene Bilder produziert.« Das sei nun in der Gruppe mehr auf der Seite des Mannes gesehen worden, doch gelte es, zu sehen, ob es sich auch auf der Seite der Frau komplementär bemerkbar mache. Auch auf seiten der Frau gab es die Erstarrungsmöglichkeit. Daß Frau Grübig von einem Tandem träumt, ist auch ein enormes Entgegenkommen an die Traumwerkstatt – in deren interner Sprachregelung die Gruppe ja »Tandem-Seminar« hieß.* Auch daß sie gleich nach der Traumerzählung ihres Mannes so stark auf ihn eingeht und ihn verstehen will, zeigt beide Aspekte: »Wie schön das ist und wie bedrückend auch für den Mann, daß sie gleich schon wieder da ist und ihn verstehen will.« Bauriedl betont, daß das Herausfallen aus dem dialektischen Verständnis von Beziehungen (die Komplementarität beider Positionen, die Ambivalenz beider Personen) eine ganz andere

---

* Ich hatte diese interne Arbeitsbezeichnung für die Form der Paartraumgruppe, aus der das Traummaterial stammte, in der Vorstellung des Traummaterials erwähnt.

Sichtweise und infolgedessen auch ein ganz anderes therapeutisches Handeln zur Folge hat.

Eine Teilnehmerin fragt nach der Rolle des Seminars und der Seminarleiter für dieses Paar: »Wenn die sich nun einerseits öffnen und andererseits auch den Wunsch haben, daß die Türen geschlossen bleiben – halten sich denn die Seminarleiter auch daran?«

Eine Frage, die natürlich durchaus Brisanz hat. Dürfen wir so intime Mitteilungen denn, wie wir es hier tun, öffentlich zur Diskussion stellen?

Bauriedl verweist auch an diesem Punkt auf die Dialektik von Wunsch und Angst. Das Paar will sich einerseits öffnen und andererseits auch seine Grenzen wahren – beides auch mit Hilfe der Seminarleiter. Nach der Phantasie, die Frau habe das Paar zur Traumgruppe angemeldet, kommt das Seminar in einer nachdenklicheren Stimmung auf Elemente der beiden Träume zu sprechen, die gut zueinander und zur Szene der Teilnahme an der Paartraumgruppe passen. Es wird der Eindruck formuliert, daß die Frau das Zögern ihres Mannes zu schützen wisse – und daß umgekehrt der Mann ganz selbstverständlich und in beiden Träumen auch eine fürsorgliche Rolle übernehme.

Bauriedl faßt zusammen: »Es gibt sehr gute Elemente zwischen den beiden, die die beiden zunächst vielleicht nicht wahrnehmen, und die auch wir in der Gruppe erst spät wahrnehmen. Es ist ja ein Weg, der gegangen wird.« Dieser Aspekt werde oft mit dem Begriff »Ressourcen« erklärt. Sie wünscht sich aber einen weniger statischen, leistungsbezogenen Begriff dafür: »Versteckt in der Beziehung sind die Möglichkeiten, die man nicht aus dem Auge verliert: Sowohl die Wünsche nicht als auch die Ängste nicht, als auch die Stellen, wo etwas nicht stumm bleibt – nicht nur im Hinblick auf Bitten und Wünschen, sondern auch auf Anerkennen und Sehen, was der andere auch tut und daß er da ist.«

Wie dieses Sichtbarmachen der Anerkennung des anderen funktioniert, zeigt sich nun an einer kleinen Diskussionsepisode. Eine Teilnehmerin war noch einmal darauf zurückgekommen, daß sich der Träumer wohl auch vor der Fülle der Mitteilungen seiner Frau abschotten müsse. Bauriedl bestätigt ihr das als Außenbild der Frau. Komplementär dazu könnte das Innenbild der Frau lauten: »Ich produziere ganz viel, um dich zu erreichen.« Und aus der Perspektive des Mannes kann das dazu führen: »Um Gottes willen, so viel, ich mache die Türen zu.« Sie betont als Folgerung, auch für die therapeutische Arbeit mit Paaren, es sei wichtig, die Außen- und Innenperspektive der Partner auseinanderzuhalten und gleichzeitig miteinander in Beziehung zu setzen. Als Therapeutin kann sie sich in die Perspektive der Frau versetzen, die viel erzählt, und in die des Mannes, wie das wohl auf ihn wirken mag. Und das führt nun nicht dazu, stellvertretend für den Mann zur Frau zu sagen: »Sehen Sie mal, wenn Sie so viel tun, dann kann er doch nur zumachen«, sondern dann mit dieser Perspektive zu der Frau hinzugehen und zu fragen, aus welchem Gefühl heraus sie denn so viel erzählt hat. Durch die Wahrnehmung der beiden Wunschperspektiven kommt man aus der Interpunktionsproblematik heraus: »Ich muß ja, weil du ...«, und es entsteht ein psychischer Trennungsvorgang: »Ich tue, weil ich ...« Das ist die Mitteilungsbasis: »Ich schütze mich, weil ich Angst habe – ich produziere ganz viel, weil ich Angst habe, dich nicht anders zu erreichen.« Das ist der Vorgang, der hier im Seminar auch anhand der jeweiligen persönlichen Einfälle der Teilnehmer nachvollziehbar war.

Andreas Hamburger

Des Rätsels Lösung

Rückblick auf die ursprüngliche Szene der Traumerzählung

Die Paar-Traumgruppe, aus der unsere Beispiele stammen, fand an zwei Wochenenden im Abstand von 14 Tagen statt, mit jeweils fünf Sitzungen. Es nahmen fünf Paare teil, die Leitung lag bei Eleonore Metzker-Podhorsky und mir, Martina Roth war als teilnehmende Beobachterin dabei.

Ich stelle hier den Verlauf der beiden Sitzungen vor, in denen die Träume von Gabi Grübig und Gerd Groß, wie wir sie genannt haben, erzählt und bearbeitet wurden. Ich stelle die Sitzungen genau in der mäandrischen Abfolge dar, in der sie sich abgespielt haben. Wir behindern das Aufkommen von Themen nicht und forcieren es nicht. Ich lasse möglichst keine wesentlichen Beiträge weg und präsentiere sie strikt in der Reihenfolge.

Insgesamt war das Klima dieser Traumgruppe zunächst von einer auffallenden Betriebsamkeit der Männer bestimmt. Das ist ein Phänomen, das uns aus beobachteten Gruppen bekannt ist. In Gruppen, die nicht wie diese der Forschung dienen, sind es zumeist die Frauen, die sich nach vorne wagen, während die Männer schüchtern im Hintergrund abwarten. Da die Gruppe aber als Forschungsgruppe angekündigt war, zeigten sich vor allem Großträumer auf der Bühne, Leistungsdruck herrschte vor.

Im Lauf der Arbeit konnte sich die Gruppe diese Struktur verdeutlichen und das Thema »Männer und Frauen« nahm immer wieder breiten Raum ein – so auch in den Sitzungen, von denen ich hier berichten will.

Das Paar

In der ersten Vorstellungsrunde präsentierten sich Frau Grübig und Herr Groß als ungleiches, aber komplementäres Paar. Sie sprach von ihren in den letzten Jahren zunehmend als bedeutungsvoll erlebten, langen und bunten Träumen, er sagte sinngemäß: »Meine Frau hat so wunderschöne, lange, spielfilmartige Träume. Solche Träume habe ich nicht. Ich habe mich allerdings lange und intensiv mit Träumen beschäftigt. Mir fällt immer viel zur Deutung ein.« Sie träumt, er deutet.

Die erste Traumsitzung

Frau Grübig fährt nach der Traumerzählung gleich, wie es bei uns der Brauch ist, mit ihren Einfällen fort.

Die Einfälle der Träumerin

»Das *Radfahren* ist ein sehr wichtiges Thema in unserer Beziehung, der Gerd fährt mehr Rad, als er auf seinen beiden Füßen geht oder steht, und ich hechele immer hinterher.« Sie erntet allgemeines Gelächter, das abebbt, als sie anfügt: »Ich mache oft gewaltige Touren mit, wo ich schon eigentlich gar nicht mehr kann.«

Zu den *Tandems* auf dem Wasser fällt ihr die biblische Geschichte des Auf-dem-Wasser-Gehens ein, die sie als Kind sehr beeindruckt hat. Beim *Segeln* hat sie zunächst den Wunsch, sich von ihm schippern zu lassen, aber dann erinnert sie sich auch an Bekannte, die beim Segeln fast ertrunken wären. Daß sie sich *nach vorne* setzt, obwohl es da vorne zu steuern ist, sei eigentlich untypisch. Es sei ihr auch anfangs gar nicht bewußt gewesen. Die *dicken Schenkel* erinnern sie zum einen an »meine eigenen dicken Schenkel«, zum anderen hatte sie sofort die

Assoziation »Geburt« – »daß ich da durch muß, um zu leben«.
Zum *Wind* präzisiert sie: »Ohne Blitz und Donner, es war wohl
kein Gewitter, aber sturmähnlich«. Das führt sie zum *Kentern*:
Da habe sie Angst gehabt. Und ihr fiel ihr Lieblingsmärchen
Frau Holle ein: »dieses in den Brunnen fallen. Bei mir war aber
nicht die schöne Landschaft unten, sondern der Tod hat da auf
mich gewartet«. Außerdem noch eine Szene aus der Kindheit:
Als sie im Urlaub am Meer schnorchelte, fuhr ein Ruderboot
über sie weg. Es kam ihr riesig vor, und sie konnte nicht gleich
auftauchen. Sie macht eine Pause, in der sie offenbar noch einmal über die Szene des *Plätzetauschens* nachdenkt, und fährt
dann fort: »Also im Traum bin ich wahnsinnig ärgerlich und
enttäuscht, weil ich habe schon massive Angst, weil der Wind
da aufkommt, und wir schon dahinschossen, und Gerd da hinten
ganz ruhig saß«. Das *Herausziehen aus dem Wasser*: »Gleich
nachdem ich es geträumt hatte, da wurde ich wieder an die Geburt erinnert, so dieses Bild, daß das Baby an den Füßen gehalten wird«, und sie wundert sich, »daß dieser kleine dicke Mann
mich kleine dicke Frau ... da so einfach herauszieht.«

Schließlich noch das *Ritzen*. Dazu hat sie einen Einfall, den
sie schon mit Gerd besprochen hat. Er erscheint ihr selbst wie
eine Deutung: »Wenn im Traum die Geburt von jemandem
stattgefunden hat, dann wird es gleich auf diese Plane geritzt,
indem da eine Vagina ist oder ein Mensch, also in dem Fall war
es beides«. Dennoch scheint sie an dieser Stelle nicht ganz zufrieden: »Es ist für mich jetzt fast eine vordergründige Deutung« –, und dann rückt sie mit einer sehr wesentlichen Mitteilung heraus, die in der Gruppe mit großer Bewegung aufgenommen wird: »Wir haben uns um diese Zeit herum ein Kind
geschenkt, also ich bin schwanger geworden. Es paßt ziemlich
genau, daß ich den Traum geträumt habe, als ich empfangen
habe oder als der Eisprung war.«

So, denke ich, da haben wir es. Eisprung, Geburt, Taufe. Es wird ein Mädchen mit einem schönen Nacken und heißt Vagina. Schöner kann man das
ja wohl nicht träumen.

Aber warum kommt sie nun sofort auf ihre Skepsis zurück? Sie fährt fort: »Wobei ich denke, ich will noch mehr von dem Traum, also das ist mir zu vordergründig, mit Geburt und so« – sie sucht nach einer »persönlichen Bedeutung«.

Seltsam, was in so einer Gruppe manchmal geschieht. Statt uns mit der Hauptsache zu beschäftigen, beginnen wir an dieser Stelle plötzlich einen Disput darüber, was »Skai« eigentlich ist, und wir kommen auf die Sechziger Jahre – »Ja,« sagt die Träumerin, »da bin ich geboren.«

Die Einfälle des Partners

Nach diesem kurzen Exkurs ist der Partner dran. »Ich werde diesmal, hoffentlich erfolgreich, gegen jeden Deutungsversuch ankämpfen«, meint er lachend.

Zunächst beschäftigt ihn seine eigene Rolle in diesem Traum: »Mich berührt, daß es gar nicht klar ist, daß ich der Partner bin, . . . dieser *kleine Dicke* da, . . . ich sehe mich ja schon . . . ein bißchen in Frage gestellt«. Und wieder lacht er freundlich.

Radfahren und Segeln machen ihm Spaß: »Ich rausche leise mit dem Rad dahin, genauso wie mit dem Segelboot, ich kann in jedem Moment die Richtung bestimmen und ich nehme keine lärmende, stinkende Energiequelle in Anspruch«. Die Vorstellung allerdings, mit dem *Fahrrad auf dem Wasser* zu gehen, Tretboote und ähnliches, findet er ausgesprochen »albern«: »So ein Ding würde ich mir nie leihen.«

Zu der Situation mit dem *Plätzetauschen* meint er: »Da hätte ich sicherlich genauso reagiert, . . . ich hätte da aber gesagt, ich bleibe hinten, weil hinten wird ja gesteuert« (Heiterkeit in der Gruppe) . . . »Ich hätte gesagt, ich nehme das Ruder in die Hand, und du schaust es dir mal an, und das nächste Mal kannst du es dann probieren.«

Dann kommt er auf den Schluß zu sprechen und meint: »Ja, und als sie den Traum das erste Mal erzählt hat, das sage ich jetzt doch, habe ich mich doch sehr darüber gefreut, daß ich mich wiederfinde am Schluß, als derjenige, der ein sehr treffendes *Bild* von dir auf die Persenning zeichnet.«

Er betont noch einmal: »Ich habe ja leider nicht so wunderbar lange, plastische Spielfilmträume wie du, und ... ich kann nur dazu sagen, was mir dazu einfällt. Mir fällt viel zur Deutung ein«.

Er scheint das fast zu bedauern. Die Frau steht nun als diejenige da, die etwas aus sich hervorbringen kann, und ihm fällt die Rolle zu, zu benennen, was das ist. Die Frau kriegt das Kind, und er zeichnet es auf. Gebären kann er aber nicht.

Meine Kollegin fragt ihn, ich nehme an, um seine eigenen Hervorbringungen nicht ganz so untergehen zu lassen, dann doch, ob er nicht Erinnerungen habe, die er mit diesem Traum verbinde, und es fällt ihm auch einiges ein.

Er erzählt von dem Spaß, den er schon als Kind hatte, so schräg zu *segeln*, »daß einem das Wasser immer wieder über die Bordkante kommt«. Und er erzählt von dem Lustgefühl, »das Boot ins Gleiten zu bringen, was nicht so einfach ist ..., und in dem Moment wird es dann stark plötzlich, daß irgendetwas durch das Boot geht, so ein Schub, und dann – schscht – gleitet es so dahin.«

Diesen Schub erkennt die Träumerin wieder und wirft ein: »Es ist wirklich so gewesen ... und dann – schiuuu – ist es so dahingegangen, und mir viel zu schnell.«

Noch einen Einfall steuert nun der Partner bei zu der Frage, wer das *Ruder* hat: »Im Grunde ... (erlebe) ich es schon so, daß du, sehr hintergründig zwar, aber schon irgendwie an der Stelle sitzt, wo man steuert, ja, also es ist zwar nicht vorne, sondern hinten, dem widerspreche ich nach wie vor (Lachen), aber daß es ein Traum über Kinder ist ..., da hast du sicherlich die Initiative ergriffen. Es geht zwar nicht ohne mich, aber es ging sicher stärker von dir aus als von mir.«

Wir erfahren nun also, daß dieses Kind, das zu der Zeit des Traums empfangen wurde, von der Träumerin gewünscht wurde, nicht aber so sehr von ihrem Partner. Auch hier also eine sehr wichtige Mitteilung am Schluß. Sie macht verständlich, warum die Träumerin so großen Wert darauf legt, nicht zu steuern.

Beneidenswert oder erniedrigt?

Zu beginn der Gruppendiskussion bekommt die Träumerin Komplimente, und sie erwidert geschmeichelt: »So schöne Träume ... habe ich nicht am laufenden Band.«

Eine Teilnehmerin berichtet passend dazu von einem bunten Fahrradumzug mit Hochrädern und Tandems, den sie als Kind gesehen habe. Und auch zum Plätzetauschen hat sie eine zunächst ganz unbefangene Erinnerung, die aber plötzlich umkippt – nämlich, daß sie den Platz als vorletztes Kind immer tauschen wollte. »Und dann fiel mir allerdings ein, daß ich den Platz getauscht habe, weil meine kleine Schwester gestorben war, und dann war ich die jüngste.«

Eine andere Teilnehmerin, die das an ein Hochzeitsgeschenk erinnert, sieht die ins Leder geritzte Vagina als Bild der Weiblichkeit und bemerkt, auf das Ausschneiden sei sie »richtig neidisch, daß der sich das traut, das macht er dann kaputt, einfach so, ... das kam bei mir an wie so ein ganz großer Liebesbeweis.«

Ein Teilnehmer erlebt das Plätzetauschen als Erniedrigung. Er erinnert, auch einmal gekentert zu sein. Es war lustig, sich mit einer Freundin unter dem gekenterten Boot zu treffen.

Das Bild vom Durchkriechen erinnert eine Teilnehmerin an die Übung im Schwimmkurs, unter den anderen durchzutauchen: »Das hat mir am Anfang auch ziemlich Angst gemacht hat. Aber ... dann hab ich es ... gelernt gehabt, und das Wasser war nichts Bedrohliches mehr.«

Macht und Empfindlichkeit der Männer

Diese vergnügten Bilder finden aber keine Fortsetzung, denn nun ergreift ein Teilnehmer das Wort. Er ist ein bekannter Komponist, der sich schon in den vorherigen Sitzungen durch sehr breite und zupackende Beiträge bedeutsam gemacht hatte.

Das Ganze sei ein Machtspiel, ein Ritus: »Wenn die Frau die Macht haben will, dann muß sie erst durch die Beine des Mannes.« Er spricht von seiner eigenen »Machtgierigkeit« und seiner »totalen Ablehnung von Macht«. Zum »messianischen Über-das-Wasser-Radeln« und zum Untergehen fiel ihm seine eigene Sportart ein, deren Gefahren er eindringlich schildert. Schließlich bemerkt er noch zum Zeichnen: »Es ist überstanden, ... und dann wird das Material sozusagen vom Manne kreativ bearbeitet«, wobei er insbesondere die Verbindung von Vagina und Portrait gelungen fand, denn »für mich ist der Kopf sehr sexuell«.

Die Gruppe wirkt beeindruckt, reagiert aber nicht direkt. Eine Teilnehmerin bringt einen eher kritischen Einfall zum Herausziehen aus dem Wasser an den Beinen, das sei »das Blödsinnigste, was einem so einfallen kann. Man muß doch sehen, daß zuerst der Kopf rauskommt.« – »Ja«, meint die Träumerin, »ich hänge ja immer noch mit dem Kopf im Wasser.«

Da kommt also der Mann nicht sehr gut weg; Frauen kennen sich da besser aus.

Ein Teilnehmer meint, sie wolle im Traum den Partner sich gleichmachen: so klein und dick, wie sie sich vorkomme, was die Träumerin zur großen Erheiterung der Gruppe mit einem »eher umgekehrt« kontert. Aber so ganz heiter und unbeschwert ist sie nicht, eher zwiespältig: »Er maßt sich an, nachdem ... ich da wieder geboren bin ..., mich zu zeichnen, ... und gibt mir das als mein Ebenbild, das ist ... nicht nur ein Liebesbeweis, zumal ich es unmöglich finde, wenn man so eine Abdeckung zerschneidet.« (Lachen, Heiterkeit). Ob sie denn da nicht protestiert habe? Nein, meint die Träumerin, im Traum habe sie das toll gefunden, zwiespältig sei es erst jetzt geworden.

Ein Teilnehmer empfand es »nach dem Schnitt ... als erotischen Traum«, und die Träumerin bestätigt: Sie war begeistert, daß er das so gut hingekriegt hat.

Ich werfe lockend ein: »die schöne Nackenpartie ...?«, denn ich kann mir vorstellen, daß da in dem Traum etwas vorgekommen sein könnte, das die Träumerin an sich selber schön findet. »Ja«, meint sie, »das ist so der eine Teil, daß ich stolz war ... Es war dann auch klar, daß es er ist, da habe ich auch nicht mehr die Erinnerung, daß er immer noch klein und dick war.«

Aha, denke ich, da sind also beide schön.

»Aber«, fährt sie fort, »soll ich das sagen? ... Im Traum ... habe ich mich identifiziert mit dem Bild, obwohl ich vielleicht gar nicht so bin, wie du mich darstellst.«

Es fällt auf, daß sich die Diskussion im wesentlichen um den Partner dreht, wie auch schon der Traum, in dem ja nur seine Hobbies vorkommen und seine Kompetenzen.

Ein Teilnehmer fragt: »Als das Boot plötzlich losschoß und Sie des Steuerns unkundig vorne saßen und Angst bekamen, wie stand es denn da mit der Angst dieses kleinen dicken Gerd?« Nein, meint die Träumerin, Angst habe der viel zu wenig gehabt. Ich finde die Frage des Teilnehmers sehr persönlich und frage ihn: »Und Sie, wenn Sie hinten sitzen und dieses steuerunkundige Wesen sitzt vorn?« Da antwortet zunächst seine Frau etwas schlitzohrig: »Ich müßte auch auf den anderen Platz, glaube ich« (Heiterkeit). »Aber ich wäre nie durch deine Beine durchgeklettert – das hätte ich auch als erniedrigend empfunden, und das hättest du auch nie verlangt, du hättest mich irgendwie gehalten«, worauf nun er trocken bemerkt: »Wir wären beide umgefallen«, was ihm wieder einen Lacher beschert. Er fügt ernst hinzu: »Doch, ich bin mir ganz sicher, daß ich da fürchterliche Angst gehabt hätte – aber ich würde vermutlich auch ... meiner Frau das Gefühl geben (wollen): ich könnte es besser.«

Wer steuert?

Mir gefällt seine Offenheit. Und es drängt mich, gegen meine Gewohnheit die Träumerin zu fragen: »Glauben Sie wirklich, daß man ein Segelboot vorne steuert?«

Die Diskussion war so vordergründig lustig. Aber es wird nicht deutlich: Wer steuert? Wer wollte eigentlich das Kind? Es macht einen Unterschied, ob die Träumerin wußte, wo man in Wirklichkeit ein Segelboot steuert, und das spreche ich auch aus:

»Wenn Sie schon aufgeklärt waren, dann wäre es eigentlich ein Trick. Dann würden Sie in Wirklichkeit ans Steuer wollen.«
  Auch eine andere Teilnehmerin pflichtet mir bei. Das wisse man doch, daß man hinten steuert.

Aber bevor dieses Bild von Frauen, die mehr wissen und mehr können als sie zugeben, vielleicht Gruppenkonsens wird, springt die Männerriege in den Ring.

Männer im Vergleich

Herr Grübig sagt: »Ich gehe sehr gerne in Situationen, die mit einem gewissen Risiko verbunden sind, weil ich mich selbst dann ganz anders spüre. Ich spüre dann jede Faser meines Körpers, meines Geistes.«
  Und er erhält erregte Zustimmung von dem Komponisten, der sich nun in lange und packende Schilderungen von Angstsituationen begibt, die er im Rahmen seiner sportlichen Betätigung freiwillig aufsucht. Ich verkürze das hier auf Stichworte: »ungeheure Angst, Panik vor der Nichtexistenz, vor dem Tod, Sterben, ... das ist ungeheuerlich, obwohl ich von außen, für jemand der mich sieht, ein ganz cooler Typ bin ... es wirkt ja

dann auch noch Stunden danach, dieses Highsein, diese Erha-
benheit ... «.

Haß, Verletzen und Schneiden

Hier meldet ein Teilnehmer ein »Unbehagen« an, und wir erwarten schon, er würde sich gegen die raumgreifende Schilde-
rung seines Vorredners wenden, aber nein, es geht um »dieses
Ritzen mit dem Messer, das hat für mich etwas von Verletzen
... Wenn ich eine Vagina in ein Leder ritze, ... dann wäre das
sicherlich kein Zeichen von Liebe, Freundschaft, Friede, Freude, Eierkuchen ... Wenn ich mir vorstelle, mit dem Messer irgendetwas zu zeichnen, dann müßte ich wütend sein und eher
Haßgefühle empfinden.« Also nichts Erotisches?

Aber eine Teilnehmerin hat ein Gegenbild: Ihr fiel das Einritzen in einen Baumstamm ein, »etwas sehr Romantisches«.

Da sind also mit einemmal zwei sehr konträre, gegensätzliche Bilder im
Raum. Wütendes Messerstechen, romantisches Herzchenschnitzen.

Einige Männer belustigen sich an dieser Spaltung, und es flie-
gen Bemerkungen hin und her: »Es muß schon das Messer sein,
sonst ist es nicht tief genug« – »auf das Material hereindre-
schen«.

Da scheint also etwas Lustvolles angestochen zu sein.

Was ist hier geschehen? Der Teilnehmer hatte gesagt: »Der Mann hat
Angst«, und ich hatte gefragt, ob es da vielleicht einen Trick gegeben habe, um ans Ruder zu kommen. Und ich hatte das in Verbindung gebracht
damit, daß dieses Kind mehr von ihr als von ihm gewollt war. Daraufhin
beginnt ein Feuerwerk der sich in Extremgefühlen überbietenden Männer.
Wird da eine Verunsicherung deutlich?

Die Frau des Komponisten erzählt, daß auch sie ihren Mann
schon einmal ausgetrickst hatte – und das sei eine Verletzung
gewesen, als es aufkam, hatte aber ebenso eine positive Veränderung bewirkt.

Nun kommen die pfiffigen Tricks und Schliche ins Spiel, wie man mit einem Mann, der seine Angst verbirgt, umgeht. Ich spreche die Spaltung an, die das Thema Schneiden ausgelöst hat: Tätowieren, mit Haßgefühlen in Haut schneiden oder romantisch in eine Baumrinde schnitzen. Hier geht es tatsächlich um einen Eingriff, der wehtut. Aber man schafft sich auch Platz damit, wie mit den kleinen Tricks.

Frau Grübig spricht ein Thema nochmal an, aber es klingt nun anders: »Also er fährt einfach virtuos Rad, . . . und ich hinke immer hinterher, mein größtes Hindernis sind rote Ampeln, die er aufgrund seiner Farbenblindheit einfach übersieht. (Lachen). Es ist sicher auch enttäuschend, daß ich da im Traum so nicht sage: toll, toller Wind, Mensch jetzt geht es los, sondern daß ich da von Anfang an bremse . . . mir (ist) jetzt eingefallen, daß dich das ärgerlich machen kann, oder ein Hemmschuh für dich ist.«

Herr Groß beginnt sich zu rechtfertigen, aber sie unterbricht ihn resolut: »Ja, weil du dich so mehr spürst, und mich lähmt es, also ich spüre mich nimmer, ich sitze dann da, und höre in mich herein und kann überhaupt nicht erklären und verliere die Kontrolle«.

Nun hat also die Träumerin auch in der Gruppe etwas wesentliches geändert. Beider Gefühle sind ausgesprochen. Sie verläßt sich nicht mehr auf die Deutung des Mannes. Sie radelt ihm nicht mehr hinterher. Sie markiert ihre eigene Enttäuschung und Selbstüberforderung, auch wenn ihn das verletzt.

Wer wollte das Kind?

An dieser Stelle greift meine Kollegin das in den Hintergrund getretene Thema der Schwangerschaft noch einmal auf. Sie fragt die beiden, ob das mit dem »tricksen« etwas mit dem Schwangerwerden zu tun hat.

Der Partner der Träumerin versteht die Frage aber nicht: »Also, das möchte ich jetzt ganz deutlich aufs Butterbrot ge-

schmiert bekommen, weil das habe ich immer noch nicht ganz
verstanden.« Sie schmiert es ihm nochmal aufs Butterbrot. Jetzt
versteht er es und antwortet, seine Frau sei zwar die treibende
Kraft gewesen, denn er habe schon eine Tochter aus erster Ehe,
»aber tricksen geht für mich zu weit.« »Es war schon eine gemeinsame Entscheidung dafür.«

Eine klare Antwort. Aber trotzdem bleiben Fragen offen. Die sind wohl
nicht auf der Ebene der bewußten Entscheidung für oder gegen das Kind
abzuhandeln. Bewußt ist sich dieses Paar einig geworden.

Gewalt und Versöhnung

Obwohl an der Oberfläche Klarheit herrscht – etwas im Traum
ist doch unklar, beunruhigend geblieben. Dieses Schneiden hat
etwas Gewalttätiges an sich, und die Gruppe versucht das irgendwie zu integrieren. Im wesentlichen entstehen zunächst
Koalitionen und Abgrenzungen zwischen verschiedenen Männern, es wirkt wie das Abstecken von Revieren. Dann bringt die
Träumerin noch einmal deutlich ihre Gefühlsqualität ins Spiel:
Sie habe das im Traum selbst gar nicht als störend oder verlet-
zend empfunden, es sei schön und spielerisch gewesen.
    Die Gruppendiskussion geht nun auf das bisher noch gar
nicht besprochene Bild der Larve ein. Frau Grübig: »Es war
immer noch ein weiches Material, aber die Kontur die blieb;
also wie eine Larve, ein Gipsabdruck.«
    Das Bild der Larve enthält etwas von dem Versteckspiel des
ganzen Traums. Ich will dahinterkommen: »Es kommen lauter
Sachen vor, die so nicht sind. Tandems fahren nicht übers Wasser, steuern muß man ein Segelboot hinten, und durch die
Schenkel eines Mannes zu kriechen, leitet keine Geburt ein.
Aber Männer kriegen keine Kinder, das steht fest.«
    Das war aber wohl doch zu direkt, denn Herrn Groß wird
ungeduldig, er will seine Deutung nicht länger zurückhalten,
kündigt das ganz entschlossen an. Das Fazit ist: Es könnten
männliche Anteile von Gabi sein, ihr Animus . . .

Aber nein, da folgt ihm die Gruppe nicht, denn die Leute haben nun einfach hartnäckig eigene Einfälle. Eine Teilnehmerin denkt beim Ritzen an Blutsbrüderschaft und bei der Larve an die Verwandlung von einer Frau zur Mutter, und obwohl ihr zwei Männer hintereinander ins Wort fallen, darunter ihr eigener, spricht sie weiter und erzählt eine Begebenheit mit ihrem Mann, die an Blutsbrüderschafts-Rituale aus der Pubertät erinnert.

Aber es gibt doch Unterschiede

Ich versuche noch einmal, meinen Wunsch nach Differenz zu markieren und sage: »Aber wenn Frauen Kinder kriegen, das können die Männer nicht für sie tun. Wenn der Sturm aufkommt, dann sind nur noch die Frauen zuständig. Männer ... können dabeisein, aber die Geburt macht die Frau.« Und, an die Träumerin gewendet: »Sie müßten gewußt haben, wo man Segelboote steuert. (Gelächter) Und im Traum setzen Sie sich an den Platz, wo Sie hinmüssen.«

Aber da erhebt sich die Opposition: Der Komponist gibt zu, daß »rein physisch« zwar die Frau das Kind gebiert. Doch in der Imagination, im Traum beansprucht auch er die Fähigkeit, zu gebären: »Nicht physisch, nicht materiell, aber geistig.«

Ich kann ihm zugestehen, daß ihm das Schöpferische eine wichtige Fähigkeit ist; aber seine Frau kann es momentan wohl weniger gut aushalten, denn sie bemerkt, unter Anspielung auf einen Titel, den er sich in der vorigen Sitzung selbst verliehen hatte, spitz: »Gott gibt nicht auf.«

Szenische Wiederholung: Deutungsmacht und weibliche Logik

Nun haben wir aber genug geblödelt, denkt der Partner der Träumerin wohl und landet in einer längeren Rede endlich seine

Deutung: Ihm scheine es so zu sein, »daß zwei ... einen gemeinsamen Weg zurücklegen, und ich finde es besonders schön,
daß die beiden in einem Boot sitzen, ... es gibt zwar ein Plät-
zetausch, und vielleicht hat das auch etwas mit Macht und Kom-
petenzgerangel zu tun, aber (Pause) wir sitzen in einem Boot.
Wir lassen uns von dem Hauch, von der Anima, von dieser
Windkraft treiben über dieses Wasser, das man vielleicht als
Unbewußtes, jedenfalls als etwas ganz wichtiges deuten könnte,
und wir tauchen gemeinsam ein. Das Kentern ist durchaus auch
etwas Positives, und es führt ja auch zum Ziel, wir kommen an,
an einen Platz, an dem man auch gut sein kann, ... wo man
gemeinsam sitzt und sich das anschaut ... Ja, sicher, ich seh
das mit dem Messer auch, wo es Licht gibt, gibt es auch Schatten, ich seh auch die negative Seite, wenn ich ein Herz in einen
Baum ritz, verletze ich den Baum, klar.«

Es ist deutlich, daß er die Deutung dieses großen, bewundernswerten
Schwangerschaftstraums nicht ins Aggressive gezogen haben will.

Die Gruppe freilich reagiert mit abwartender Skepsis, vor allem
die Frauen. Eine Teilnehmerin widerspricht: »Sie sind ja allein
gekentert ... Es ist wie so ein Einweihungsritus, vielleicht
durch die Schwangerschaft oder den Eisprung oder sowas, und
da kann er nicht mit.« Der Komponist unterbricht: »Physisch!«
– aber sie läßt sich nicht so sehr beeindrucken: »Die Männer
bemühen sich drum und können einem ein Stück weit auch helfen, und dabeisein, aber diesen Prozeß erleben können sie nicht.
Und das war schon seit alters her der Neid der Männer.« Aber
»Gott« gibt nicht auf, er wird ziemlich laut: »Ich sage physisch
ist es nicht möglich, definitiv, o. k., ..., aber für mich ist genauso wichtig, verdammte Scheiße, genauso wichtig (er schreit
fast) der Geist!« Erst der sanfte, aber bestimmte Einwand von
Eleonore Metzker-Podhorsky macht ihn ruhiger: »Aber im
Moment ging es ja auch um das Physische, ... da ist einfach
ein Unterschied«. Und so kann, unter ihrem Schutz, die Teilnehmerin fortfahren: »Mich hat das auch gestört, dieses Ritzen:
Er schafft wieder ein Bild von Ihnen, nach seinen Ideen und,

oder nach seinen Begabungen oder was auch immer ... Und dann, daß daraus eine Maske geworden ist. Unter einer Maske verstecke ich was.«

Die Szene, die sich schon seit Beginn der Traumerzählung durchgezogen hatte, nämlich die anfängliche Unterwerfung der Frau unter die Definitionsmacht des Mannes und die Revolte dagegen, hat sich nun in der Gruppendiskussion abgebildet. Der Versuch, männliche Deutungen zu landen, und dadurch auch gebären zu können, wird von den Frauen abschlägig beschieden. Auf dem Männerexerzierplatz ist ein weibliches Terrain entstanden.

Das macht Platz für meine Kollegin, ein Motiv aufzugreifen: »Als Sie ›Larve‹ sagten, hab ich eigentlich an eine Raupe gedacht (Zustimmung in der Gruppe), verpuppt, wie ein Schmetterling, also die kleine Raupe Nimmersatt. Und da ist mir gleich aufgefallen, es gibt ja diesen Ausdruck auch, ich hatte mehr Mühe, mich mit der Maske als Bild einzufinden als mit dem Bild der Larve.«

Und sie verbindet das mit einem Einfall, den sie schon zu Anfang mit dem Ritzen verbunden hatte – wiederum ein sehr traumhafter Einfall, eine unerwartete, kreative Neuschöpfung, die nicht zufällig von einer Frau kommt:

»Ich hatte noch ein Bild, das mich immer wieder jetzt begleitet hat, als Sie anfangen in dieses Skai zu ritzen, daß es platzt, und das dasselbe von vorne losgeht, also die ganze Geschichte mit dem Boot, und ich kann nicht mal sagen warum, ... und als Sie dann hinterher sagten, Sie sind schwanger, da dachte ich: aha, also deswegen geht's wieder von vorne los, ... die Geburt muß ja erst noch stattfinden.«

Ich verstehe solche querliegenden Einfälle als affektive Wahrnehmungen, die sich erst nachträglich mit Sinn erfüllen. Ich habe sie auch manchmal in Traumsitzungen. Hier aber nicht. Ich denke, auch das gehört zur Szene.

Herr Groß fühlt sich in seinem Wunsch bestätigt, den positiven Zusammenhang zur Schwangerschaft nicht zu verlieren: »Mich erinnert Larve an einen Embryo, an einen Fötus, der Entwicklungsstadien durchmacht.«

Es wird nun deutlicher, was die Träumerin sich zu Anfang gewünscht hat: Der Traum ist ihr persönlicher Traum, er wächst in ihrem Inneren, sie kann darin auch ihren Mann so sehen, wie sie will. Er muß ja nicht so sein, wie sie ihn sieht.

Die Auflösung der Szene

Wir können nun darüber sprechen, wie sich die Szene »hier träumen und gebären – da deuten und benennen« in der Gruppendiskussion wiederholt hat. Ich hatte in der Gruppe die Gegenposition zu Herrn Groß übernommen: Er wollte deuten, ich war dagegen. Und indem ich das anspreche, relativiere ich explizit das Verbot. Um dieselbe Szene geht es auch im Traum. Es ist lustig und lästig, so festgelegt zu werden. Geschnitzte Bilder sind ein Liebesbeweis, aber ein einschneidender. Man kann nicht radieren.

Die Träumerin meint nun, daß sie die Sitzung so empfunden habe, daß ihr nichts übergestülpt wurde. Sie sagt: »Ich hab das jetzt auch nie so empfunden, also bei keiner Deutung«, und ich halte das für eine versöhnliche Botschaft an die Adresse ihres Mannes.

Das erweitert die Aufnahmefähigkeit der Gruppe für Ambivalenz. Ein Mann, der zuvor sehr auf der harmonischen Lesart des Schneidens beharrt hatte, faßt das in Worte, und auch der Träumerin gelingt es, das Bild für sich umzudrehen. Sie merkt, es hat mit ihr selbst zu tun, diese Lust, sich bestimmen zu lassen, die ihr dann nachträglich mulmig wird. In der Formulierung von Eleonore Metzker-Podhorsky: »So wie Sie immer Fahrradfahren, obwohl Sie dann gar nicht mehr können.«

Die Träumerin: »Ja, genau. Oder gegen meine Natur hinterherfahr, auch schon manchmal bei Rot, das hat sich jetzt geändert, gebessert, jetzt fall ich dann doch wieder weiter zurück,

jetzt trau ich mir auch wieder stehenbleiben ... Und als er einmal bei Rot stehengeblieben ist, bin ich ihm hinten draufge-
knallt«. Die Sitzung endet in gelöster Heiterkeit.

Die zweite Traumsitzung

Einfälle des Träumers

Herr Groß hat zu seiner Traumerzählung gleich »jede Menge
Einfälle«: *Holland* ist für ihn »ein sehr zivilisiertes Land, ...
das sehr tolerant mit Minderheiten umgeht ..., viele verschiedene Rassen, ... auch mit Drogenabhängigen und anderen.«
Das *Fahrrad* war schon im Zusammenhang mit Frau Grübigs
Traum thematisiert, die Gruppe nickt lächelnd, man weiß schon,
wieviel ihm die Freiheit auf Rädern bedeutet. Und er findet es
»interessant, daß ich dann diese Freiheit aufgebe, zugunsten eines friedlicheren Verkehrsmittels, wo auch andere Leute mit
drauf sind«, nämlich des *Frachters.*

Wir könnten dabei an eine Familie denken. Und auch er denkt in diese
Richtung, aber an seine Herkunftsfamilie.

Es hängen da nämlich Segeltörns mit der Familie dran, die er
haßte: »Ich habe wahnsinnig intensive Auseinandersetzungen
mit meinem Vater gehabt in solchen Situationen, weil mein Vater darauf bestand, daß das ganze irgendwie quasi militärisch
gehandhabt wurde.« Das bringt ihn auf dessen militärisches Vokabular: »Diese Sprache, die aus seiner Jugend stammt, der Hit-
lerjugend ... und gegen die ich bei völlig harmlosen Themen
immer Sturm laufen mußte.« *Hunde* in der Stadt, das hält er für
»Tierquälerei und auch Quälerei der anderen Menschen in der
Stadt, die damit leben müssen«. Aber Schäferhunde oder Blin-
denhunde sieht er gern bei der Arbeit. Als Deutung fällt ihm ein,
»daß diese Hunde irgend etwas Animalisches symbolisieren, In-
stinktives, Triebhaftes.« Die *Glastüren* haben etwas Beruhigen-

des: »Es (ist) gut, etwas dazwischen zu schieben, ... (und es) ist auch gut, wenn es transparent ist, ... wenn ich sie im Auge behalte ... Mein Vater kann sehr aufbrausend, sehr jähzornig sein.«

Einfälle der Partnerin

Durch *Holland radeln* stellt sie sich sehr gemütlich vor, aber »ich komme ja auch wahrscheinlich nicht vor, weil es auch nicht die Art von Gerd ist, so gemütlich auf einem Hollandrad und so ...«. Sie sind deshalb lange nicht mehr gemeinsam geradelt.

Sofort wieder die bekannte Szene: der Hemmschuh.

Daß er auf diesen *Frachter* geht, wundert sie. Als Kind sei er doch stundenlang geradelt, um der Familie zu entrinnen. Und im Traum wirkt es so, als sei er »in die Falle gegangen«.

Hier trägt der Träumer noch einen Einfall nach: »Mir fällt ein, daß ich als Kind stundenlang neben den Kanalschiffen her- geradelt bin, ich habe sie sozusagen begleitet auf dem Fahrrad.« Die Schiffersfamilien lebten darauf, ein schwimmendes Zuhau- se.

Für mich ist das ein anrührendes Bild; der Frachter ist also auch etwas, das in seiner gleichförmigen, fließenden Bewegung Geborgenheit vermit- telt.

Die Partnerin fährt dann fort mit Einfällen zum *Vater* des Träu- mers: »Das erinnert mich an seinen Geburtstag, wo mit der Fa- milie so ein Segeltörn geplant war. Er hat bisher nie stattgefun- den. Du hattest einfach keine Lust.« Sein Vater habe immer noch Macht über ihn, »auch wenn du dagegen ankämpfst, und ich stelle mir das auch wahnsinnig schön vor, durch die Glas- scheibe zu sehen, wie auch der mächtige Vater mal gebissen wird.« Die *Tür* hatte sie schon während der Traumerzählung belustigt und daran erinnert, wie sie einmal mit Bekannten in einem einsam gelegenen Haus waren. Es war furchtbar kalt, und

»er ist fast ausgeflippt, weil die meisten so schußlig waren und die Tür offenließen ...«. Bei den schwarzen *Hunden* denkt sie an den Hund seiner Tochter aus erster Ehe. Er meint dazu, das sei zwar nicht der Hund im Traum, geht aber auf die Geschichte dieses umstrittenen Hundes ein. Seine Exfrau hatte der Tochter diesen Hund gegen seinen Widerstand gekauft.

An dieser Stelle bemerkt meine Kollegin, daß »es offensichtlich auch für Frau Grübig gar nicht so leicht ist, eigene Erinnerungen zu haben.«

Frau Grübig gibt ihr recht: »Weder zu Holland habe ich einen Bezug noch zu Frachtern, weil ich aus dem Gebirge komme, noch zu Hunden. Ich habe nie ein Haustier gehabt.« Aber dann fällt ihr doch noch etwas ein: »Ich habe oft vor großen Hunden Angst, und Gerd sagt dann: ach komm, da radeln wir jetzt vorbei, – er dann natürlich viel schneller als ich, der Hund ist dann meistens bei mir –, und daß ich auch oft das Gefühl habe, er hat auch Schiß, aber er zeigt es halt nicht.« – Herr Groß: »Das ist richtig, ich habe auch Angst, aber die Angst bringt mich nicht dazu, umzukehren.«

Schwarze Hunde: Die Nazi-Väter

Nachdem nun Träumer und Partnerin ihre Einfälle geäußert haben, kommt der Gruppenprozeß in Gang. Eine Teilnehmerin hat zu Holland einen Einfall, der in die Nazizeit führt. Sie hatte einen holländischen Bekannten gefragt: »Wie kannst du so freundlich zu uns Deutschen sein?«, und er habe darauf geantwortet: »Was du immer Schreckliches denkst« – aber dann erzählte er, daß sein Onkel im KZ umgekommen war und sein Vater das KZ überlebt hatte. Und sie schließt gleich einen zweiten Einfall an, eine Geschichte, in der es um einen »großen, schwarzen, äußerst gefährlichen Hund« geht, den sie sich durch Geduld so vertraut gemacht hatte, daß er ihr in die Schule nachtrottete.

Die beruhigende Geschichte vom gezähmten Hund deckt sich über das aufblitzende Grauen. Aber der Träumer trägt nun ein ganz wichtiges Stück Familiengeschichte nach: Sein Vater sei zwar geprägt von der Nazizeit, habe sich aber auch distanziert, im Gegensatz zu Großvater und Onkel. Der war ein hoher Nazi, der verantwortlich dafür war, Juden aus den Häusern herauszutreiben, zum Abtransport in ein KZ in Holland. Und der Großvater hieß Fritz, der Nazi-Onkel auch, und er selbst wurde nach dem Großvater, nicht nach dem Onkel, mit zweitem Namen ebenfalls Fritz genannt. Er ist erstaunt, daß ihm diese Geschichte zum Traum zunächst gar nicht eingefallen ist.

Die Gruppe wirkt an dieser Stelle zugeschnürt, erschrocken.

Ein Entlastungsversuch: Der hinfällige Vater

Eine Teilnehmerin springt in die Lücke: »Mit den Türen, ich kenne das sehr gut, daß ich in Träumen immer wieder etwas erledigen will und es funktioniert nicht ... Aber ... du hast es ja gemacht, um die Gruppe und dich zu schützen, und der Vater war dann plötzlich in der schützungswürdigen Position. Da kam mir dieses Bild, daß mein Vater jetzt auch alt ist und ... Unterstützung braucht.«

Ein anderer Teilnehmer sucht nach Differenzierung: Er fragt den Träumer, was für eine Art von Biß das denn eigentlich gewesen sei. »Eine schwere Verletzung ... oder ... mehr so ein Zwicken?« Der Träumer weiß das aber nicht so genau.

Ihr denkt, es ist der Klapperstorch

Mit diesen Schutzversuchen hat aber die Gruppe es doch geschafft, die Angst zu vermindern, und nun kommt ein Einfall, der mit erleichtertem Gelächter begrüßt wird. Eine Teilnehmerin sagt: »Klapperstorch – der beißt doch auch in die Wade, oder?«

Dieser Scherz spielt immerhin recht deutlich auf ein Thema an, das wir nach dem Traum von Frau Grübig eigentlich schon erwartet hatten. Seltsam nur: der Träumer geht auf den Scherz nicht ein, sondern bleibt ganz konzentriert beim Wadelzwicken.

Er antwortet: »Wenn ich ... morgens laufe, ist es wirklich manchmal recht nervig, diese Hunde, die meistens nichts tun, aber doch längere Strecken kläffend neben einem herjagen, sehr lästig.«

Da ist ihm also etwas sehr Lästiges eingefallen, aber wirklich gefährlich ist es gottlob nicht.

Wir bleiben bei den Hunden. Ein Teilnehmer phantasiert sich ganz in den Traum von Herrn Groß hinein: »Diese zwei Hunde, das hätten für mich zwei Drachen sein können, es waren halt zwei Hunde, die über meinen Vater hergefallen sind ... Und da muß ich versuchen, sie wegzubringen ... Das hat mich ziemlich berührt, das kenne ich auch irgendwoher. Ich kann es aber nicht zuordnen.«

Aber was hat ihn berührt? Er kann es nicht sagen. Den Vater schützen, das ist möglicherweise das Thema.

Herr Groß beruhigt: »Also, im Traum war ... eigentlich nur der eine richtig aggressiv, der ältere. Der andere war zwar fast genauso groß, aber eher noch jünger und etwas tolpatschiger. Er wäre allein sicher kein Problem gewesen.«

Die Teilnehmerin, die vorhin den Wunsch verspürt hatte, die Väter zu schützen, erinnert sich nun an einen Fahrradurlaub mit den Eltern in Holland und an mit Muschelsteinen aufgeschüttete Fahrradwege. »Muscheln (sind) eher so was wertvolles, ... und da liegt es so massenweise, daß man die Wege damit schütten kann.«

Der Träumer greift aber nicht den Einfall von den Luxus-Radwegen auf, sondern den ersten Beitrag dieser Teilnehmerin: Er erzählt, daß auch sein Vater weicher und schutzbedürftiger geworden sei. »Er hat sich ein bißchen verändert, ist ein bißchen weicher geworden, aber wir sagen eigentlich alle, wenn der Vater stirbt, dann wenn er von einem Baum fällt und sich das Genick bricht oder so, der würde bis zur letzten Minute Tennis spielen.«

Das Angebot, das Radeln in Holland mit den Eltern als etwas Schönes, ja Luxuriöses zu empfinden, ist noch nicht annehmbar. Der schwache, hinfällige Vater ist noch Thema, und darüber schiebt sich sofort der kraftstrotzende, baumstarke Vater. Vergessen wir nicht: Er wird selbst gerade Vater, und zwar mit gemischten Gefühlen.

Auch der Einfall von Frau Grübig hebt auf die Ambivalenz ab: »Bei dem kleinen, jüngeren Hund (habe ich) an dich gedacht oder vielleicht bei beiden Hunden. Der eine Teil ist noch jung und tut ihm nichts, wedelt vielleicht sogar noch ein bißchen mit dem Schwanz, obwohl er schwarz und groß ist, und der andere beißt ihn. Er möchte ihn verwunden.«

Der Teilnehmer mit den Drachen: »Das ist mir auch die ganze Zeit im Kopf herumgegangen, aber ich habe es auch wieder für Deutung gehalten. Es war mir aber auch ganz klar, da beißt der schwarze Sohn seinem Vater in die Wade. Zu mehr reicht es nicht, nur in die Wade. Der Sohn ist natürlich total betroffen und braucht gleich zwei Türen, um sich vor sich selbst zu schützen. Das war etwas, was mir so spontan kam.«

Alles kreist um die ambivalenten Gefühle gegenüber dem Vater: Aggression gegen den mächtigen und bewunderten Vater, und der Wunsch, den in seiner Hinfälligkeit bemitleidenswerten und schutzbedürftigen Vater gegen diese Aggression zu schützen.

Der mächtige und der ohnmächtige Vater in der Gruppenübertragung

Es scheint, als habe sich die Gruppe auf eine Deutung geeinigt. Aber es ist doch merkwürdig, daß das so oft, und offenbar auch deutlich in meine Richtung, entschuldigend betont wird. Ich fühle mich angesprochen. Ich bin hier der, der das Deutungsverbot erteilt hat, und die Männer lehnen sich gegen dieses Verbot auf – obwohl ich es in der vorhin besprochenen Sitzung schon relativiert hatte. Es gehört wohl zur Szene, die dieser Traum auslöst.

Ich teile diese Beobachtung mit und relativiere gleichzeitig noch einmal mein sogenanntes Verbot: »Eine Deutung ist nur dann nicht gut, wenn man sie hinschickt und sich dann aus dem Staub macht. Ich hatte aber das Gefühl, Sie haben uns daran teilhaben lassen, daß Sie das nachfühlen können.«

Und diese Entlastung trägt Früchte, denn der Deuter kann uns nun den Hintergrund eröffnen und von seinem Stiefvater erzählen. Der war »ein bißchen arg militärisch angehaucht, weil er das braucht, und ihm in die Wade zu beißen, das wäre eine sehr verlockende Vorstellung. Habe ich wohl auch des öfteren mal, bis er dann ziemlich hinfällig wurde, da habe ich es dann sein lassen.«

Ich habe also mein Verbot gelockert, bin ein bißchen hinfällig geworden, und prompt ist Frieden eingekehrt, er wird mich nicht beißen. Aber auf diese Weise schafft man keine Konflikte aus einer Gruppe, jedenfalls dann nicht, wenn sie zum untergründigen Thema gehören.

Der Träumer distanziert sich von diesem Friedenschluß, er wendet gleich ein: »Aber da läuft mit dem leiblichen Vater vielleicht auch etwas anderes ab, als mit dem Stiefvater.«

Der kraftstrotzende Vater ist in dieser Passage deutlich Thema, und er soll es, so scheint es zumindest, bleiben.

Die Gefahr liegt innen

Aber nun kommt eine Wendung. Frau Grübig trägt eine Beobachtung bei, die sie sich bis jetzt aufgehoben hat: »Ich finde es interessant, daß er sich versprochen hat im Traum, er hat gesagt: ich mußte zwei Glastüren zwischen mich bringen – nicht zwischen den Hunden und dir oder zwischen euch, sondern zwischen mich.«

Das bestätigt die Gruppe, mehrere haben es so gehört, und man rätselt: »Also vorne eine Glastür und hinten eine?«, »einmal draußen und einmal drinnen?« und sie wendet sich nun dem bisher ganz vernachlässigten Bild der Glastüren zu, wie man sie etwa aus Banken kennt. Warum sind es zwei? Auch uns beide beschäftigt das. Mir kommt der Einfall, »daß zwei Türen ja eigentlich auch nicht mehr Schutz gegen Hunde bieten als eine. Es ist eigentlich eine Schleuse, die man bei Operationssälen hat, wo keine Keime eindringen dürfen.«

Um welche feinen Eindringlinge könnte es dann gehen, die im Traum als schwarze Hunde wiederkehren, Wesen mit hoher Vitalität und Aggression? Was soll die Doppeltür verhüten?

Dieser Hinweis auf eine weniger faßbare Gefahr löst bei dem Teilnehmer mit dem Stiefvater eine Assoziation aus, in der von großer Hilflosigkeit die Rede ist. Er erzählt von einem Film, in dem jemand in einem undichten Boot saß, eine Sisyphosarbeit, und es war abzusehen, daß er untergehen würde. »Das hat mich damals sehr erregt, vielleicht auch deswegen, weil ich manchmal selber das Gefühl habe, wahnsinnig zu strampeln und doch nichts bewegen zu können.« Er kann sich vorstellen, wie hilflos man sich fühlt, wenn da draußen eine Gefahr ist, »und . . . man kann ja nicht mehr schlafen, selbst wenn man müde wäre, man muß ja immer aufpassen, daß . . . dieses dunkle Ungeheuer da draußen nicht hereinkommt.« Die Gruppe stimmt zu. Es geht um irgendeine unabwendbare, immer wieder andrängende Gefahr, wie ein Wiederholungstraum.

Herr Groß berichtet uns hierzu etwas aus seinem Leben: »Mir ist noch eines zu diesem sich fortbewegenden Zuhause eingefallen. Das war mir nicht möglich in meinem Leben, aber in gewisser Weise habe ich es doch versucht, insofern als ich unglaublich oft meinen Wohnsitz gewechselt habe . . . Jetzt wohne ich seit vielen Jahren am selben Ort, und das ist das erste Mal in meinem Leben.«

Da ist etwas, ein Unruheherd, das treibt ihn durch die Welt. Die Einfälle der Gruppe kreisen immer noch um diese unfaßbare Gefahr. Und thematisch, von den Elementen des Traums her gesehen, sind wir immer noch bei den Türen.

Die bringen den Komponisten, der bisher auffallend schweigsam war, dazu, sehr erregt von seinem Gefühl des Eingeschlossenseins zu erzählen. Wir wissen aus einer früheren Sitzung bereits, daß dieser Mann in seiner Lebensgeschichte am eigenen Leib Verfolgung und Kerkerhaft erlitten hatte. »Ich mag auch keine Türen, die zu sind, das erinnert mich sofort an Kerker ... Und diese zwei schwarzen Hunde, dieses Bedrohliche, mich Vernichtenwollende, mich Zerfetzenwollende, mich Zerfleischende.« In solchen Träumen kennt er »zwei Positionen: das eine Mal, daß ich mich als Opfer habe auffressen lassen, und das zweite Mal, wo ich da so durchgegangen bin, durch diese Wesen, die also dann nichts bedrohliches für mich haben, also der schwarze Hund, der Dämon, der Drache, da stelle ich mich heldisch, und werde untergehen oder siegen, oder flüchten. Und das führt nicht dazu, daß ich geschlossene Türen brauche. Ich brauche Fluchtmöglichkeiten, ich brauche offene Türen.«

Die Stimmung in der Gruppe wird unbehaglich.

Da meldet sich seine Frau zu Wort, mit einem deutlichen Kontrast im Affekt: »Während du erzähltest, mußte ich innerlich so schmunzeln, weil ich da an unseren kleinen Hund denken mußte, und ich dachte, bei dem mag das mit dem Heldensein ganz gut gehen. Das paßt nicht so zu dem, was du erzählt hast, daß ich innerlich mit so Schmunzelgeschichten beschäftigt war.«

Seltsam. Die Stimmung in der Gruppe scheint sich zu spalten. Da haben also zwei Männer sehr bedrohliche Gefühle verspürt und durch Phantasien illustriert, aber der Frau ist es eher zum Schmunzeln.

Ich greife das auf und sage zu dem Teilnehmer: »In Ihrem Vokabular war etwas, das mich erschreckt hat: ›heldisch‹ ›siegen oder untergehen‹, da habe ich die Nazizeit durchgehört. Das ist wie ein Fleck an der Wand, der übermalt wird und immer wieder durchschlägt.« Und ich weise darauf hin, daß auch in den Einfällen des Träumers das Nazi-Vokabular des Vaters ein Thema war. »Und dagegen steht das zivilisierte Holland, das zivilisiert mit seinen Minderheiten oder seinen Kindern umgeht. Das dickbauchige Schiff hatte für mich auch so diesen Charakter.«

Mein Einfall vom dickbauchigen Schiff sucht Anschluß an das noch immer außerhalb der Diskussion liegende Thema der Schwangerschaft. Das könnte ja, so denke ich, auch viel mit dem untergründig Gefährlichen zu tun haben, um das es geht.

Aber die Gruppe greift diesen Einfall nicht auf. Denn der Komponist braust auf, so als habe ich ihn verniedlichen wollen: »Es ist mir wichtig, daß die heldische Position ihre Berechtigung hat, verdammt nochmal! ... Ich brauche die halt, diese Position, und ich lasse mir das verdammt noch mal nicht mies machen.« Seine Wut bezieht sich natürlich auch auf das Schmunzeln seiner Frau. Und sein Bedürfnis nach Stärke und Heldentum hat, wie wir wissen, einen manifesten persönlichen Hintergrund. Mit ihm melden sich die Opfer zu Wort. »Wenn es keine Helden gibt, dann rettet einen auch keiner.« Ich kann das an dieser Stelle verstehen und auch aussprechen. Er, der eben noch so aufgebracht war, wirft mir nun einen weichen und freundlichen Blick zu.

Hier ist also wieder einer mit mir zurechtgekommen. Aber dennoch: Etwas fehlt in dieser Gruppe, und bei allen Bewegung von Angst, Wut, Trotz und Versöhnung zwischen den Männern scheinen doch die Frauen immer mehr aus dem Blickfeld zu schwinden.

Nein, es ist die Störchin

Aber es ist ja gut, daß wir diese Gruppe zu zweit leiten. Bei Eleonore Metzker-Podhorsky hatte sich ein Gefühl verdichtet, das, wie ich glaube, eng mit dem untergründigen Thema verbunden ist, aber eben aus ihrer eigenen Perspektive, der Perspektive einer Frau. Ihr Gefühl geht nicht auf in der mörderischen Szene zwischen Männern, Tätern und Opfern, sondern sie bemerkt, daß sie sich seit geraumer Zeit als Frau außen vor fühlt. Sie teilt das mit: »Ich erlebe es schon immer wieder, daß es ganz schwierig ist dazwischenzukommen – irgendwie haben die Frauen auch wenig Platz hier.«

Also die Frauen haben keinen Platz – und nun kann deutlich werden: Dann haben ihn auch die Männer nicht. Ich versuche eine Verbindung herzustellen anhand eines Bildes, das mir in den Sinn gekommen ist: »Wenn es vielleicht eine Bewegung in dem Traum ist, sich auf das gemütliche Schiff zurückzuziehen – wir sind auf der Herbergsuche ... wie Maria und Josef, und schließlich finden wir ein gutes, zivilisiertes Quartier, wo Minderheiten geachtet werden, wo die Kinder zu Hause zur Welt kommen, und es ist auch ein bewegliches Zuhause, so daß man auch ein bißchen weiterschwimmen kann – einfach ein schönes Bild. – Und dann geht aber sofort der Krieg los, und dann kommen plötzlich die gefährlichen und ganz gefährlichen Hunde heraus – der Nazi und der Obernazi, also ich hatte so das Gefühl: der Hund, der beißt, den gab es ja auch bei Ihnen, der hat ja wirklich gebissen.«

Die Stimmung in der Gruppe erlebe ich in diesem Moment zum Zerreißen gespannt. Es ist wie dieser Fleck an der Wand, der durch die Farbe schlägt, sooft man ihn auch übermalt. Der Komponist mit der traumatischen Verfolgungserfahrung hatte es auf den Punkt gebracht. Und wir können nun auch in der Gruppe verstehen, warum er so dringend den Helden braucht, der ihn schützt.

»So sehr können Männer auch in die Enge kommen, wenn sie vielleicht leben wollen, zu Hause sein wollen«, kommentiere ich, und ein Teilnehmer meint: »Das hält man ja gar nicht aus, diese Gemütlichkeit. Deshalb ist es mir auch ganz nahe, daß man selber der Hund ist.«

Die Frau des Komponisten trägt nun etwas nach, das ich für eine sehr wichtige Antwort halte. Sie berichtet von einer Bezie-

118

hungskrise, wo beide dachten, es sei eigentlich aus. »Wir saßen am Tisch und haben festgestellt, daß wir ... doch offensichtlich nicht den Raum neben dem anderen haben können, den wir eigentlich brauchen. Und das war für unsere Beziehung ein wichtiger Wendepunkt.« Das war ihr nun in der Gruppe plötzlich wieder eingefallen, als Eleonore Metzker-Podhorsky gesagt hatte: »Wir Frauen haben hier nicht richtig Platz«, und ich gleich danach gesagt hatte: »Und wir Männer auch nicht.« Da habe sie gedacht: Ja, wenn die Frauen keinen Platz haben, und die Männer auch nicht, dann geht es dahin. Und deshalb wollte sie uns hier erzählen, daß sie schon einmal an diesem Punkt war, und daß sie es überstanden haben.

In der Stimmung der Gruppe wird an dieser Stelle Beruhigung spürbar. Initiiert von Eleonore Metzker-Podhorsky und mit der tatkräftigen Hilfe der Frau, deren Mann die Rolle des als Held getarnten Opfers in der Gruppe hatte, sind die Frauen wieder ins Gespräch gekommen.

Eine abschließende Deutung – oder?

Der Schluß der Sitzung scheint dann wieder den Männern zu gehören. Die Gefahr scheint gebannt. »Der Hund«, meint ein Teilnehmer »der Hund ist der unbeschränkte Herrscher, der hat Raum um sich.«

Und der Träumer schließt sich an: »Diese Deutung« (man hört das beliebte Reizwort, also gegen mich haben sie sich jetzt auch behauptet, und Deutungen sind also doch erlaubt!), »diese Deutung fand ich sehr interessant, die hat mich darauf gebracht, daß ich also auch Hund bin, sozusagen, und dann – das habe ich auch so in mir gedacht, daß es ein Anteil ist von mir oder sein könnte, aber ... ich kann ... diese animalische Energie offenbar nicht gut integrieren. Das erinnert mich auch an dieses Fußballspiel und andere Situationen, dieses – wohl unter Jungs ganz normale – Kräftemessen ... da habe ich immer in der Ecke gestanden und zugeschaut.«

So ganz gehört den Männern freilich nicht das letzte Wort. Die Teilnehmerin, die schon vorhin so tatkräftig den Frauen und den Männern Platz zum Verhandeln gegeben hatte, kontert schnell: »Der eine spielt Fußball, die anderen fahren Fahrrad, so schnell, daß keiner mehr mitkommt. Ich weiß nicht, ob der Unterschied so groß ist.« Die Gruppe reagiert mit Heiterkeit. Es ist eine Szene erreicht, in der die Ängste der Männer auf eine Weise im Raum stehenbleiben können, die die Frauen nicht ausschließt.

Die Sitzung endet mit einem Gefühl von Nachdenklichkeit und der Empfindung, etwas geschafft zu haben.

Dennoch ist nicht zu übersehen, daß ein zentrales Thema außen vor geblieben ist, das an mehreren Stellen angeboten war, aber nicht aufgegriffen wurde. Ich meine das Thema, selbst wieder Vater zu werden.

Eleonore Metzker-Podhorsky

Perspektiven im Vergleich

Rahmenbedingungen

Zunächst möchte ich die einleitenden Sequenzen der drei Seminare wiederholen, um die Unterscheidung zu verdeutlichen, die die Leiter zu Beginn vorgenommen haben und die den Rahmen für ihr Vorgehen darstellt. Ich gehe alphabetisch vor.

Bauriedl, Psychoanalytikerin und Vertreterin eines beziehungsanalytischen Ansatzes, schuf einen eindeutigen Zeitrahmen für jeden Traum und die Paarbeziehung und forderte die Teilnehmer auf, Einfälle und Gefühle spontan ohne Wortmeldung zu äußern. Sie beließ die Gruppe als Großgruppe.

Jaeggi, ebenfalls Psychoanalytikerin und auch Verhaltenstherapeutin, stellte sich zu Beginn auf die Seite der Traumwerkstatt, innerhalb deren Rahmen sie bereits Gruppen geleitet hatte. Sie machte das Angebot, in diesem Seminar eine Traumgruppe der Traumwerkstatt nachzustellen, wobei die Zeit je zur Hälfte für einen Traum gelten sollte, und legte das Hauptaugenmerk auf die Einfälle und das Verstehen der Träume. Sie gab Auskunft über ihre Erfahrung mit Traumgruppen. In beiden Gruppen wurde die Zeit eingeteilt und die ursprüngliche Reihenfolge der Träume beibehalten.

Stierlin, ehemals Psychoanalytiker und jetzt systemischer Familientherapeut, begann mit der Feststellung, daß er auf dem gleichen Informationsstand wie die Gruppe sei, was er einzigartig fand. Auf Wunsch eines Teilnehmers las er die Träume in umgekehrter Reihenfolge vor. Er forderte dann auf, alle Einfälle, Ideen, Fragen und Kommentare zu äußern und betonte nochmals, alle seien in bezug auf die Träume gleich »wissend und unwissend«.

Betrachtet man die unterschiedliche Haltung zur Zeiteinteilung und der Reihenfolge der Träume, könnte die Phantasie aufkommen, daß die systemische Vorgehensweise das äußere Chaos benötigt, um Ordnung herstellen zu können, während die psychoanalytisch orientierten Methoden die äußere Ordnung anbieten, um im Inneren Chaos zuzulassen. Unterzieht man diese drei Anfänge einem weiteren Vergleich, fällt auf, daß es in der Gruppe mit Bauriedl einen strengen äußeren Rahmen gibt, in dem vor allem Platz eingeräumt wird für das Äußern von gefühlshaften Einfällen, was zu einer heftigen Gruppendynamik führen kann, aber nicht muß. Die Analytikerin stellt sich ein auf das, was kommen kann, mit gleichschwebender Aufmerksamkeit und Geduld. Ansonsten gibt es keine Sicherheit, die mit Worten vermittelt wird. Jaeggi gibt in ihrer Gruppe mehr Struktur vor, mehr Vorbild, wie man es machen kann, was kontaktfördernd und sicherheitsbildend wirkt. Auch hier ist das Äußern von Einfällen zentral, aber es besteht ebenso der Wunsch, die Träume besser verstehen zu wollen.

Stierlin beginnt mit dem Hinweis auf die Besonderheit der Unwissenheit und führt den Wunsch eines Teilnehmers ohne Kommentar aus, die Träume in umgekehrter Reihenfolge vorzulesen. In seiner Gruppe gibt es keine Zeiteinteilung und keinen definierten Raum für die Einzelträume.

In der Podiumsdiskussion äußert er, die systemische Therapie verhelfe zu einer Metaposition, wo man über die Widersprüche des Lebens lachen könne, und daß eine Integration der Verbindung befreiender Regeln und der Strukturierung auf Muster gefunden werden müsse, die therapeutisch sinnvoll und nachprüfbar seien.

Gruppenverläufe anhand der Einfälle

Um einen Vergleich über die Gruppenverläufe anstellen zu können, werde ich diesen zusammenfassend nachzeichnen unter Berücksichtigung dessen, was wir aufgrund des Berichts von Andreas Hamburger über das Paar wissen, jeweils bezogen auf die unterschiedliche »technische« Vorgehensweise.

Verlauf in der Gruppe mit Thea Bauriedl

Hier werde ich vor allem die Deutung und Darstellung der Szene und den beziehungsanalytischen Ansatz Bauriedls beachten.

Traum der Frau

Eine Frau beginnt, Einfälle in bezug auf Angst und Hilflosigkeit zu äußern, sich an die Spitze setzen zu »müssen«, andere Frauen beteiligen sich rege. Ein Mann kommt nicht zu Wort. Bauriedl deutet die Szene, indem sie bemerkt, daß die Frauen an der Spitze seien und die Männer nicht zu Wort kämen. Dies bewirkt eine Gegenbewegung, die Männer produzieren Einfälle und wieder spricht Bauriedl die Szene an, daß es wohl nur *einen* Führungsplatz gebe.

Verknüpft man die szenische Deutung mit den Informationen über das Paar, ist damit ein zentrales Geschehen berührt: Dieses Paar hat ein Kind gezeugt, selbstverständlich wird es die Frau gebären, aber der Mann kennt im Gegensatz zur Frau bereits die Veränderungen in einer Beziehung, die mit einem Kind einhergehen. Ihr Wunsch nach einem Kind war größer als seiner. Wer übernimmt die Führung in diesem Geschehen?

Im Seminar kommen nun Einfälle zur Träumerin, bis sich Männer und Frauen wieder uneinig sind. Eine Teilnehmerin findet die Enge zwischen den Schenkeln »panisch erschreckend«, während ein Mann in diesem Traumbild auch die »Intensität von Berührung« empfindet. Das Ansprechen von Sexualität läßt eine Frau auf die Männerseite wechseln, und Bauriedl relativiert: »Müssen oder dürfen Frauen Männer sein?« Jetzt geht es um das Zulassen von Ambivalenz, die letztlich im Bild des Einritzens und der schönen Nackenpartie zu den Wünschen der Träumerin führt, die nun ein männlicher Teilnehmer formulieren kann. Die Träumerin möchte von ihrem Mann gesehen werden.

Das Seminar bleibt bei den Wünschen der Träumerin. Über Einfälle zum Bild der Larve entstehen Gedanken zur Mehrdeutigkeit, zur Zweigeschlechtlichkeit, zu Sexualität und Erotik. In diesem Rahmen werden ebenso Phantasien zu Geburt und Verführung wach, und es kann der Wunsch nach Entwicklung und Übergang, nach Differenzierung formuliert werden.

Fühlt man sich in die Träumerin, Frau Grübig, ein, sind dies sicher Themen, die Bedeutung haben, wenn eine Frau davor steht, zum ersten Mal Mutter zu werden.

Traum des Mannes

Nun wird der Traum von Herrn Groß nochmals vorgelesen, weil er der Gruppe nicht mehr präsent ist. Auch dies ein szenisches Element. Die Teilnehmer und Teilnehmerinnen haben viele Einfälle, querbeet durch den Traum, auch ähnliche Bilder aus beiden Träumen werden angesprochen. Bauriedl schweigt und schaltet sich erst ein, als es um Schutz geht (Bild der doppelten Glastüren), um Ärger auf den Mann, der sich um alles kümmert, und ein Mann einen Einfall äußert, in dem er sich in die Lage des Träumers versetzt: »Er findet aus seiner Mühle nicht heraus, alle schützen zu müssen«. Bauriedl faßt die Szene zusammen. Sie könne gut verstehen, wie es ist, sich verantwortlich zu fühlen und bemerke Unterschiede zwischen den Einfällen der Frauen und denen der Männer. Die Frauen bewerten die Haltung des Mannes eher als »typisch«, während die Männer die Notlage spüren könnten, in die ihn diese Verantwortung bringe.

Denkt man an den Träumer, Herrn Groß, ist vorstellbar und anhand der Gruppensitzung nachzuvollziehen, daß er sich in einer Phase befindet, die ihn besonders das Gefühl von Verantwortung spüren läßt und ihn vielleicht auch dazu bringt, »nicht mehr präsent« sein zu wollen.

Die Seminargruppe reagiert und es tauchen »kontaktsuchende« Phantasien auf, der Träumer wird quasi von der Gruppe unterstützt. Nicht alle Teilnehmer wollen das, einer fühlt sich »auf einem anderen Schiff« und phantasiert Bilder von bedrohlicher Sexualität. Bauriedl bewegt sich, so scheint mir, mehr auf der Ebene des Mannes innerhalb der Paarbeziehung (denn der Traum wurde in einem Paarseminar geträumt) und führt die Gruppe zurück zu Phantasien, die den Träumer seine schwachen Anteile nicht verleugnen lassen. Sie greift dazu ein Bild auf, das eine Teilnehmerin eingebracht hat, nämlich den Träumer in seiner Beziehung als Junge zum Vater zu sehen. Diese Beziehung trägt entscheidend zur Bildung einer männlichen Identität bei (Blos 1990).

Die Gruppe hat nun viele Einfälle zum Vater im Traum und zum Träumer und es werden immer wieder Phantasien zu bereits bekannten Traumbildern geäußert. Letztlich stellt sich heraus, daß die Gruppe die Schwierigkeit wahrnimmt, sich dem Träumer und seinem Traum anzunähern. Sie spürt seine Notlage, und die

Teilnehmerinnen und Teilnehmer begreifen den Traum als eine Reaktion des Träumers auf den Traum seiner Frau.

Die Wiederholungen und das Gefühl der Notlage erinnern ebenfalls an die Szene, die sich in der Paartraumsitzung beim Traum von Herrn Groß etablierte und die ich schon weiter oben ansprach. Wie groß ist die Ambivalenz des Träumers? Wäre es ihm am liebsten, er könnte sich der Verantwortung, wieder Vater zu werden, entziehen?

Paarbeziehung

Bauriedl geht nun über zum dritten Teil und bittet die Teilnehmer um Phantasien zur Paarbeziehung in Zusammenhang mit den Träumen. Ein erster Einfall ist, daß sich der Träumer abrackern müsse und nicht genau wisse, ob seine Frau dabei sei, während sie seine Beziehung zu Frauen vermisse. In weiteren Einfällen kommt zur Sprache, daß sich beide einen erholsamen Rahmen träumen, die Frau dabei kentert und der Mann Angst vor den eindringenden Hunden hat.

Ich vermute, daß diese pointierte Zusammenfassung der Beziehungsdynamik des Paares erst möglich wird aufgrund der Phantasien, die zu den Einzelträumen geäußert werden konnten. Auch wenn diese Deutung verdichtet scheint und von den Protagonisten verifiziert werden müßte, so liegt doch nahe, daß Phantasien, die sich um die Zeugung eines Kindes und die dadurch bedingten Veränderungen drehen und von einem Paar als schön und »erholsam« erträumt werden, auf einer tieferen, unbewußten Ebene auch gegenteilige Gefühle auslösen werden, etwa die Angst zu kentern oder das Eindringen von Hunden, die einen (weg)beißen.

Im weiteren Verlauf der Einfälle geht es im die Verbindung der beiden und um die Verteilung von Macht und Potenz in der Beziehung. Auch um die Bedeutung, die die jeweiligen Elternfiguren – für die Träumerin die Mutter, für den Träumer der Vater – haben und die Phantasie, daß die Möglichkeit fehlt, die

Erwartungen gegenseitig zu präsentieren. Bauriedl faßt diesen Prozeß in einer gemeinsamen Phantasie zusammen, die so ausschaut, daß das Paar hintereinander im Boot oder auf dem Tandem sitze und nicht miteinander sprechen könne. In der Gruppe wird das Bild der Larve eingeführt, die doch einen Entwicklungsaspekt bei der Träumerin aufzeige. Bauriedl greift diesen Aspekt für beide Partner auf, denn beim Träumer sei Angst da, die die andere Seite von Entwicklung darstelle. Auf diese Weise könne man den Entwicklungsaspekt und den hemmenden Aspekt bei Frau und Mann sehen, die sich in einer Beziehung befinden und so zu einer dialektischen Auffassung von Paarbeziehung kommen. Die Dynamik von Ambivalenz, Wunsch nach Entwicklung und Angst ist bei beiden Partnern vorhanden.

Die Einfälle in der Gruppe drehen sich nun weiter um schon bekannte Themen, immer wieder von Bauriedl in Beziehung gesetzt zu einer dialektischen Sichtweise, die die Wünsche und Ängste und die Beziehung des Paares zueinander erst verständlich werden läßt. In diesem Teil geht es auch immer wieder um das Paar in der Traumgruppe und die Erwartung an die Leiter, die helfen sollen, Entwicklung zu fördern und Grenzen zu wahren.

Verlauf in der Gruppe mit Eva Jaeggi

Aus dieser Gruppe zeichne ich den Prozeß genauer anhand der Einfälle nach, da sie in der Vorgehensweise von Jaeggi im Mittelpunkt stehen. Deren Äußerung fördert sie mit eigenen Einfällen und, indem sie einen frischen Traum berichtet, den sie selbst geträumt hat.

Traum der Frau

Der erste Einfall handelt vom Traumbild des »durch die Beine Kriechens«, was Enge und Angst bei der Teilnehmerin hervor-

126

ruft. Ein zweiter Einfall führt in eine Gegenbewegung, denn einer anderen Teilnehmerin fällt ein wunderschöner Samstagnachmittag ein, allerdings vermischt mit Ärger wegen des versperrten Zugangs zum See. Der nun geäußerte erste Einfall eines Mannes führt in Verführung, Verwirrung, Ambivalenz und Anstrengung.

Auf einer Metaebene betrachtet, hat sich in diesem Anfangsgeschehen in der Gruppe bereits die Szene unseres Paares abgebildet: Es geht einerseits um Geburt und Sexualität und andererseits um die Befürchtung, daß mit so einem Vorgang Verwirrung, Ambivalenz und Anstrengung verbunden sein werden. Dies sind unbewußte und vorbewußte Themen, die Frau Grübig und Herrn Groß zum Zeitpunkt des Traumseminars bewegen.

Das Thema der Paarbeziehung ist in der Gruppe etabliert und bleibt in den Einfällen erhalten, die hin und her oszillieren. Sie führen vom schönen Eheerlebnis in ein unschönes Kindheitserlebnis mit den Eltern, in Angst, ob alles gut gehen wird und dann in eine übermütigere, »vorpubertäre« Haltung, bis zur Überforderung des Mannes – was letztlich zum Konflikt zwischen Frauen und Männern führt. Ein Mann aus der Großgruppe fühlt sich eingeladen, der Wut auf die männliche Traumfigur etwas »entgegensetzen«, und nach einer Weile der Auseinandersetzung schlichtet eine Teilnehmerin sehr weise: »beide haben ihren Anteil, aber er hat mehr Erfahrung«.

Bezogen auf das Paar in der Traumgruppe befinden sich die Einfälle der Gruppe immer noch nahe an dem, was im besonderen die Träumerin im Moment bewegen mag, und der letzte Beitrag aus dem Seminar berührt eine wichtige Differenz – beide wollen ein Kind, aber Herr Groß hat mehr Erfahrung, denn er hat eine Tochter aus erster Ehe und weiß also, was ein Kind für eine Beziehung bedeutet.

Die über die Gruppeneinfälle mögliche Offenlegung des Konflikts und die Anerkennung unterschiedlicher Positionen von Frau und Mann öffnen den Weg zu Einfällen, die erotische Inhalte haben und, im psychoanalytischen Sinne, die Triangulierung (Abelin 1975, 1986; Schon 1995) ermöglichen. Es geht um Themen wie Sexualität und Liebe, gepaart mit Hemmung und Ambivalenz, und es geschieht ein Ringen in der Gruppe. Die Leiterin vertritt mehr die konflikthafte Position, die Gruppenteilnehmerinnen wehren sich und haben positive Einfälle zur Träumerin und ihrer Liebesfähigkeit, wovon auch Eva Jaeggi sich letztlich überzeugen läßt, indem sie neben einer regressiven Tendenz die Wunschseite hervorhebt, und ein »Arrangement« zwischen dem Paar konstatiert. Die Fehlleistung Jaeggis zum Schluß des Seminars habe ich so verstanden, daß sie sich mit der Träumerin identifiziert hat und deren Wunsch nach dem Steuern-Können mit der damit verbundenen Ambivalenz aufgenommen hat. Diese Identifikation führt dazu, sich empathisch in den anderen einzufühlen und wird durch das Wahrnehmen der Gegenübertragung wieder aufgelöst, ist also ein notwendiges Instrument für eine therapeutische Haltung.

Traum des Mannes

Auffällig ist die veränderte Stimmung. Bleibt man bei der zuvor angesprochenen Identifikation, so wird schnell deutlich, daß beim Mann offenbar eine andere Gegenübertragung auf die Traumerzählung ausgelöst wird: »Wohlwollen und Ruhe herrschen in der Gruppe«. Von Anfang an ist der Begriff des »Schutzes« im Raum, das Traumbild der doppelten Türen erlebt ein männlicher Teilnehmer als Schutzmöglichkeit, die einen trotzdem etwas beobachten läßt – diese Neugier hat ihren Preis. Die Gruppe kommt zu Gefühlen von Anstrengung und Verantwortung, deren Übernahme ambivalent erlebt wird, und Jaeggis Beispiel verdeutlicht diese Ambivalenz. Verantwortung übernehmen und Schutz bieten kann auch Bewunderung bei Frauen auslösen. Auf dem Boden der ausgesprochenen Ambivalenz haben auch aggressivere Einfälle Platz. Es geht um die Hunde, das Beißen und wer damit gemeint sein könnte und mündet schließlich in die Phantasie über den Klapperstorch.

Begeben wir uns auf die Metaebene, sind wir damit nahe an der Realität des Träumers. Er braucht zwar Schutz, wie wir wissen, aber das Thema der Zeugung muß ebenso seines werden. Daß ihm dies nicht leicht fällt, wurde in einer Sequenz der Gruppensitzung deutlich, nämlich als mich der Träumer bat, ihm meinen Einfall zum Vater-Werden »nochmals auf das Butterbrot zu schmieren«. Sollen die Frauen vielleicht auch Hilfestellung geben oder Bewunderung zeigen?

Im Seminar haben die Frauen nun Einfälle zu Gefühlen der Offenheit, die auch eigene Aggressionen zulassen. Es entsteht eine Bewegung zwischen Aggression zulassen, Schutz suchen und lustvoll-triebhaften Elementen, die in einen sehr wichtigen Einfall eines Mannes münden. Er könne die Angst vor Verletzung gut nachvollziehen. Dieser Teilnehmer hat eine humorvolle Art, seine Angst zu begründen und wagt sich unter dem Schutz der Frauen weit vor. Die Einfälle schaukeln sich auf, bis es zur Äußerung eines deutlich aggressiven Einfalls kommen kann, der seine Angst vor der Frau direkt ausdrückt: »Sie kralle sich fest, hänge an einem ...« und, ergänzt eine Frau, »läßt einen nicht mehr los«. Das befreiende Gelächter in der Gruppe schafft eine gute Basis.

Denken wir an Herrn Groß und die ihm bevorstehende Gründung einer Familie, können wir in diesem Kontext das Schwanken zwischen Angst und Lust, aber vielleicht auch den Wunsch, Konflikte auf den Tisch zu bringen, gut nachvollziehen.

Die lustvoll geprägte Stimmung in der Gruppe bleibt noch über einige Einfälle bestehen und führt dann abrupt in den Einfall über die Dobermänner. Er bildet einen krassen Gegensatz, ist erschreckend. Beim Protokollieren ist mir sofort die Sequenz der Nazivergangenheit des Großvaters und Onkels des Träumers eingefallen, und ich war verblüfft über das Gespür dieser Teilnehmerin.

Die Gruppe wendet sich diesem erschreckenden Einfall nicht weiter zu, geht aber zum Vater über. Eva Jaeggi denkt an Sexualität und vermutet eine Aggression gegen den realen Vater. Der Vater als männliches Vorbild habe versagt. Die Teilnehmer gehen nicht direkt darauf ein, sondern entwickeln Einfälle zu beiden Träumen. Es wird eine ähnliche Struktur bemerkt, nämlich, daß der Anfang bei beiden Träumen schön sei und dann eine »diffus, bedrohliche« Stimmung entstehe. Ein weiterer Einfall führt zur Hilflosigkeit des Träumers und wieder zu Phantasien, wie der Träumer zu schützen sein könnte.

Hier zeigt sich ein spiralförmiges Muster, das auch in der Traumsitzung von Herrn Groß eine Bedeutung hatte und sich als Szene in der Sitzung der Paartraumgruppe konstellierte. Das Thema »Vater« blieb letztlich ungeklärt, vor allem in der Rolle der zu erwartenden Vaterschaft von Herrn Groß.

An dieser Stelle bringt eine hochschwangere Frau aus der Außengruppe ihren Einfall, daß hier die »Männer die Kinder kriegen«. Es scheint überhaupt nicht zu passen und doch – ich bin begeistert, weil ich spontan denke, genau das ist auch ein Thema bei diesem Paar.

Herr Groß ist Experte, weil er schon Vater ist und dennoch, gebären wird das Kind seine Frau. Dieser Einfall bildet ebenso eine Gruppensequenz ab, nämlich als die Männer darum ringen, ob sie nicht doch gebären können, wenigstens geistig ... (siehe unser Komponist).

Das Seminar spinnt den Faden weiter, es fällt der Begriff der Geschlechterverwirrung. Sei es der Wunsch, daß die Gruppe mehr über den Träumer erfahren möchte, oder sei es die Fortführung dieser Verwirrung, es entstehen erneut spiralförmige Gedanken im Seminar und jemand spricht von Sisyphosphantasien. Diese Einfälle führen schließlich zur Überlegung, eine beabsichtigte Auseinandersetzung habe nur halb stattgefunden und abschließend zur Unzufriedenheit einer Teilnehmerin, nicht deuten zu dürfen.

Verlauf in der Gruppe mit Helm Stierlin

Bei dieser Zusammenfassung habe ich entsprechend einer systemischen Sichtweise auf den Kontext und die Verfolgung einer möglichen Hypothese* geachtet, die sich der Leiter in seiner Funktion als Experte (Simon u. Stierlin 1984) gebildet haben könnte.

Träume von Mann und Frau

Stierlin folgt dem Wunsch eines Teilnehmers und liest die Träume in umgekehrter Reihenfolge vor. Die Einfälle zu den Träumen werden bunt durcheinander vorgetragen. Der erste Einfall zum Traum des Mannes handelt von der ausfallenden Schutzfunktion als Vater. Der zweite Einfall zum Traum der Frau dreht sich um Inhalte wie Erotik, Nähe und Auseinandersetzung, und dann geht es wieder um den Traum des Mannes, der »Abschottung« signalisiere. Stierlin faßt diese erste Sequenz so zusammen, daß die Träume wohl mit dem Geschlecht der Träumer zu tun haben.

Wechselt man zum Paar, das diese Träume geträumt hat, befindet man sich quasi mittendrin im System und in Themenbereichen, die Frau Grübig und Herrn Groß zum aktuellen Zeitpunkt bewegen.

Die nächsten Einfälle drehen sich mehr um kontextuelle Gegebenheiten. Es geht um Ähnlichkeiten und Unterschiede der manifesten Traumbilder und um die Sprache, die im Traum gewählt wird. Die Teilnehmer finden, die Frau träume elaborierter als der Mann, sei wohl differenzierter. Stierlin nimmt ein »Reframing« vor, bezieht diese unterschiedliche Ausgestaltung auf Unterschiede zwischen Männern und Frauen.

Die Einfälle der Gruppe werden wieder inhaltlicher, drehen sich um Themen wie Angst und Aggression, die in beiden Träu-

---

* Ich danke Martina Roth für diesen Hinweis.

men, jedoch auf unterschiedliche Weise, ausgedrückt seien. Stierlin fragt, wie sich der lustvolle Frauentraum mit der Angst des Mannes vor den Hunden vertrage. Die unterschiedliche Bezogenheit der Partner aufeinander (er kommt in ihrem Traum länger vor als sie in seinem) taucht den Einfällen auf und letztlich wird der Unterschied markiert, daß der Traum der Frau mehr Stimmungen und Gefühle abbildet, der des Mannes hingegen Selbstbehauptung und Beschäftigung mit Instrumentellem aufweist. Stierlin stellt erneut den Kontext zum Paar her und faßt zusammen, es gehe um typische Geschlechterkonstellationen.

Das Problem, wie vertragen sich diese beiden unterschiedlichen Träume und Menschen, wird so in einen größeren Kontext eingebunden: Es geht um typische Geschlechterkonstellationen. Begeben wir uns auf die Ebene unseres Traumpaares, befinden wir uns hier an einem Thema, daß dieses vermutlich ebenso bewegt wie alle anderen Paare, die Frage der individuellen Unterschiedlichkeit wird jedoch aufgrund der Einbindung in den größeren Kontext entschärft.

Ein Mann hat zum Traumbild des kleinen, dicken Mannes die Assoziation einer afrikanischen Mutterskulptur, die Auseinandersetzung mit Mutter und Vater und eine Geburtsszene. Stierlin interessiert an dieser Stelle die Frage, ob sich die Frau über ihren Mann lustig macht, er überhaupt schon erwachsen sei oder noch ein Kind?

Weiß man um das Thema des Paares, paßt der Einfall des Teilnehmers sehr gut, und ich habe beim Lesen des Protokolls bedauert, daß diese Assoziation weiter keine Beachtung fand. Stierlin geht auf eine andere Ebene und man kann vermuten, er tut es, um eine bestimmte Hypothese zu verfolgen, die er sich gebildet hat.

Und tatsächlich, im folgenden Einfall wird ein wesentliches Thema dieser Paarbeziehung angestoßen. Es geht um die Dominanz der Frau, um Kompetenz und um den Willen zur Führung und zur Steuerung. Stierlin bringt diese Beiträge auf den Punkt. Wer führen könne und solle, bleibe ungelöst, sonst wäre das Paar im Traum der Frau nicht gekentert. Die Gruppe scheint unzufrieden, das Thema wird weiter behandelt, dabei geht es um gegenseitige Abhängigkeit und um Machtverteilung. Stierlin hebt diese Beiträge wieder auf eine Metaebene, das heißt auf die, die seiner vermuteten Hypothese nahekommt, nämlich daß es um zentrale Fragen moderner Paare gehen könne.

Überträgt man die Inhalte der Assoziationen in die Sprache von Frau Grübig und Herrn Groß, auf ihr Thema der Zeugung eines Kindes und den Übergang zur Elternschaft, so wie sie damit umgehen, finden wir wieder wesentliche Berührungspunkte.

Ein Teilnehmer kommt auf den Wind zu sprechen, der das Boot zum Kentern gebracht habe, ein anderer warnt, den Traum von Frau Grübig als Abbild der Beziehung zu sehen, und es kommt der Wunsch nach eigenen Assoziationen auf. Stierlin weist auf die Fülle von Informationen hin, die das Zulassen von Einfällen mit sich bringe und bemerkt dann positiv, daß ein Zuhörer sich auf den Kontext der Anmeldung des Paares bezieht. Die Teilnehmer beleuchten nun den Kontext, in dem die beiden Träume zueinander stehen und Stierlin faßt letztlich zusammen, daß der Traum des Mannes im Kontext des Traums der Frau stehe, sie innovativ sein will, er hingegen sich überfrachtet fühlt.

Diese Version der Hypothese Stierlins hat zentralen Stellenwert und durchaus Relevanz für die Paardynamik von Frau Grübig und Herrn Groß.

Die Teilnehmer würden nun gerne Fragen nach der Motivation der Träumer stellen, an einer Paartraumgruppe teilzunehmen. Eine Vermutung ist, daß das Paar in seiner Entwicklung gehemmt ist, sich aber dennoch weiter entwickeln will. Mit dieser These ist quasi die Arbeit mit den Träumen abgeschlossen und den Rest der Zeit sprechen Stierlin und die Teilnehmer über allgemeine Fragen zur systemischen Therapie, deren Vorgehensweise und den Kontext der Traumwerkstatt.

Der Vergleich

Vergegenwärtigt man sich den jeweils »roten Faden« der drei Gruppen, den ich versucht habe, nachzuzeichnen, wird deutlich, daß jeder der drei Therapeuten seiner Methode treu geblieben ist und eine Zuordnung zur angekündigten Methode möglich ist.

Thea Bauriedl hält sich eng an das Deuten der Szene und überträgt das szenische Moment auf die Bilder der Träume, wo es möglich ist. Sie gelangt auf diese Weise mit Hilfe der Einfälle der Teilnehmer zu zentralen Themenbereichen, die dieses Paar zum Zeitpunkt des Traumseminars beschäftigen. In der Podiumsdiskussion sagt sie sinngemäß, daß sie in einem therapeutischen Prozeß mit einem Paar versuchen würde, die inneren Prozesse zu zeigen und daß dabei die Veränderungen, die im Therapeuten geschehen, zum Gegenstand der Arbeit gehören. Das könne wie ein Chaos aussehen, sei aber eine andere Art von Ordnung, weniger strategisch als prozeßbezogen.

Geht man zur Gruppe von Eva Jaeggi über, findet man auch dort klare Berührungspunkte zum Paar und seinen zentralen Themen. Unterschieden hat sich die Vorgehensweise von Jaeggi darin, daß sie nie explizit die Szene deutet, sondern sich gemeinsam mit der Gruppe sehr lebendig und spontan den Einfällen zuwendet, um dann Deutungen auf Basis einer eher konflikt- und trieborientierten psychoanalytischen Theorie (vgl. Jaeggi 1995) vorzunehmen, wenn es ihr aufgrund des Gruppenprozesses sinnvoll erscheint. Entsprechend resümiert sie in der Podiumsdiskussion: »In dieser Arbeit nur mit der Gegenübertragung ließ sich durchaus ein sinnhaftes Ganzes herstellen. In der Erfahrung der Traumwerkstatt wird der Mut gestärkt, sich auf die Gegenübertragung zu verlassen«. Jaeggi setzt jeweils eine klare Struktur, wahrscheinlich um den »Wildwuchs« der Einfälle nicht ausufern zu lassen. Auffällig ist an dieser Gruppe, daß die Einfälle dieses Seminars manchmal fast deckungsgleich sind mit denen aus der Paartraumgruppe.

Vergleicht man die Gruppen von Bauriedl und Jaeggi, so unterscheiden sie sich deutlich in der Sichtweise des dialektischen

Vorgehens, weisen jedoch immer wieder Ähnlichkeiten in bezug auf die konkreten Einfälle zu den Träumen auf. Dies führt dazu, daß sich mitunter eine ähnliche Szene einstellt. Durch das Beibehalten der »natürlichen« Ordnung der Reihenfolge der Träume entsteht schon zu Beginn eine ähnliche Szene, nämlich daß der Traum des Mannes nicht mehr präsent ist. Auf diese Weise nehmen beide Gruppen wahr, wie es dem Träumer (vermutlich) gegangen ist. Ein anderes gleiches Element ist, daß die Frauen »vorpreschen«, während die Männer zuerst große Zurückhaltung üben. Dieses Zurück-Weichen-Wollen bildete sich ebenso in der Paartraumsitzung ab, und Andreas Hamburger bemerkt am Schluß seines Vortrags, daß das Thema des Vater-Werdens vom Träumer nicht aufgegriffen wurde, was in der genannten szenischen Information enthalten sein kann.

In der Gruppe von Helm Stierlin passiert etwas Seltsames. Frau und Mann, Mann und Frau sind schon ein verschlungenes Paar, bevor sie darüber nachgedacht haben, denn durch die Umkehrung des Vorlesens der Träume und einer fehlenden Einteilung purzeln die Einfälle bunt durcheinander, und ein männlicher Teilnehmer hat das erste Wort. Diese Vermischung hat System und muß einer Ordnung zugeführt werden. Stierlin stellt sie her, indem er zum ersten Mal seine Hypothese formuliert, ganz im Sinn seines Beitrags in der Diskussion: »Es ist wichtig, Komplexität zu reduzieren, ohne den Zugang zur Komplexität zu verlieren.«

Die Assoziationen in dieser Gruppe stellen ebenso wie die aus den anderen Gruppen einen Bezug zur Realität des Paares her und Stierlins variierte Hypothese trifft den Kern der Dynamik dieses Paares. Man könnte phantasieren, daß eine etwas andere Phase der Paarbeziehung abgebildet wird als die, in der sich das Paar zur Zeit befindet: Vielleicht diejenige der Auseinandersetzung, bevor man sich entschließt, ein Kind zu bekommen?

Ich finde, daß sich die systemische Vorgehensweise an dieser Stelle mit den Eingangsszenen der beiden anderen Gruppen trifft und dennoch unterschiedliche Wege beschritten werden.

Stierlins zentrale Hypothese ist wohl, daß die Frau innovativ sein will und der Mann sich überfrachtet fühlt. Hätte er dieses Paar in einer therapeutischen Situation vor sich, würde demnach diese Hypothese als Basis dienen. Die Möglichkeit ist nun, daß sich das Paar damit auseinandersetzt, *bevor* es neue Wege geht oder sich der Tatsache stellt, daß es schon neue Wege gegangen *ist* und lernen muß, das sich nun verändernde System den Verhältnissen anzupassen.

In den Gruppen von Bauriedl und Jaeggi wird mehr Wert auf die Wünsche und Ängste der Individuen gelegt, was bedeutet, daß sich Phantasien und Gefühle mehr »ausbreiten« dürfen, im therapeutischen Setting und dem der Selbsterfahrung einen Platz bekommen. Im systemischen Rahmen wird dieser Prozeß eher auf »nachher« verschoben, bleibt den Individuen überlassen. Stierlin in der Podiumsdiskussion: »Wir bauen auf die Integrationskraft, diese Innenbilder selbst zu bewältigen. Der Therapeut fragt systemisch, er fragt den einen und meint den anderen. Er stößt dadurch innere Prozesse an, gibt ihm Zeit, sich mit der inneren Traumwerkstatt zu beschäftigen ... Er versucht, Distanz zum emotionalen Clinch zu ermöglichen und Suchprozesse anzustoßen«. Genau das vermeidet die Psychoanalyse, da sie davon ausgeht, daß das Durcharbeiten, also die Annäherung an das Gefühl, das mit einem »emotionalen Clinch« verbunden ist, den heilsamen Prozeß einleitet.

Es gibt aber auch eine Ähnlichkeit zwischen dem Vorgehen Bauriedls und Stierlins, die ich bei Jaeggi nicht finden konnte. Bauriedl und Stierlin stellten im Gegensatz zu Jaeggi im Setting des Seminars aktiv den Bezug zu einer Sichtweise über das Paar her, im Seminar wurden Phantasien zu diesen beiden Individuen *als Paar* geäußert, was einen Unterschied im Gefühl für dieses Paar bewirkte und in bezug auf eine therapeutische Vorgehensweise Folgen hat. Ich nehme an, das hängt natürlich damit zusammen, daß Thea Bauriedl und Helm Stierlin Familientherapeuten sind, die immer auch die Perspektive des Paares im Blickwinkel haben, während Eva Jaeggi mit Gruppen oder Einzelpersonen arbeitet.

Der Unterschied von Bauriedl und Stierlin diesbezüglich wurde jedoch ebenso deutlich und zeigt sich schon am äußeren Rahmen: Bauriedl gibt jedem Teil des Paares, Frau, Mann und der Beziehung der beiden zueinander, ein Drittel der Zeit, während Stierlin von Anfang an das Paar gemeinsam sieht, eben nur als System. Bauriedl hat innerhalb einer Sichtweise eines Systems, respektive einer Beziehung, zunächst die Individuen im Blickfeld und versucht, diese zu verstehen, um sich dann ein Verständnis der Beziehung zu verschaffen und den Prozeß der Übertragung und Gegenübertragung damit in Beziehung zu setzen. Bezogen auf das Seminar sagte sie in der Podiumsdiskussion, daß es ihr beim Gruppenprozeß wichtig ist, die Dialektik der Einfälle zu erkennen. »Das Verstecken gehört zum Herzeigen, das Kaputtmachen zum Beschützen – dann kommt man aus der schematischen Trauminterpretation heraus, die die Psychoanalyse betrieben hat.«

Die Paardynamik aus unserer Sicht

Abschließend möchte ich noch einen Vergleich herstellen zu den Gedanken, die ich mir über dieses Paar, seine Dynamik und unbewußte Motivation gemacht habe.

Stierlin betont im Seminar, daß die Frage zum Kontext und der Motivation des Paares, eine solche Traumgruppe zu besuchen, besonderes Augenmerk in einer systemischen Vorgehensweise finde. Für mich hat diese Frage eine große Nähe zum Unbewußten, und wir Leiter haben uns in diesem Sinne gefragt, welches denn die unbewußten Fragen dieses Paares an uns gewesen sein können. Worin man gleich wieder die psychoanalytische Sichtweise erkennen kann, denn dahinter steckt natürlich das Konzept der Übertragung.

Ich stelle mir also vor, daß die systemische »Motivation« ähnlich den »unbewußten Wünschen« ist, die das Paar mit der Anmeldung in diese Gruppe unter diesen Bedingungen mitgebracht hat. Der technische Unterschied ist, daß die systemische Therapie eine Hypothese aus einer Gesamtheit von vielen verfolgt und versucht zu erhellen. In einer psychoanalytischen Sichtweise werden ebenso Hypothesen über die unbewußte Motivation des Paares gebildet. Paartherapeuten oder Gruppenleiter nutzen diese jedoch nicht direktiv, sondern versuchen, anhand der Beachtung der Gegenübertragung das Paar in einen dialektischen Prozeß zu führen, der das Paar selbst befähigt, die eigene unbewußte Motivation und die unbewußten Wünsche wahrzunehmen. Es ist klar, daß das in einer Gruppe an zwei Wochenenden nur ansatzweise geschehen kann, worauf Andreas Hamburger auch hingewiesen hat.

Das Anliegen dieses Paares konnte jedoch durch das Erzählen der beiden Träume dargestellt werden und in den größeren Kontext der Gruppe und damit anderer Paare gebracht werden. Ich glaube, es wurde dadurch ein innerer Prozeß in Frau Groß und Herrn Grübig angeregt, der sich hilfreich auswirken kann (auch im eingeschränkten Rahmen einer Selbsterfahrungsgruppe), da er eine Triangulierung in einem bestimmten Konfliktfeld ermöglicht.

Nun zu der unbewußten Motivation, die dieses Paar bewegt haben könnte, teilzunehmen. Das zentrale Thema des Paares ist das »Kind kriegen«. Die Szene der Traumerzählung der Frau könnte man folgendermaßen verstehen: Eine Frau erzählt ihrem Mann, daß sie schwanger ist. Wie ist das für den Mann? Wie reagiert er? Wie geht es ihm? Diese Fragen interessieren die Frau. Denn der Mann kennt die Situation bereits – er hat eine Tochter und war schon einmal verheiratet. Und sie weiß, daß er seine Freiheit liebt.

Die unbewußte Frage der Frau könnte lauten: Kann mir die Gruppe helfen, mich meinem Partner, dem Vater meines Kindes, näherzubringen? Die Rollen zu klären? Darf ich dazu stehen, daß ich dieses Kind von diesem Mann wollte? Was weiß er über das Kinderkriegen, was ich nicht weiß?

Die nicht ausgesprochene Antwort des Mannes, ausgedrückt im Traum, könnte lauten: Er hat Angst. Er liebt die Frau und ist trotzdem ambivalent. Einerseits will er das Kind, andererseits weiß er, was dabei »kaputtgehen« kann und wie sehr sich eine Beziehung durch ein Kind verändert. Obwohl er seine Freiheit liebt, hat er seine Sehnsucht nach einem Ort bemerkt, wo er bleiben kann, nach den vielen Umzügen in seinem Leben.

Die unbewußte Frage des Mannes könnte lauten: Gibt es auch Elternpaare, die es geschafft haben, zusammen zu sein und doch frei?

Herr Groß meldete sich und seine Partnerin zum Seminar an. Hier übernahm also er die Führung. Er hatte sich vorher gut informiert, schon kleinere Veranstaltungen der Traumwerkstatt besucht und sich ein Bild gemacht. Wir können daraus schließen, daß sich eine »positive Elternübertragung« auf Andreas Hamburger und mich eingestellt hat und wir in seiner unbewußten Phantasie als Leiter-(Eltern)paar fungieren konnten, das diese Fragestellungen würde aufnehmen können. Die unbewußte Frage auf der Ebene der Paarbeziehung würde dann wohl lauten: »Helft uns, damit wir ein Elternpaar werden«. Nicht zuletzt gehörte zu dieser ganzen Szene auch der Kontext der Gruppe, in der sich nur Paare befinden würden, die es – vielleicht auch – geschafft haben!

Martina Roth

»Die heldische Position hat ihre Berechtigung, verdammt noch mal!«

Betrachtung des Paartraums aus kulturanalytischer Perspektive

Helden in Paartraumgruppen

In der Paartraumgruppe*, aus der die vorgestellten Träume stammen, wurde seitens der Männer gerne von kleineren Heldentaten (gefährliche Sportarten, Rettung der eigenen Frau vor Vergewaltigung etc.) gesprochen. Die im vorliegenden Band behandelten Träume kreisen ebenfalls um das Heldenthema: Frau Grübig erträumt sich, daß ihr Mann sie, die Gekenterte, aus dem See fischt, und er erträumt sich als einen Mann, der auf einem Frachter eine Gruppe vor beißenden Hunde beschützt.

Angesichts unserer hochtechnisierten Zeit, in der wir uns fragen müssen: »Wo kann der Mann noch Mann sein, seinen Bizeps spielen, sein Brusthaar glänzen lassen und sich willkommener Resonanz sicher sein?« (Pleschinski 1997, S. 39), irritierte mich das Heldenthema sehr. Ich möchte dieser Irritation nachgehen und die »heldische Position« in einer Paarbeziehung aus einer kulturanalytischen Position heraus interpretieren.

---

* Ich werde mich im wesentlichen auf die Beschreibung des Gruppenprozesses bei Andreas Hamburger beziehen, aber auch die Tonbandaufzeichnungen der Traumgruppenprotokolle sowie die Bearbeitungen in den Gruppen von Thea Bauriedl, Eva Jaeggi und Helm Stierlin mit einfließen lassen.

In dieser Analyse möchte ich Ideen zur Liebesbeziehung aus soziologischer und psychoanalytischer Sicht unter der »heldischen Perspektive« beleuchten, um dann in einem zweiten Schritt einzelne Traum- und Gruppenszenen tiefenhermeneutisch zu analysieren, immer auf der Suche nach dem manifesten und latenten Sinn des Heldenthemas.

»Märchenhafte Fraulichkeit ade. Auf Wiedersehen Haudegen, Ritter, Gentlemen. Dies Jahrhundert hat alle gleichgemacht.«*

Romeo und Julia wären sehr verwundert darüber, daß Paare, die sich selbst ausgewählt haben und sich im Herzen verbunden fühlen, Kurse besuchen, um sich weiterhin lieben zu können. Die Bäuerin, deren Mann der Verlust des Stalltieres mehr bekümmert als ihr Tod**, sähe sich angesichts der gefühlsmäßigen Bezogenheit aufeinander und der Intimität miteinander mancher heutigen Paare ins Paradies versetzt und würden sich fragen, worin solche wunderbaren Liebesbeziehungen noch Unterstützung gebrauchen könnten. Diese Beispiele machen uns darauf aufmerksam, daß heutige Bestimmungen dessen, was Liebe ist und sein soll und welche Erwartungen an die Partner gestellt werden, nicht jenseits einer kulturellen Entwicklung zu sehen sind.

Die Liebesehe, wie Schenk (1988) diese Form der Liebe nennt, die sich im 19. Jahrhundert herausgebildet hat, begründet sich durch die freie Wahl der Partner, der Verbindung von Sexualität und Gefühl sowie der Planung eines gemeinsamen

---

*   (Pleschinski 1997, S. 37).
** »Der Verlust eines Stalltieres bekümmert den Bauern mehr als der Verlust seiner Frau. Das erste kann man nur durch Geld ersetzten, die zweite aber mit einer anderen Frau, die etwas Geld und Mobiliar mitbringt und die anstatt den Haushalt ärmer zu machen, seinen Wohlstand vermehrt« (Schenk 1988).

Heims, in dem die Frau die Haus- und Kinderarbeit macht, wohingegen der Mann in der Außenwelt einer entlohnten Arbeit nachgeht.*

Giddens (1993) benennt diese Art der Beziehung mit romantischer Liebe und verweist darauf, daß dies im Grunde eine »feminisierte Liebe« (1993, S. 54) ist, womit er auf die im Vordergrund stehenden Gefühle füreinander verweist, die landläufig als weibliche Sehnsüchte gelten.**

Aktuelles Modell ist die »reine Beziehung«, die im Unterschied zur Liebesehe nur solange geführt werde, wie sie als wert befunden wird, geführt zu werden und in der Frauen ihre Wünsche nach Sexualität (»modellierbare Sexualität«) an den Mann bringen (Giddens 1993). Frauen fordern die andere Hälfte der Moderne, was sich konkret in einem Anspruch auf eine Biographie zu zweit niederschlägt, die keinen Selbstverständlichkeiten mehr unterliegt, sondern permanente Aushandlungsprozesse zwischen den Partnern nötig macht (Beck u. Beck-Gernsheim 1990). Die traditionelle Auffassung über die unterschiedlichen Eigenschaften von Mann und Frau und die damit einhergehende Arbeitsteilung gerät ins Wanken. Frauen wollen nicht mehr al-

---

* Diese Idee der bürgerlichen Liebesehe findet sich auch sehr gut beschrieben in Schillers Glocke: »Die Leidenschaft flieht! / Die Liebe muß bleiben ... / Drum prüfe, wer sich ewig bindet, Ob sich das Herz zum Herzen findet! / Der Wahn ist kurz, die Reu ist lang ... Der Mann muß hinaus / ins feindliche Leben / Muß wirken und streben / Und pflanzen und schaffen / Erlisten, erraffen / Muß wetten und wagen / Das Glück zu erjagen ... / Und drinnen waltet / Die züchtige Hausfrau / Die Mutter der Kinder / Und herrschet weise / Im häuslichen Kreise / Denn wo strenges mit dem Zarten / Wo Starkes sich und Mildes paarten / Da gibt es einen guten Klang« (Friedrich Schiller, Die Glocke).

** »... ist die Eroberung des Herzens des anderen tatsächlich ein Prozeß, in dem eine gemeinsame Biographie geschaffen wird. Die Heldin zähmt, verändert und bricht die scheinbar unangreifbare Männlichkeit ihres Liebesobjektes und macht so die wechselseitige Zuneigung zur bestimmenden Leitlinie ihres gemeinsamen Lebens« (Giddens 1993, S. 58).

leinige Gefühlsspezialistinnen in der Ehe sein, sondern fordern dies auch von den Männern (Schenk 1988), was zwangsläufig eine Angleichung der Geschlechter nach sich zieht. Hegener (1995) konstatiert, daß es in diesem Prozeß der Emanzipation der Frauen zu einem Patriarchat ohne Geschlechter oder zu einer Geschlechterindifferenz kommt. Dies macht Hegener (1995) etwa an den sexuellen Wünschen der Frauen fest, die sich immer mehr in Richtung einer eher an männlichen Vorstellungen orientierten Sexualität entwickeln.

Trotz aller Geschlechterindifferenz oder Geschlechterdifferenzen halten die Menschen weiterhin an dem Wunsch nach einer Liebesbeziehung fest. »Liebe wird nötig wie nie zuvor und unmöglich gleichermaßen. Die Köstlichkeit, die Symbolkraft, das Verführerische, Erlösende der Liebe wächst mit ihrer Unmöglichkeit« (Beck u. Beck-Gernsheim 1990, S. 9). Beck und Beck-Gernsheim (1990) sehen die steigende Bedeutung der Liebesbeziehung als Reaktion auf eine »enttraditionalisierte, abstrakte, von Katastrophen gezeichneten Risiko- und Wohlstandsgesellschaft« (S. 9). In der Liebe vereinigen sich sämtliche Konfliktlagen der Moderne. Die Liebespaare jedoch erhoffen sich gerade ein Entspannen von den auf dem Arbeitsmarkt geltenden Regeln. Statt sich aber der sozialen Codierung der Liebe gewahr zu werden, kommt es zu einer Überfrachtung der Erwartung an die Liebe und zu einer Überanspruchlichkeit an die jeweiligen Partner, die leider nicht an der Realität zerschellt, sondern sich in neuen Partnersuchen fortsetzt und durch ein Beratungsangebot optimiert. Eine Schar von Psychologen reagiert auf diese Liebesunordnung, indem sie als Gegengift vorschlagen, die Kommunikation mit dem Partner zu verbessern.* Die Psychologinnen und Psychologen knüpfen mit diesen Ideen an

---

* Die Arbeit in der Traumwerkstatt verfeinert die Kommunikation der Paare, indem sie die unbewußten Wünsche und Phantasien via Traum freilegt. Diese Offenlegung in den Paartraumbearbeitungen überschreiten die Enthüllungen in einer Psychoanalyse, da die Adressaten der Traumbearbeitung persönlich anwesend sind.

klassisch weiblichen Wünschen nach Austausch und Gespräch zur Herstellung von Intimität und Identität an.*

Michel (1997) zitiert ein »keineswegs ironisch gemeintes Ergebnis« der neueren Forschung über Geschlechtsunterschiede im Gehirn: »Jungen und Männer sind anders als Mädchen und Frauen. Sie bevorzugen wilde Spiele und gebärden sich aggressiver. Sie glauben an Hierarchien und ordnen sich unter, wenn sie jemanden als stärker oder überlegen akzeptiert haben. Sie können besser Landkarten lesen und Würfel im Kopf drehen.« – »Auch wenn es sonst nichts wäre: was fangen die Jungen heute mit solchen Hirnen an, wenn sie nicht einer Gang, einer Sekte oder Wehrsportgruppe angehören, in der sie sich unterordnen und aggressiv sein und Landkarten lesen können? Unser Gemeinwesen scheint für seine Zukunft nicht auf sie zu bauen. Werden sie sich in ihre Verliererrolle schicken, oder werden sie, als wilde Stämme, alles kurz und klein schlagen? (Michel 1997, S. 33).

Ob das von Michel (1997) entworfene Männerbild biologisch verankert ist, sei dahingestellt. Unbestritten ist, daß es als kultureller Entwurf von Männlichkeit existiert. Michel fragt sich, ob sich der Mann in seine Verliererrolle fügt, da er im Gemeinwesen nicht mehr gefragt ist. Auf dem Arbeitsmarkt vollzieht sich ein immenser Wandel von traditionell handwerklichen Berufen zum Dienstleistungsgewerbe, das dieses traditionelle Bild von Männlichkeit unterminiert.** Gleichzeitig

---

* Nadig (1986) beschreibt die Wichtigkeit der Herstellung der Intimität durch Gespräche in ihrer Studie über Frauen in einer bäuerlichen mexikanischen Dorfgemeinschaft; Prokop (1991) beschreibt die Ersetzung der weiblichen (Kommunikations)Kultur durch die idealisierte Besetzung des Partners im Übergang von der vorbürgerlichen zur bürgerlichen Idee der Liebesbeziehung.

** »Dies Jahrhundert hat alle gleichgemacht. Personen weiblichen Geschlechts rücken in die Armeen ein. Personen aus dem ehedem ergänzenden oder entgegengesetzten Lager, »Männer«, servieren in der 1. Klasse des ICE entkernt und hilflos Rentnerinnen den *Mitropa*-Tee. Und in Science-fiction-Serien tragen längst schon alle, in ihrem gekommt es zu einer Angleichung der Geschlechter (Hegener 1995) und durch die Individualisierung (Beck u. Beck-Gernsheim 1990) kommt es zum Verlust von Bindungen, in denen männliche Identität hergestellt wird. Aber die Ausgestaltung einer Liebesbeziehung, die immens an Bedeutung gewonnen hat (Beck u. Beck-Gernsheim 1990), soll immer stärker an weiblichen Wünschen orientiert sein (Giddens 1993). Wie kann das alles gehen?

In Schillers Glocke wird anschaulich dargestellt, wo der Mann (draußen, im feindlichen Leben) und wo die Frau (drinnen, im Hort der Innigkeit) verortet ist und welchen Charakter sie haben (hart oder weich). Dies ist in Unordnung geraten, sowohl auf dem Arbeitsmarkt, in dem jetzt Mann und Frau »ins feindliche Leben« müssen als auch in den Vorstellungen, wie Frauen und Männer zu sein haben.

Die »Heldenträume« und die Heldenthemen als Gruppenthema des Traumworkshops möchte ich als Symptom der »Wiederkehr des Verdrängten« angesichts geschlechtsegalitärer, kultureller Ideen verstehen.

»Wo sie lieben, begehren sie nicht, und wo sie begehren, können sie nicht lieben«

So faßt Freud (1912d) das innere Drama eines von einer »sogenannten psychischen Impotenz«* (1912d, S. 21) Befallenen zusammen. Freud erklärt diese damit, daß es zu keiner Verbindung der zärtlichen und der sinnlichen Strömungen kommt, da diese an unterschiedliche Ziele gebunden sind. Das sinnliche Streben sucht »nur nach Objekten, die nicht an die ihr verpönten inze-

---

schlechtsfreien Existenzkampf, die gleichen Uniformen und schießen ohne Unterschied aus ihren Laserwaffen« (Pleschinski 1997, S. 37/38).

* In Teil II dieses Aufsatzes erweitert er den Kreis der von der psychischen Impotenz »infizierten« auf den Kreis der »Kulturmenschen« (ebd. S. 23).

stuösen Personen mahnen« (S. 21). Oftmals kommt es für die Beteiligten zu einer Rückkehr des Verdrängten, weil ein »oft unscheinbarer Zug an das zu vermeidende Objekt erinnert« (S. 21). Die zärtlichen Strömungen knüpfen jedoch an eben diese inzestuösen Objekte an, können aber alleine keine sexuelle Begegnung ermöglichen.* Neben dieser Dynamik verweist Freud darauf, daß es immer schwierig ist, eine voll befriedigende Sexualbeziehung zu erreichen aufgrund des animalischen Charakters der Liebestriebe, die nicht mit den Anforderungen der Kultur vereinbar sind. Er kommt zu einer pessimistischen Prognose:

»So müßte man sich denn vielleicht mit dem Gedanken befreunden, daß eine Ausgleichung der Ansprüche des Sexualtriebes mit den Anforderungen der Kultur überhaupt nicht möglich ist, daß Verzicht und Leiden sowie in weitester Ferne die Gefahr des Erlöschens des Menschengeschlechts infolge seiner Kulturentwicklung nicht abgewendet werden können« (Freud 1912d, S. 28).

Neuere Arbeiten von Psychoanalytikerinnen befassen sich nicht so sehr mit der Verbindung von zärtlichen und sinnlichen Trieben beim geliebten Objekt, sondern überlegen, wie es entwicklungspsychologisch dazu kommt, daß Mann und Frau »unterschiedlich« lieben und sich als Liebespartner in ihren Wünschen komplementär gegenüberstehen. Laut Benjamin werden »Weiblichkeit und Männlichkeit jeweils nur mit einer Seite eines kohärenten Ganzen assoziiert« (1990, S. 85). Der Mann vertritt das Begehren und die Frau ist dessen Objekt. Als Ursache für die Polarisierung sieht Benjamin den Mangel an Subjektivität seitens der Mutter**, mit der das Mädchen sich identifiziert und von der der Junge sich desidentifiziert.

---

* Freud (1912d) empfiehlt dem Mann zur vollen Befriedigung ein »erniedrigtes Sexualobjekt« (S. 24), vor dem er im Gegensatz zu seiner eigenen Mutter keinen Respekt haben muß. Der Frau rät er zur sexuellen Betätigung im Verborgenen, da sie »die Verknüpfung der sinnlichen Betätigung mit dem Verbot nicht mehr auflösen« (S. 26) kann und deshalb einen Liebhaber im Verborgenen brauche.
** Mit subjekthafter Mutter ist eine Mutter gemeint, an der das Kind

Benjamin sieht die Wiederannäherungsphase (vgl. Mahler 1992) als Zeit, in der die unterschiedliche Entwicklung zum Mann und zur Frau mitsamt den klassischen psychischen Geschlechtsunterschieden sich konstituieren. In Anlehnung an Janine Chasseguet-Smirgel, die aufgrund klinischer Befunde zu dem Ergebnis kommt, daß sowohl Mädchen als auch Jungen die präödipale Mutter als mächtig empfinden und der Wunsch nach dem Penis des Vaters folglich »das ›Verlangen, die Macht der Mutter zurückzudrängen‹« kennzeichnet (Chasseguet-Smirgel zit. nach Benjamin 1990), betont Benjamin die Bedeutung des Penis als Symbol der Ablösung von der phantasierten mütterlichen Macht.* Diese Rettung aus der mütterlichen Symbiose durch den Vater passiert auf dem Höhepunkt der Wiederannäherungskrise (vgl. Mahler 1992), in der das Kind erste autonome Bewegungen macht, aber feststellen muß, daß es zutiefst abhängig von der Mutter ist. In dieser Phase wird der Vater, der Macht, Autonomie und Außenwelt verkörpert, mit Wünschen nach Rettung aus der Symbiose besetzt (präödipale Triangulierung). Er wird also zur »Lösung des Paradoxons der Wiederannäherung«, in der das Kind eine Begrenzung seiner vorher als unendlich imaginierten Handlungsfähigkeit erfährt.**

seine phantasmatischen Aggressionen ausleben kann. Das Kind kann somit die Erfahrung machen, seine Mutter in der Phantasie zu zerstören und sich in der Realität an ihrem Überleben zu erfreuen. Ist die Mutter nicht subjekthaft, dann muß das Kind statt dessen seine Aggressionen nach innen richten und erfahren, daß es Anerkennung und Liebe nur um den Preis der Aufgabe der eigenen Unabhängigkeit und damit durch die Unterwerfung unter den anderen erreicht (Benjamin 1990).

* »Der Phallus ist also nicht an sich ein Symbol des Begehrens, sondern er wird es aufgrund der Suche des Kindes nach einem Weg zur Individuation« (Benjamin 1990, S. 94).

** »Der Vater tritt wie ein *Deus ex machina* auf, der den unlösbaren Konflikt der Wiederannäherung löst: nämlich den Konflikt zwischen dem Wunsch, an der Mutterbindung festzuhalten, und dem Wunsch davonzufliegen« (Benjamin 1990, S. 103).

Das Drama, welches sich für die Gestaltung der Liebesbeziehung zwischen Mann und Frau aus der Krise der Wiederannäherung ableiten läßt, gestaltet sich meines Erachtens nun folgendermaßen:

Der Mann ist in potentieller Gefahr durch eine Frau, wenn sie eine dauerhafte und innige Beziehung mit ihm leben möchte. Es melden sich unbewußt die Gefühle, die er schon aus der symbiotischen Phase mit der Mutter kennt. Es ist nicht nur die Schwierigkeit, die durch das Inzesttabu und das Überhandnehmen der zärtlichen Triebe heraufbeschworen werden, wie Freud (1912d) es sieht, sondern psychisch gesehen droht die Gefahr der Kasernierung durch die Partnerin, die phantasmatisch mit der Macht der »frühen Mutter« ausgestattet wird. Leider gibt es in diesem Szenario keinen Vater (wie in der Wiederannäherungsphase), der den nun erwachsenen Mann aus diesem Kerker befreit. So ist der Mann sich selbst ein Befreier, und er setzt nun sein Abwehrprogramm, welches ihm aus der Identifikation mit seinem Vater bekannt ist, in Gang.

Die Frau inszeniert gemäß der Wiederannäherungslogik in einer Partnerschaft das Warten auf den Befreier, welcher in der Wiederannäherungsphase (vgl. Mahler 1992) leider nicht gekommen ist. Das Mädchen wünscht sich ebenfalls die Befreiung aus der mütterlichen Symbiose und die Anerkennung vom Vater unter Beibehaltung der Autonomie (Benjamin 1990). Dieser kann sich aber aufgrund seiner eigenen Desidentifizierung von seiner Mutter nicht mit dem Mädchen identifizieren und sieht in ihr eher »ein liebenswertes, süßes, kleines Ding, ein heranwachsendes Sexualobjekt«(Benjamin 1990, S. 117). Genau dieses Warten auf den *»Deus ex machina«* läßt sich wunderbar mit Männern, die sich einer engen Beziehung entziehen, inszenieren. Die Frau wartet auf den Erlöser, wohingegen der Mann sich selber aus der zu engen Beziehung erlösen muß.

Methode der Auswertung: Tiefenhermeneutik. »Man bleibt weit entfernt von jener ›packenden Macht‹ des Dramas«*

Bevor wir die Bedeutungsspur der Helden in den Paartraum-gruppen weiter verfolgen und nachdem eine erste Spurensiche-rung in Soziologie und Psychoanalyse stattfand, möchte ich eine kleine Exkursion in tiefenhermeneutischer Textinterpreta-tion machen, um das Theorie- und Handwerkszeug der Kultur-analytiker vorzustellen.

Lorenzer (1970, 1977, 1981, 1983) verdeutlicht in seiner Auslegung der Freudschen Psychoanalyse, wie sehr Bewußt-heit an Sprache gebunden ist und gibt damit der Verfügung über Sprache eine immense Bedeutung. »Gemäß dem Postulat: ›Wo Es war, soll Ich werden‹, ist die Erweiterung des Bewußtseins durch die Bildung von Sprachsymbolen eine nie endende Auf-gabe menschlicher Selbstverwirklichung« (Lorenzer 1981, S. 95).

Wir müssen bei der tiefenhermeneutischen Textinterpreta-tion etwas zutage bringen, was von der Sprachgemeinschaft ex-kommuniziert wird. Dieser Ausschluß aus der Sprachgemein-schaft hat nicht den Charakter von »Darüber spricht man nicht«. Dies ist laut Buchholz (1982) die Konzeption der Exkommuni-kation aus der Gesellschaft, wie sie Habermas entwirft. Loren-zer (1970, 1977, 1981, 1983) geht über Habermas hinaus zu einem »Darüber kann gar nicht mehr gesprochen werden« (Buchholz 1982, S. 223). Die Interaktionsformen sind nicht in eine »Privatsprache« verbannt, die Angst vor der Öffentlichkeit hat, sondern sie sind dem »Bereich der Sprache entzogen« (S. 223). Aber, und das ist der springende Punkt, der die Kul-turanalytiker in Bewegung setzt, die desymbolisierten Interak-tionsformen sind nicht unwirksam, sondern sie bestimmen die individuelle und kulturelle Lebenspraxis.

---

* Lorenzer (1986, S. 58)

Doch wie finden wir Zugang zu den desymbolisierten Interaktionsformen, die per definitionem jenseits der Sprachen verortet sind? Wir finden ihn durch das Verstehen von Szenen. Bevor wir uns der Kultur-Analyse widmen, vergegenwärtigen wir uns die Bedeutung des »Szenischen Verstehens« in der psychoanalytischen Therapie. Szenen sind dramatische Handlungsentwürfe einer Person, die der Analytiker neben reinen Fakten zu hören bekommt. Lorenzer (1970) unterscheidet »logisches Verstehen« »als Verstehen des Gesprochenen« (Lorenzer 1970, S. 138) und »psychologisches Verstehen« »als Verstehen des Sprechers« (S. 138). Das eigentliche psychoanalytische Verstehen jedoch richtet sich auf das Verstehen der »Erlebnisse« (S. 140), die der Patient mitteilt. Dieses szenische Arrangement bildet die »Interaktion der Subjekte mit ihrer Mitwelt und ihrer Umwelt« (S. 141) ab. Dabei geht es nicht um die realen Abläufe im Subjekt, sondern um »Vorstellungen als Realisierung von Beziehungen, als Inszenierung der Interaktionsmuster« (S. 142). Analog der Idee von Freud, daß der Trieb nie Objekt des Bewußtseins werden kann, sondern nur die Vorstellungen, die ihn repräsentieren, geht es beim szenischen Verstehen um das Verstehen des Sinnzusammenhangs des »realen oder phantasierten Spiels mit dem Objekt« (Lorenzer 1970, S. 142). Im Vergleich »der aktuellen Situation, der infantilen Situation und der Übertragungssituation« spürt der Analytiker die Struktur oder die Gestalt der Szenen auf.*
Im »Beim-Namen-Nennen« der Szene liegt die Auflösungsarbeit der psychoanalytischen Therapie, die dann das bewußte

---

* »Das psychoanalytische Verstehen richtet sich darauf, die Mitteilungen des Patienten als Darstellung von Situationen, Szenen, dramatischen Arrangements, d. h. also insgesamt als Darstellung von szenisch ausgespielten zwischenmenschlichen Beziehungsfiguren zu erkennen. Indem der Psychoanalytiker sich die Mitteilungen des Patienten szenisch vergegenwärtigt, bringt er sich die Grundelemente der betreffenden subjektiven Lebenspraxis, nämlich die Interaktionsformen als das vor Augen, was sie ursprünglich waren, nämlich als reale Figuren des menschlichen Zusammenspiels« (Lorenzer 1977, S. 120).

Verfügen über eigene Handlungen ermöglicht, eben durch die Ankoppelung der Interaktionsformen an Sprache*.

Bei der tiefenhermeneutischen Textinterpretation wird das Rezeptionserlebnis aufgeklärt, was bedeutet, daß das Wechselspiel zwischen Interpret und Text näher beleuchtet wird (Lorenzer 1986). Dabei müssen die Einfälle des Interpreten permanent an den Text, an den Film oder an das Ritual gebunden werden, da das zu interpretierende Phänomen nicht Einspruch gegen die Deutung erheben kann, was dem Analysanden durchaus offen steht. Das Augenmerk des Interpreten richtet sich dabei auf den dramatischen Entwurf der Szene. Im Sich-Einlassen auf den Text, im Ausbreiten der Szene, im Nachspüren scheinbar nutzloser Details, im Vorstellen der Bilder und im Verbildlichen der Symbole liegt die Chance, den latenten Sinn der Szene aufzuspüren. »Gibt man dem latenten Sinn zu schnell einen Namen, so verkürzt man nicht nur die sinnliche Hülle der Bedeutungen zugunsten des ›Verbalisierbaren‹, man läßt auch zuviel sozial Anstößiges, Noch-nicht-Bewußtseinsfähiges und deshalb Unsagbares zurück. Streift man gar dem latenten Sinn eine Formel aus dem Arsenal der psychoanalytischen Strukturtheorie über, um sich damit davonzumachen, dann mag die Einsicht zwar tief sein, aber sie ist leblos – man bleibt weit entfernt von jener ›packenden Macht‹ des Dramas, von dem sich sagen läßt: davor ›schaudert jeder zurück‹« (Lorenzer 1986, S. 58).

* »Auf der Grundlage der Abbildung der Praxisfiguren im Sprachsystem können so im ›Probehandeln‹ – wie Freud es genannt hat – Szenen zusammengestellt und durchgespielt werden, auch wenn sie nichts mit der momentanen Realsituation zu tun haben oder gar bloße Fiktion sind. Die Systematisierung der Verhaltensrepräsentanz im Sprachsystem schenkt uns gerade durch die Distanz von Situationsgebundenheit die Möglichkeit von Planung und Reflexion« (Lorenzer 1983, S. 108).

Die Träume als Szenen (einer Ehe)

Beide Träume beginnen harmonisch und ruhig, bis ein Drama
– oder nennen wir es eine kleine Katastrophe – passiert: Frau
Grübig und ihr Mann wollen in ihrem Traum an einem schönen
Sommertag eine kleine Segelpartie machen und sich erholen,
als dann der Sturm aufkommt ... In seinem Traum kommen
sie nach einer Radtour auf einen Frachter in den niederländischen Grachten unter, und ein entspannender Abend steht eigentlich bevor ... Ganz normale Szenen einer Beziehung, denken wir, doch es passieren merkwürdige Zwischenfälle.

Männer, die nicht zur Ruhe kommen können

Auf dem Frachter wird der Vater des Protagonisten von einem
Hund gebissen. Herr Groß versucht daraufhin, sich und die anderen Menschen, die auf dem Frachter sind, vor diesen Hunden
zu schützen, in dem er auf das Schließen der Türen achtet. Ständig muß er die Hunde, die Türen und die Leute auf dem Boot
kontrollieren, damit es nicht zu weiteren Angriffen der Hunde
kommt. Diese Kontrolle hat etwas von einer Sisyphusarbeit, da
die anderen auf dem Schiff sich nicht an die Regeln halten. Herr
Groß kommt bis zum Ende des Traums nicht mehr zur Ruhe.
Wir können uns als Ergänzung zum Traum vorstellen, wie seine
Frau in der Kajüte sehnsüchtig auf ihn wartet. Doch Herr Groß
ist so beschäftigt, daß er nicht in die Arme seiner Frau fallen
und sich bei ihr geborgen fühlen kann. »So können Männer
auch in die Enge kommen, wenn sie vielleicht leben wollen, zu
Hause sein wollen« faßt Hamburger diese Bewegung im Traum
zusammen. (Ich beziehe mich hier und im folgenden auf Andreas Hamburgers »Rückblick auf die Szene der Traumerzählung« in diesem Band).

Frauen, die steuern, ohne steuern zu können und dann gerettet werden müssen

Herr Groß und Frau Grübig fahren mit den Fahrrädern zu einem See, an dem sie sich ein Boot leihen. Sie steigen ein und es kommt zu einem merkwürdigen Führungschaos, welches durch die unterschiedlichen Ebenen – Traum und Realität – noch verworrener wird. Sie übernimmt »unbewußt – unbedacht« die Steuerung vorne, da sie im Traum glaubt, daß dort das Boot gesteuert werde. Dann erträumt sie sich einen Tausch, bei dem sie dann die eigentliche Steuerung inne hätte, wäre sie nicht gekentert.*

Die Katastrophe beginnt, nachdem sie das Steuer übernommen hat und ein stürmischer Wind aufkommt. Sie muß durch seine Beine kriechen, um Herrn Groß, ohne zu kentern, ans Steuer zu lassen. Dabei hat sie Todesangst und kentert trotzdem. Jenseits dessen, daß diese Szene auch die Geburt und die damit verbundenen Ängste ausdrücken kann, assoziiert ein Teilnehmer, daß dies ein »Machtspiel (sei), ein Ritus«: »... wenn die Frau die Macht haben will, dann muß sie erst durch die Beine des Mannes«. Doch Frau Grübig scheitert das zweite Mal und Herr Groß fischt sie an den Füßen nehmend aus dem Wasser und »maßt sich an« – so Frau Grübig –, ein Bild von ihr in die Persenning zu ritzen.

»Das hält man doch gar nicht aus diese Gemütlichkeit«
– Analyse einer kurzen Sequenz der Traumgruppenarbeit

Im folgenden soll ein kurzer Ausschnitt analysiert werden, in dem es der Gruppe um die bedrohliche Situation im Traum geht,

---

* Es gibt sicherlich sehr verschiedene Ideen zu diesem Steuerungsproblem. In den verschiedenen Arbeitsgruppen wurde darüber diskutiert. Das Führungsproblem ist so verworren, da Traum und Realität unterschiedlich sind, das Wissen um den Ort der Steuerung, das unbedachte und bedachte Hinsetzten an die Steuerung etc.

in der Herr Groß die Gruppe vor den zwei Hunden auf dem niederländischen Frachter beschützt.

Ein Teilnehmer vergleicht diese Situation mit einer, die er im Film gesehen hat, wie ein Mann in einem leckenden Boot sitzend versucht, das eindringende Wasser abzuschöpfen. Bei dieser Sisyphusarbeit wie auch in der Traumsequenz mit den beißenden Hunden würde er sich »hilflos« fühlen und das Gefühl haben, »wahnsinnig zu strampeln und doch nichts erreichen zu können«. Strampeln, hilflos sein und nichts erreichen können, verweisen auf die Gefühle, die ein Baby hat, wenn es merkt, daß seine als unendlich imaginierte Handlungsfähigkeit begrenzt ist, und es spürt, daß es, obwohl es sich autonom gefühlt hat, zutiefst von der Mutter abhängig ist (Mahler 1992).

Wir kennen ähnliche Filmsequenzen, in denen uns schaudert. Wir sehen, wie jemand um sein Leben kämpft, wir fiebern mit und bewundern diese Tatkraft. Aber – und diese Seite bleibt oftmals nur in der Latenz –, wir müßten eigentlich wissen, daß es keine Rettung gibt und daß sich dieser Mann (welch Automatismus!) eigentlich dem Tod ergeben müßte. Doch er tut es nicht, und wir hoffen mit ihm auf einen Deus ex machina, auf eine plötzliche Wendung, die den Protagonisten aus dieser Misere befreit. Oftmals – denkt man an klassische Thriller – verändert sich die Situation (ein Retter kommt, der Wind hört auf, das Loch im Boot verstopft ...), wir atmen durch, aber diese vermeintliche Rettung wird zur weiteren Bedrohung, und der vermeintlich sinnlose Kampf geht weiter bis ...?

Doch die Gruppe sitzt nicht im Kino und schaut sich beispielsweise »Kap der Angst« an, sondern die Assoziationen sind in der Gruppe durch den Traum von Herrn Groß ausgelöst worden. Hamburger denkt, daß es in der Gruppe um eine »unabwendbare, immer wieder andrängende Gefahr« geht, und wir können vermuten, daß er die noch nicht thematisierte Schwangerschaft von Frau Grübig meint.

Herr Groß berichtet zu dem »schwimmenden Zuhause«, auf dem sich die Szenen mit den gefährlichen Hunden abspielen, nun von seinen Schwierigkeiten, mehrere Jahre an einem Ort zu bleiben. Herrn Groß wurde vordergründig seine altbekannte Umgebung etwas langweilig; hintergründig könnte es ihm zu eng geworden sein, ähnlich wie es ihm auf einem Boot in den holländischen Grachten oder auf den Booten, auf denen er mit seiner Herkunftsfamilie verreist war, zu eng geworden war. Wir können vermuten, daß durch die Schwangerschaft seiner Frau (die »andrängende Gefahr« s. o.) das Thema des An- und Heimkommens virulent wird und in seinem Traum in sehr bedrohlichen Bildern erscheint.

Der Komponist fühlt sich in die bedrohliche Situation, die in der Luft liegt, aber auch Schnittstellen im Traum hat, ein und macht einen dramatischen Wortbeitrag: »Und diese zwei schwarzen Hunde, dieses Bedrohliche, mich vernichten wollende, mich zerfetzen wollende, mich zerfleischende.« In solchen Träumen kennt er »zwei Positionen: das eine Mal, daß ich mich als Opfer habe auffressen lassen, und das zweite Mal, wo ich da so durchgegangen bin, durch diese Wesen, die also dann nichts Bedrohliches für mich haben, also der schwarze Hund, der Dämon, der Drache, da stelle ich mich heldisch und werde untergehen oder siegen, oder flüchten ... «

Der dramatische Gefühls- und Wortausbruch irritiert sehr. Noch dazu benutzt er Worte, die nach Kriegsende und insbesondere in seiner sozialen Schicht verpönt sind. Worin liegt die Bedrohung, die dazu führt, daß der Teilnehmer sich aufgefordert fühlt, die Uniform anzuziehen, um sich »heldisch« zu verteidigen? Sehen wir die Schwangerschaft von Frau Grübig und auch die Weiblichkeit, ausgedrückt durch die zwei Hunde,* als die drohende Gefahr, die sich im Raum reinszeniert, an, dann kämpft der Held – bleibt man in den Begrifflichkeiten der Wiederannäherungsphase (Mahler 1992) – gegen die mütterliche Versumpfung, das Auffressen oder vom Schiff verschluckt werden (Jonas und der Wal). Es rettet ihn kein »Held der Arbeit und Außenwelt« (ein Vater) aus der mütterlichen Verstrickung, son-

---

* Jaeggi hat folgende Idee in der Arbeitsgruppe: »... was paarig auftrete, sei weiblich« (Metzker-Podhorsky, in diesem Band)

dern hier wird der Mann selber zum Helden und befreit sich, siegt und flüchtet.

Die Frau des Komponisten nimmt den Helden auf den Arm, was darauf verweist, daß diese Ängste nur bei den Männern virulent werden. »Während Du erzähltest, mußte ich innerlich so schmunzeln, weil ich da an unseren kleinen Hund denken mußte, und ich dachte, bei dem mag das mit dem Heldensein ganz gut gehen ...« Die Ehefrau reagiert wie eine Mutter, die ihren kleinen Jungen angesichts seiner ausgedachten Heldentaten wieder auf den Teppich bringt.

Nun stellt Hamburger eine Verbindung zwischen den verschiedenen Themen der Gruppenbearbeitung her. Die Worte »heldisch«, »siegen oder untergehen« würden ihn an die Nazizeit erinnern, dagegen stünde Holland als zivilisiertes Land, »das zivilisiert mit seinen Minderheiten oder seinen Kindern umgeht«. Seine Idee ist, daß »das noch immer außerhalb der Diskussion« liegende Thema der Schwangerschaft« »viel mit dem untergründig Gefährlichen zu tun habe«, denn – so müssen wir hinzufügen – mit der Schwangerschaft werden Gefühle der frühen Symbiose mit der Mutter geweckt.

Der Komponist, der ja durch seine Frau lächerlich gemacht wurde, pocht darauf, daß die »heldische Position ihre Berechtigung hat, verdammt noch mal! ...« »Wenn es keine Helden gibt, dann rettet einen auch keiner.« Er verläßt mit dieser Äußerung die infantile Position, in die seine Frau ihn gedrängt hat und erhebt die (jungenhaften) Heldentaten zu einem abstrakten, möglicherweise auch universellen Prinzip oder wie er es nennt zur »heldischen Position«.

Das Männerforum unterbrechend schaltet sich Frau Metzker-Podhorsky ein und bemerkt: »Ich erlebe es schon immer wieder, daß es ganz schwierig ist, dazwischenzukommen – irgendwie haben die Frauen auch wenig Platz hier«. Sie macht deutlich, daß die »heldische Position« die Position der Frauen zunichte macht. Sie sind »wenig heldisch, aber untergegangen«.

In Szene gesetzt haben sich nun zwei weibliche Ergänzungsformen des Helden: Die mütterliche Zurechtweisung der Heldentaten sowie ein mädchenhaftes Überlassen des Platzes für die Inszenierung der Helden.

Hamburger verweist darauf, daß nicht nur die Frauen, sondern auch die Männer und Frauen zusammen keinen Raum für sich haben, solange der Mann den Helden spielen muß. Dies wird im Traum daran deutlich, daß Herr Groß und Frau Grübig nicht dazu kommen, es sich in ihrer Kajüte gemütlich zu machen. Frau Grübig kann sich nur mädchenhaft nach dem Mann sehnen, während sie in der Kajüte wartet, oder sie kann ihn, der der Erschöpfung angesichts der permanenten Kontrolle der Türen nahe sein wird, nur mütterlich in die Arme schließen.

Abschließend bringt Hamburger die Dramatik des Mannes auf den Punkt: »So sehr können Männer auch in die Enge kommen, wenn sie vielleicht leben wollen, zu Hause sein wollen.« Ein Teilnehmer fügt hinzu: »Das hält man doch gar nicht aus, diese Gemütlichkeit. Deshalb ist es mir auch ganz nahe, daß man selber der Hund ist.« Die Gemütlichkeit mit einer Frau wird hier so bedrohlich ausgemalt, so einengend, daß man nur zubeißen kann, um sich selber vor dem Zugriff der anderen zu wehren, anstatt es sich mit ihr in der Kajüte gemütlich zu machen.

Fassen wir die Gedanken zusammen: Die Szene beginnt mit Äußerungen eines Teilnehmers, die wir mit Gefühlen der Abhängigkeit, Ohnmacht und Hilflosigkeit aus der Wiederannäherungsphase (vgl. Mahler 1992) in Zusammenhang gebracht haben. Auf dem Höhepunkt dieser in der Gruppe virulent werdenden Gefühle, die wir an die Schwangerschaft von Frau Grübig und die damit verbundenen unbewußten Phantasien über die mütterliche Allmacht geknüpft haben, führt der Komponist die »heldische Position« ein. Dieser Mechanismus erinnert an die von Benjamin (1990) zwar kritisierten, aber für unsere Kultur pointierte Sicht der Wiederannäherungsphase. Der »Held der Außenwelt und der Arbeit« betritt das Feld, um als Retter des Kindes aus der mütterlichen Symbiose in Aktion zu treten. In der Gruppenbearbeitung wird die skizzierte väterliche Position zur »heldischen Position« mit dem Tenor eines Prinzips, ironisch gesprochen, eines Prinzips Hoffnung verallgemeinert.

Die Konsequenzen daraus reinszenierten sich in dieser Gruppenbearbeitung ebenfalls: Nicht nur die phantasierte mütterliche Allmacht wurde in der Gruppenbearbeitung zurückgedrängt, sondern auch die reale Beteiligung der Frauen am Gruppengeschehen. Ihnen bleibt die Position einer mädchenhaften Bewunderin oder einer mütterlichen Beschwichterin.

»Das Material (wird) vom Manne kreativ bearbeitet« – Analyse einer kurzen Sequenz der Gruppenarbeit zum Traum von Frau Grübig

In der folgende Analyse (Hamburger, in diesem Band) geht es in der Gruppe um die Szene, in der Herr Groß ein Bild von der Nackenpartie und von der Vagina seiner Frau in die Skailederabdeckung schneidet, nachdem er sie aus dem See gefischt hat.

Der Komponist bemerkt zu dieser Szene: »Es ist überstanden ... und dann wird das Material sozusagen vom Manne kreativ bearbeitet ... «. Die Ausdrucksweise des Komponisten verläßt die Ebene der konkreten Beschreibung (das Ritzen in die Skailederabdeckung). Diese merkwürdig abstrakte Sprache läßt viele Assoziationen offen. Sofort dachte ich, daß das Material die Frau selber ist, die vom Mann bearbeitet wird: Dank der Hilfe des Mannes ist eine schwierige Situation überstanden, die es ihm nun erlaubt, selber zum Zuge zu kommen und die Frau für höhere, künstlerische Zwecke zu verwenden. Aber es ist die Lederplane, die »vom Manne kreativ bearbeitet« wird. Er ritzt dort eine Vagina und die Nackenpartie hinein, was der Komponist »sehr sexuell« findet.

Szenisch betrachtet, erträumt sich Frau Grübig Herrn Groß nach der Rettungsaktion ziemlich keck. Er ritzt wie ein junger Bursche Dinge in Materialien, die ihm nicht gehören. Noch dazu zeichnet er obszöne Bilder, die unverhohlen seine sexuellen Wünsche ausdrücken. Frau Grübig kommt in dieser Szene nur noch passiv als zu malendes Objekt vor, wobei Herr Groß nicht den ganzen Körper malt, sondern nur Ausschnitte (Kopf und Vagina).

Eine Teilnehmerin scheint möglicherweise dies gerade aufzuregen: Sie greift die Rettungsaktion an, die es Herrn Groß erlaubt hat, sich so aufzuführen. Zum Herausziehen aus dem Wasser an den Beinen sagt sie, das sei »das blödsinnigste, was einem so einfallen kann. Man muß doch sehen, daß der Kopf zuerst herauskommt«.

Die Heldentat im Traum wird von ihr zunichte gemacht. Durch unsachgemäßes Herausfischen könnte Herr Groß Frau Grübig gar in den Tod treiben. Ein Teilnehmer wirft ein, daß Frau Grübig, in dem sie sich und ihren Mann als klein und dick erträumt, gleichmache. Ob dieser Teilnehmer die Egalisierung angesichts der Rettungsaktion wünscht oder sie angesichts des Einwurfs der Vorgängerin befürchtet, bleibt unklar. Frau Grübig kommt nochmals zu ihrer ambivalenten Einstellung gegenüber diesem Ritzen: Im Traum selber habe sie das toll gefunden, nun aber empfinde sie das zwiespältig: »Er maßt sich an, nachdem ... ich da wieder geboren bin ... mich zu zeichnen, ... und gibt mir das als mein Ebenbild. Das ist ... nicht nur ein Liebesbeweis ..., zumal ich es unmöglich finde, wenn man eine Abdeckung zerschneidet« (Lachen, Heiterkeit).

Nicht zufällig fällt Frau Grübig das Wort »Ebenbild« ein, das aus der Bibel stammt und an die Begrifflichkeiten des Komponisten anschließt: Gott schuf aus Lehm den Mann und aus dem Mann in einer »kreativen Bearbeitung« die Frau. Beide schuf er nach seinem Ebenbild.

Verdeutlichen wir uns die »kreative Bearbeitung des Materials« einer Frau an einer Stelle aus dem Roman »Die unerträgliche Leichtigkeit des Seins« von Milan Kundera: »Sabina nahm Teresa den Apparat aus der Hand, und Teresa zog sich aus. Nackt und entwaffnet stand sie vor Sabina. Im wahrsten Sinne des Wortes entwaffnet, das heißt ohne ihren Apparat, hinter dem sie eben noch ihr Gesicht versteckt und den sie gleichzeitig wie eine Waffe auf Sabina gerichtet hatte. Sie war Tomas' Freundin ausgeliefert. Diese schöne Ergebenheit berauschte sie. Sie wünschte, die Sekunden, da sie nackt vor Sabina stand, gingen nie zu Ende« (Kundera 1984, S. 65).

»Schöne Ergebenheit« fühlt sie, während von ihr, die nackt und entwaffnet dasteht, Aktfotos geschossen (in diesem Wort klingt eine aggressive Thematik an) werden. »Ergeben« kennen wir von Kämpfen, in denen einer keine Kraft mehr hat, so daß er sich im Kampf geschlagen ergeben muß. Teresa unterwirft sich der Kamera von Sabina und genießt es. Aber was ist der Genuß an dieser Unterwerfungsszene? Ich glaube, daß das »Schöne« der »Ergebenheit« die Anerkennung durch die Freundin von Tomas ist. Teresas Körper ist es wert, daß Sabina, die Künstlerin, ein Abbild von ihm macht. Ähnlich scheint es Frau Grübig genossen zu haben, gezeichnet zu werden und damit auch zum Objekt gemacht worden zu sein. »Im Traum habe sie das toll gefunden, zwiespältig sei es erst jetzt geworden«, sagt sie. Der Preis für die Anerkennung ist die Unterwerfung, wie beide Szenen verdeutlichen. Die Szenen knüpfen entwicklungsgeschichtlich an die Wiederannäherungsphase an, in der das Mädchen nur dann Anerkennung, deren es aber so dringend bedarf, um sich aus der Symbiose mit der Mutter zu befreien, durch den Vater bekommt, wenn es sich seinen Vorstellungen über Weiblichkeit unterwirft (vgl. Benjamin 1990).

Lachen und Heiterkeit löst die Bemerkung von Frau Grübig aus, daß sie das Zerschneiden der Lederabdeckung unmöglich finde. Ich glaube, die Gruppe spürt, daß sie sein freches Verhalten sehr bewundert oder sich gar so einen frechen Mann wünscht, denn sonst würde die Gruppe nicht lachen, sondern betroffen schweigen.

Ein anderer Aspekt ist, daß er sie »in einer bestimmten Weise« siehe, »im Traum ... habe ich mich identifiziert mit dem Bild, obwohl ich vielleicht gar nicht so bin, wie du mich darstellst«. Frau Grübig spürt, daß ein Bild immer wieder auf die abgebildete Person verweist, wie Lessing eindrücklich beschreibt:

»Prinz: Ihr Bild – mag! – Ihr Bild, ist sie doch nicht selber. – Und vielleicht find ich in dem Bilde wieder, was ich in der Person nicht mehr erblicke – ... Der beschwerliche Maler! Ich glaube gar, sie hat ihn bestochen!« (Lessing, Emilia Galotti).

Binden wir die Gedanken an den ganzen Traum, dann fällt auf, daß Frau Grübig als Regisseurin des Traums ihren Mann in die Heldenrolle dirigiert. Hätte sie nicht gesteuert, dann wäre anzunehmen, daß ihr Mann, da er segeln kann, sie beide durch das Unwetter geführt hätte. Er hätte einfach seine Sache gemacht und wäre nicht von ihr als Retter empfunden worden. Ohne die psychoanalytische Symboldeutung bemühen zu müssen (la mer, See, Wasser, Meer wird oftmals mit la mère, Mutter in Verbindung gebracht) – Frau Grübig wird in diesem Traum Mutter und so ist ihre eigene Mutter als Thema virulent – können wir die oben ausgeführten Ideen von Jessica Benjamin an die Rettungsaktion anbinden. So gesehen erträumt sich Frau Grübig einen Retter aus der mütterlichen Symbiose. Der Retter macht sie zum Objekt analog wie Jessica Benjamin (1990) dies für die Vater-Tochter-Beziehung beschrieben hat. Erst scheint sie dies zu genießen und die nicht vollständige Anerkennung (Herr Groß malt nur Nacken und Vagina) scheint auch durchaus schöne Seiten zu haben. Sie wartet auf den Erlöser, der ihr die vollständige Anerkennung gibt. Doch dieses macht ihr später während der Traumbearbeitung unwohle Gefühle. Da sie sich als eine Frau erträumt, die das Steuer nimmt, können wir vermuten, daß sie von der Idee der Gleichheit der Geschlechter eingenommen ist, und sich nach gründlichem Überlegen sozusagen dieses »Gleichheits«-Über-Ich meldet, das ihr sagt, daß Männer nicht so keck bestimmen können, wie sie zu sein hat.

Denn wo Strenges mit dem Zarten /
Wo Starkes sich und Mildes paarten /
Da gibt es einen guten Klang?*

»Jedenfalls zeugt es von der Weisheit unserer Vorfahren, daß sie den Militärdienst gerade dann beginnen ließen, wenn das Verhältnis zwischen Vater und Sohn unerträglich zu werden

---

* Friedrich Schiller, Die Glocke

pflegte; der Vater konnte dank diesem Initiationsschritt seinen Lümmel als angehenden Mann respektieren, und dieser wurde, was oft noch wichtiger war, aus den fürsorglichen Händen der Mutter befreit: Der Mann muß hinaus ...« (Michel 1997, S. 17/18).

Michel macht deutlich, wie sich gesellschaftliche Institutionen mit den primären Sozialisationsinstanzen verzahnen, und die Individuation des Heranwachsenden in diesem Spannungsfeld passiert. Die Mutterbindung wird durch kulturelle Einrichtungen reguliert. »Der Mann muß hinaus ...«, und wir können bei Schiller nachlesen, wohin er geht:

»... Der Mann muß hinaus / Ins feindliche Leben / Muß wirken und streben / Und pflanzen und schaffen / Erlisten, erraffen / Muß wetten und wagen / Das Glück zu erjagen ...« (Schiller).

In der hochtechnisierten Risiko- und Wohlstandsgesellschaft erscheint das »feindliche (Berufs)leben« für die Männer und Frauen, die die Paartraumworkshops besuchen, sehr ähnlich. Die Bedrohung heutzutage liegt nicht darin, sich durch harte, körperliche Arbeit zu ruinieren, sondern arbeitslos und gesellschaftlich ausgeschlossen zu werden.

Mit dem gesellschaftlich-technischen Wandel verändern sich die gesellschaftlichen Institutionen, die die sekundäre Sozialisation insbesondere im Mittelschichtsmilieu in die Hand nehmen. Aber die frühkindlichen Entwicklungsbedingungen (»die bindende mütterliche Welt und den Wunsch nach der befreienden väterlichen Welt«) bleiben erhalten und führen dazu, daß Männer auf der Suche nach klassischer Männlichkeitsinitiation bleiben. Beispielhaft sei hier ein Student aus einem Mittelschichtsmilieu genannt, der nach seinem Abitur eine Schreinerlehre gemacht hat:

»Während meiner Lehrzeit fühlte ich mich erstmals richtig als Mann. Durch die Arbeit bekam ich endlich Muckis, ich arbeitete mit den Händen, ich hielt eine Vierzig-Stunden-Woche ohne Mühe durch und oft noch eine Menge Überstunden. Ich fuhr mit einem Geschäftstransporter relativ souverän durch die

Gegend, kam abends müde, hungrig und zufrieden nach Hause und ging dann noch auf ein Bier in die Stadt. Ich fing an zu rauchen und ließ mir einen Vollbart wachsen« (König 1997, S. 130).

Die Renaissance des Heldischen in dieser Paartraumgruppe und damit möglicherweise auch in heutigen Paarbeziehungen könnte uns darauf aufmerksam machen, daß sich das heldisch-männliche Thema von der Außen- in die Innenwelt der Paarbeziehungen verlegt hat, da »männlich« sozialisierende Institutionen aufgrund des technischen Wandels zurückgegangen, die frühkindlichen Entwicklungsbedingungen aber gleichgeblieben sind. Das heldische Thema dient der Abwehr der Angst, in eine Paarbeziehung verstrickt zu werden, die unbewußt der frühen Mutter-Sohn-Bindung ähnelt. Im Traum von Herrn Groß wird deutlich, wie es eben zu keiner »regressiven« Gemütlichkeit zwischen dem Paar kommt.

Der Traum von Frau Grübig macht deutlich, wie Herr Groß über die »heldische«»Rettung von Frau Grübig so mutig wird, daß er ein Bild von ihr in die Persenning ritzen kann. Das heldenhafte Verhalten von Herrn Groß, das ja auch von Frau Grübig geträumt wurde, knüpft an ihre primäre Sozialisation an. Herr Groß tritt in ihren unbewußten Phantasien in die Fußstapfen des Vaters, der in der weiblichen Sozialisation die erregende Außenwelt vertritt, und das kleine Mädchen heldenhaft den Fängen der Mutter entreißt. Diese frühkindlichen, weiblichen Entwicklungsbedingungen benötigen genau diesen Helden und den erträumt sich Frau Grübig ja auch. Der Preis, den Frau Grübig für diesen Helden zahlen muß, wird in beiden Träumen deutlich. Sie muß in der Kajüte auf den Helden warten, der sich nicht einfach zu ihr legt, sondern so mit Heldentaten beschäftigt ist, daß sie auf die Erlösung (im zweifachen Sinne) warten muß. Erlöst er sie (aus der mütterlichen Verstrickung), dann muß sie sich seiner Vorstellung von Weiblichkeit (Nackenpartie und Vagina) unterwerfen.

Im Zuge der Angleichung der Geschlechter entsteht eine Schere zwischen dem Ideal und der immer mehr Realität wer-

denden Gleichheit der Geschlechter und den primären Entwicklungsbedingungen. Ich glaube, daß ein Versuch, diese Lücke zu
schließen, die Renaissance des Heldenthemas – möglicherweise
– nicht nur in den Träumen der Paare ist.

Träume in der Paartherapie?

Träume in der Paartherapie – der vorliegende Band kann keine gefestigten Lehrmeinungen über dieses, wie Eleonore Metzker-Podhorsky in ihrer Literaturübersicht zeigt, bisher so wenig systematisch erforschte Thema verkünden. Unser Anliegen ist es, Fragen zu markieren und ein Gespräch in Gang zu bringen.

Im zweiten, abschließenden Teil der Podiumsdiskussion wurde die Frage eines möglichen therapeutischen Nutzens von Traumerzählungen in Paartherapien angesprochen. Andreas Hamburger wird in seinem Beitrag zur Psychoanalyse des Traumsystems diese Anregungen aufgreifen, ausarbeiten und um eigene Vorschläge über die Rolle des Traums in der Paartherapie ergänzen.

Eleonore Metzker-Podhorsky

Träume in der Paartherapie

Eine Literaturübersicht

In dieser Übersicht werde ich nur Literatur vorstellen, die sich speziell mit Träumen in der Therapie von Paaren und Familien befaßt, geordnet nach den verschiedenen Schulrichtungen.

Traumarbeit auf psychoanalytischem Hintergrund

1966 wird ein erster Aufsatz von *Fielding* über das Mitteilen von Träumen in Paar- und Gruppentherapien veröffentlicht. Er begreift solche Erzählungen hauptsächlich als Hilfestellung, um eine blockierte Kommunikation zwischen einem Paar oder auch zwischen Therapeut und Paar zu lösen. Auf dem Hintergrund einer psychodynamischen Auffassung von Paarbeziehung beschreibt der Autor, daß die Bearbeitung von Träumen es den Patienten erleichtert, Erkenntnisse über Erwartungen, Abwehrvorgänge und Übertragungsbeziehungen zuzulassen. Er illustriert seine Arbeitshypothesen anhand unterschiedlicher Fallbeispiele.

Calogeras (1977), ein der Psychoanalyse verpflichteter Autor, zeigt auf, daß durch das Erzählen von Träumen innerhalb einer Paartherapie die Kommunikation von vorbewußten und unbewußten Konfliktthemen gefördert und erleichtert wird. In einem ausführlichen Fallbeispiel schildert er die Therapie eines Paares und dessen Entwicklung. Dieses Paar konnte eine eigene Form der Trauminterpretation finden, die ihre Kommunikation umfassend bereicherte. Der Autor formuliert die Hypothese, daß der Traum in dieser Paartherapie per se als konkretes Objekt und als Hilfestellung fungiert hat, das Paar der Lösung seiner ödipalen Konflikte näher zu bringen.

Auch *Beck* (1977) beschreibt Träume als adäquates Mittel der Kommunikation, sowohl innerhalb einer Familie als auch in der Beziehung zum Therapeuten. Träume stehen seiner Auffassung nach in Zusammenhang mit dem unbewußten Familienmythos. Ihre Bearbeitung kann den Familienmitgliedern unbewußte konflikthafte Elemente davon zugänglich machen. Er hält sie auch für hilfreich, wenn es in einer Familie oder bei einem Paar eine vorgeschobene Kooperation in bezug auf die Therapie gibt. Der Autor formuliert seinen Wunsch nach einer umfangreicheren Forschung bezüglich der interpersonellen Traumtheorie.

Levay und *Weissberg* (1979, 1980) beschäftigen sich mit Sexualtherapie und merken an, daß das Deuten von Träumen in analytischen Psychotherapien ein wesentlicher Bestandteil des therapeutischen Instrumentariums ist, jedoch in der Sexualtherapie noch kaum Eingang gefunden hat. Dabei halten sie Träume in diesem Bereich für besonders wertvoll, um jene unbewußten Faktoren zu verstehen, die sexuelle Dysfunktionen hervorrufen und aufrechterhalten und solche, die einer Behandlung zuwiderlaufen. Gerade beim Thema Sexualität sind Träume häufig affektbezogen und von großer Klarheit. Anhand ihrer klinischen Erfahrung zeigen die Autoren auf, daß Sexualtherapien, in denen Traummaterial hinzugezogen wird, erfolgreicher sind und nach einem kürzeren Zeitraum abgeschlossen werden können.

Ruffiot (1982) faßt in seinem Aufsatz im Vorspann Thesen *G. Batesons* zusammen, der sich innerhalb der systemischen Theorie mit dem Traum als Mitteilung befaßt. Er selbst ist der psychoanalytischen Familientherapie verpflichtet und beschreibt ein ausführliches Fallbeispiel von einer Familie mit einer psychotischen Tochter. Der Prozeß der Heilung geschah unter Zuhilfenahme vieler Träume aller Familienmitglieder, wobei Träume besonders als Phänomene erlebt wurden, die dieser Familie Halt geben konnten. *Granjon* (1983), der gleichen Schule angehörend, beschreibt anhand mehrerer Fallbeispiele, wie Träume einzelner Familienmitglieder in den therapeutischen Prozeß einbezogen werden können. Sie geht davon aus, daß Träume die bevorzugten Träger der Phantasien sind, die das familiäre Unbewußte bilden und Traumerzählungen in Paar- und Familientherapien diese unbewußten Phantasien, die tief im Familienmythos verwurzelt sind, in den therapeutischen Raum transportieren. Auf diese Weise kann im psychoanalytischen Setting ein Prozeß einsetzen, der hilft, daß sich Familienmitglieder erkennen und neu begegnen können.

Buchholz (1988) ist der erste Autor und Psychoanalytiker im deutschsprachigen Raum, der über die Therapie mit Träumen im Kontext von Paar-und Familientherapien berichtet. Er beschreibt in seinem Aufsatz das spontane Mitteilen von Träumen im Rahmen von Familientherapien, die für ihn mitunter lediglich Vorformen von Einzeltherapien sind. Einen erzählten Traum definiert er einerseits als Widerstand, der eine Homöostase des bestehenden, wenn auch pathologischen Familiengleichgewichts erhalten soll, andererseits als eine Form der unbewußten Kommunikation innerhalb der Familie und mit dem Therapeuten, um unbewußtes Konfliktmaterial doch zugänglich zu machen. Der Autor betont, daß es im Rahmen der Familientherapie von großer Wichtigkeit ist, daß Träume nicht in ihrer Funktion als Abwehr bestehen bleiben, sondern die Präsentation des unbewußten Konflikts via Traum, der die Familie gemeinsam betrifft, mit Hilfe der Einfälle der Familienmitglieder durchgearbeitet wird. Ein weiterer wesentlicher Aspekt von Träumen ist nach Ansicht des Autors, daß sie in Familientherapien häufig eine mehrgenerationale Dimension aufweisen, die ohne das Erzählen von Träumen nicht oder sehr viel schwieriger zu erreichen wäre, und daß Träume vermutlich dann häufig berichtet werden, wenn das narzißtische Gleichgewicht in einer Familie gestört ist oder Gewalterfahrungen vorliegen. Der Aufsatz wird anhand von Fallvignetten illustriert und stellt einen psychoanalytischen Basistext für dieses Thema dar. In einem Buch über psychoanalytische Familientherapie veröffentlicht Buchholz (1990) diesen Aufsatz erneut und erweitert ihn um Fallmaterial mit Träumen, das die Problematik der ödipalen Konstellation innerhalb von Familien zum Focus hat.

In einem populär-wissenschaftlich gehaltenen Buch berichtet *Hamburger* (1995) über unser Projekt der Traumwerkstatt, das sich die Erforschung von Paarträumen zum Ziel gesetzt hat. Neben einem Einblick in die Forschungsarbeit, in deren Rahmen sich Paare ihre Träume in einer Gruppe erzählen, erfährt die Leserin, der Leser etwas über historische Paarträume, über den psychoanalytischen Bezugsrahmen des Projekts und die psychoanalytische Traumtheorie. Das Buch enthält im Hauptteil anschauliche und sehr ausführliche Traumbeispiele aus der Gruppenarbeit mit Paaren, deren Verlauf und Interpretation.

Ein weiterer Aufsatz über Paarträume, dieses Mal jedoch über die psychoanalytische Begleitforschung einer Ehepaartherapie, wurde ein Jahr später von *Hamburger* und *Haile* (1996) veröffentlicht. Der Aufsatz zeigt den psychodynamischen Zusammenhang zwischen Beratungs- und Forschungsprozeß auf und dessen Möglichkeiten, anhand von Träumen von Klienten im Setting einer Supervision unbewußte Konflikte im Beziehungsprozeß zu verstehen. Die Autoren plädieren für eine psychoanalytische Traumforschung, die der psychoanalytischen Sozialforschung verbunden ist und den emanzipatorischen Aspekt von Forschung berücksichtigt. Der Forschungsgegenstand »Paartraum« ist eng mit den Forschern verwickelt, da Träume auf jeden wirken, der sie erzählt bekommt. Ein zentrale Frage ist daher, was die unbewußte Mitteilung der Träumer an die Therapeuten ist. Dieser Forschungsansatz benutzt das »szenische Verstehen« als wesentliches Erkenntnisinstrument. In der Fallvignette werden Träume eines Paares vorgestellt, die sich entwickelnde Szene in der Forschungsgruppe, deren Rückwirkung auf den Beratungsprozeß und wiederum auf die Forschungsgruppe.

Diplomarbeiten im Rahmen des psychoanalytischen Forschungsprojekts Paarträume an der Ludwig-Maximilian-Universität der Zeit von 1990 bis 1993

Haas (1992) und *Riepl* (1992) widmen sich der Begutachtung inhaltsanalytischer Methoden in bezug auf Paarträume aus Gruppen. Haas unternimmt den Versuch, die Methode von *D. Foulkes* auf einen Paartraum anzuwenden, Riepl wertet Paarträume einer Gruppe nach der Methode von *Hall* und *van de Castle* aus. Beide Arbeiten resümieren, daß diese Art der Auswertung unserer Vorstellung von einer qualitativen Forschung mit Paarträumen nicht entsprechen kann. *Schwemmer-Fischer* (1992) beschäftigt sich mit dem Traum in der systemischen und psychoanalytischen Familientherapie. Neben einer Darstellung der Grundannahmen verschiedener familientherapeutischen Theoriekonzepte und der Auseinandersetzung über den Traum in der Familientherapie enthält die Arbeit eine Befragung von Familientherapeuten beider Schulrichtungen über ihre Arbeitsweise in bezug auf Träume. *Haile* (1993) führt die weiter oben beschriebene Begleitforschung einer Eheberatung durch.

Die systemische Sichtweise

Vorausschicken möchte ich, daß sich bereits Gregory Bateson viel mit Träumen beschäftigte und dem Traum in seiner Funktion als Mitteilung Bedeutung gab. Sehr verkürzt bezog sich sein Interesse dabei darauf, wie sich das Unbewußte intrapsychisch gesehen in bezug auf den Kontext verhält, also interpsychisch (vgl. Ruffiot 1982).

Markowitz, *Taylor* und *Bokert* (1968) legen die erste Arbeit aus dieser Schulrichtung vor. Sie fassen das System Familie als kybernetisches Modell auf und haben die Hypothese, daß Eltern gegenüber Gefühlen von Kindern, die bedrohlich auf die Stabilität der Familie wirken, intolerant sind. Eltern empfinden abweichendes Verhalten als störend, konformes Verhalten hingegen als gesund und schließen deshalb, so die Hypothese, ihre Kinder von der familiären Kommunikation aus, wenn sich diese nicht konform verhalten. Zur Illustration ihres Modells beschreiben die Autoren neun unterschiedliche Anwendungsmöglichkeiten, um mit Träumen, insbesondere mit Träumen von Kindern, in einer Familie therapeutisch zu arbeiten. Ihre Zielsetzung ist, blockierte Kommunikation in Gang zu bringen und den Familiendialog auf eine ehrliche und gleichberechtigtere Basis zu bringen.

Anzumerken ist, daß die Autoren dem damaligen Zeitgeist entsprechend das Wohl des Kindes in den Mittelpunkt stellen und Eltern als hauptsächlich autoritär beschreiben. Die Hinwendung zu einer systemischen Sichtweise verdeutlicht jedoch den Beziehungsaspekt zwischen Familienmitgliedern. Obwohl die Autoren ein kybernetisches Familienmodell vertreten, begreifen sie Träume als wertvolle Möglichkeit, die unbewußten oder vorbewußten Aspekte einer Familie einzubeziehen.

Andrews, *Clark* und *Zinker* (1988) schlagen vor, Träume dann einzubeziehen, wenn historisch gewachsene Verhaltensmuster oder mehrgenerationale Themen in Familien therapeutisch nutzbar gemacht werden sollen. Sie entwickeln eine neue Vorgehensweise, wie man in Familientherapien mit Träumen arbeiten kann. Diese versteht sich sowohl systemisch als auch symbolisch und verknüpft Elemente von Gestalttherapie und systemischer Familientherapie. Die Autoren verdeutlichen ihre Auffassung anhand von zwei Fallvignetten.

Feixas et al. (1990) definieren das Deuten von Träumen in der systemischen Familientherapie als ungewöhnlich, finden es aber dann erlaubt, wenn es sich mit einer theoretischen Konzeptualisierung verträgt, in diesem Fall genannt: Personal Construct Therapy. In ihrem Fallbeispiel nutzen die Autoren das spontane Erzählen von Träumen, um eine Arbeitshypothese zu formulieren, die dem zu behandelnden Paar einen intimeren Rahmen zur Verfügung stellen konnte als den der Elternrolle. Methodisch wurden die erzählten Träume dabei als Botschaften eingesetzt, etwa am Ende einer Sitzung.

Auch *Sanders* (1994) diskutiert das Einbeziehen von Träumen unter systemischen Gesichtspunkten auf der Basis einer toleranten Haltung gegenüber verschiedenen Schulrichtungen. Sie beleuchtet den Standort, den Träume besonders in Familientherapien bislang erworben haben und will sowohl eine ausreichend logische Erklärung liefern, warum systemische Therapeuten diese Informationsquelle nutzen als auch eine Beschreibung, wie systemische Familientherapeuten mit Einzelpersonen, Paaren und Familien damit arbeiten. Die Autorin teilt Träume in fünf Kategorien ein: a) Träume, die den Therapieverlauf stark beschleunigen, b) Träume, die Hypothesen zur Verfügung stellen, c) Träume, die als Erinnerungen dienen, d) Träume, die Beziehungen abbilden und e) Träume, die den Veränderungsprozeß durch die Therapie reflektieren. Jede dieser Kategorien wird beschrieben und mit Fallmaterial belegt.

Kommunikationstheoretische Ansätze

Goldberg (1974) nennt sein Modell von Paartherapie *Conjoint marital therapy*. Wesentliche Ziele dieser Therapieform sind die Verbesserung der Kommunikation zwischen dem Paar und die Vertiefung und Differenzierung der Selbst- und Fremdwahrnehmung von Frau und Mann. Er betont, daß das Hinzuziehen von Träumen nicht für jedes Paar adäquates Mittel sein kann und als Grundvoraussetzung einer tragfähigen Arbeitsbeziehung zwischen Therapeut und Paar bedarf. Er nimmt deshalb an, daß sich Träume nicht für erste Sitzungen eignen. Der Therapeut wird angehalten, das therapeutische Gespräch so zu strukturieren, daß positive Elemente des Traummaterials hervorgehoben werden oder zum Vorschein kommen können, wie das Erinnern von Kindheitserlebnissen oder der Austausch von tiefen Gefühlen. Wird diese Technik stringent angewendet, kann die Kommunikation zwischen dem Paar verbessert werden und eine tiefere gegenseitige Vertrautheit entstehen.

Cirincione et al. (1980) nennen ihre Methode prozeßorientiert. Sie heben die Wichtigkeit hervor, Persönlichkeit und Lebensumstände der Patienten zu stärken anstatt zu schwächen und begreifen Traumerzählungen dabei als unterstützendes Moment. Die Autoren legen Wert auf die Beachtung des vollständigen Gefühlsausdrucks im Traum, der als bildhafter Ausdruck von Affekten und als Weg zu deren Dynamik für jedes Individuum im Familiensystem wirksam ist. Die Autoren benennen fünf Prozeßvariable, nach denen sie Traumerzählungen strukturieren: Ausdruckskraft, Gefühl, Klarheit, Aktivität und der Wunsch nach Kontakt. Die Autoren berichten über ein Fallbeispiel. Sie betonen, daß sich ihre Vorgehensweise von der traditionellen Sichtweise Freuds unterscheidet, Träume lediglich als intrapsychische Analyse von Gefühlen aufzufassen. Sie halten es für wichtiger, kognitive und verhaltensorientierte Aspekte der Persönlichkeit in einer Balance zu halten, die Bewegungsrichtung dieses vollständigen Gefühlsausdrucks kennenzulernen und therapeutisch zu nutzen.

Perlmutter und *Babineau* (1983) schließen sich der Auffassung anderer Autoren an, daß Paare und Familien in komplexen und hoch entwickelten Mustern miteinander kommunizieren, die dabei weitgehend unbewußt sind. Um einen Therapieerfolg zu erzielen, ist es für Therapeuten notwendig, diese unbewußten Beziehungsmuster und -geflechte zu erkennen. Dieses Wissen dient als Basis für Interventionen, zerstörerische Beziehungsmuster in zufriedenstellende zu transformieren und gegenseitige Beziehung zu ermöglichen. Traumerzählungen können dabei wertvolle Unterstützung sein, die unbewußten Anteile der Kommunikation sichtbar werden zu lassen, wobei deren Wahrnehmung und Effektivität im Setting einer Paartherapie gesteigert werden können, wenn der Therapeut eine Traumerzählung mehr als interpersonelles Geschehen auffaßt, denn als rein intrapsychisches.

Aus der Perspektive C. G. Jungs

1976 wird erstmals ein deutschsprachiges Buch von *Renée Nell* über das Thema Träume und Paare veröffentlicht, das sich vornehmlich an Eheberater wendet. Es wurde begeistert aufgenommen, da es auf dem Hintergrund der Psychologie *C. G. Jungs* sehr anschaulich und ausführlich über Fallmaterial anhand von Eheberatungen Auskunft gibt und sich in Form eines praktischen Ratgebers besonders für Eheberater als nutzbringend erweisen konnte. Nell gibt neben der Traumarbeit auch allgemeine Hinweise für die Beratungssituation. Insgesamt vertritt die Autorin überzeugend den Standpunkt, daß der Traum in der Eheberatung diagnostisch, technisch und prognostisch einen hohen Stellenwert erhalten sollte.

Nach Nells Buchveröffentlichung publiziert *Dold* (1979) einen ersten kurzen Aufsatz über die Erfahrung mit der Bearbeitung von Träumen in einer Eheberatung. In der Fallvignette wird geschildert, wie anhand der Bearbeitung von zwei Träumen, je einer von Mann und Frau, im weiteren Verlauf der Beratung der unbewußte Konflikt des Paares aufgedeckt werden und eine Verbesserung der Beziehung erreicht werden konnte.

1980 erscheint ein Aufsatz von *Mandel*, der die Bearbeitung des Traums eines Mannes zum Inhalt hat, der sich in einer Paartherapie mit seiner Ehefrau befindet. Der Autor, eigentlich Verhaltenstherapeut, stellt zunächst das Paar und seine Geschichte auf dem Hintergrund einer knappen Interpretation nach C. G. Jung vor. Die Traumsitzung wird ohne weitere Interpretation angefügt.

Kaplan, *Shayman* und *Faber* (1981) überprüfen in einer Studie mit fünf Familien, aus denen sie 126 Träume ermitteln, ihre Arbeitshypothese, ob Träume als diagnostisches Kriterium für Verhaltensmuster in Familien gelten können. Traumtheoretische Grundlage dieser Untersuchung ist die archetypische Traumlehre C. G. Jungs mit der Idee eines kollektiven Unbewußten und als Untersuchungsmethode die Aufzeichnungsmethode von Hall und van de Castle. Die Ergebnisse der Studie zeigen eine hohe Korrelation zwischen Trauminhalten und Problemfeldern der Familiensysteme. Der Traumforscher konnte anhand der ausgewerteten Träume Problemfelder und Familientransaktionen und den Behandlungsverlauf der in Therapie befindlichen Familien erkennen und benennen, ohne über die Ausgangsproblematik der Familien Kenntnis gehabt zu haben.

Besthorn, *Hark* und *Müssig* (1983) veröffentlichen innerhalb eines Buches über Träume je ein Kapitel zur Paarberatung und -therapie. In mehreren ausführlichen Falldarstellungen beschreiben die Autorinnen und der Autor ihr praktisches Vorgehen innerhalb von Beratungssituationen. Basis ist die archetypischen Traumlehre C. G. Jungs und Elemente aus verschiedenen familientherapeutischen Verfahren. Träume werden als

»Ratgeber« verstanden, als diagnostisches Mittel und als Möglichkeit, Aufschluß darüber zu geben, wie gleiche Erlebnisse von den jeweiligen Unbewußten der Partner reflektiert werden.

Strunz (1985) bietet in seinem Aufsatz eine Übersicht über die Ansätze der verschiedenen Paar-und Familientherapien an, die seit den 60er Jahren begonnen haben, Träume mehr oder weniger systematisch in ihre Arbeit mit Paaren und Familien einzubeziehen. Er diskutiert daran die praktischen Möglichkeiten, Träume diagnostisch oder therapiefördernd einzusetzen. Er selbst bezieht keine Stellung, wie er zum Einsatz von Träumen in Theorie und Praxis steht, tendiert jedoch eher zu einer jungianischen Sicht- und Interpretationsweise des Traums, so wie sie Nell in ihren Ausführungen über Paar- und Familientherapien schildert.

1996 veröffentlicht Dold ein Buch mit dem Titel »Bis daß der Traum euch scheidet – Träume in der Paartherapie«. Ich muß einräumen, daß es mir dieser Titel und die Widmung an die sterbenden Eltern schwer gemacht haben, dieses Buch zur Hand zu nehmen und zu lesen, da ich persönlich bei Träumen in einer Paartherapie den vitalen Aspekt vorziehe und nicht den sterbenden. Inhaltlich schlägt der Autor einen großen Bogen von der Behandlung eines Paares in Therapie über weitere Fallbeispiele aus seiner Praxis als Eheberater zu Traumgruppen mit Paaren. Das Buch enthält viele Traumbeispiele. Der Autor nimmt einen weit gefächerten Standpunkt in bezug auf zugrundeliegende theoretische Annahmen ein, deutlich vermischt mit der Mitteilung persönlicher Meinung und Lebenserfahrung.

Zusammenfassung

Insgesamt läßt sich eine Übereinstimmung aller genannten Autoren feststellen, daß Träume nutzbringend für eine Konfliktlösung von Paarproblemen sein können und auch für die Therapeut-Patienten-Beziehung ein aufschlußreiches Instrument darstellen, das sich diagnostisch, behandlungstechnisch und prognostisch einsetzen läßt. In vielen Aufsätzen wird aber ebenso betont, daß Träume trotz dieser Vorzüge erstaunlich wenig in Familien- oder Paartherapien hinzugezogen werden, was sich ebenso im geringen Veröffentlichungsgrad über dieses Thema zeigt. Stierlin weist darauf hin (vgl. den Beitrag in diesem Band), daß es in den zwei bekanntesten Zeitschriften der Familientherapie, die im deutschen Sprachraum gelesen werden, keinen Aufsatz zum Stichwort Traum gebe.

Eine weitere Übereinstimmung findet sich in der Meinung, daß Träume kommunikativen Charakter haben, was vielleicht dazu geführt hat, daß systemische Familientherapeuten und kommunikationstheoretisch orientierte Therapieformen das Medium Traum in ihre Arbeitsweise einbezogen haben. Den ab und zu gefundenen Hinweis, Sigmund Freud habe das Arbeiten mit Träumen als rein intrapsychisches Vorgehen gesehen und eine psychoanalytische Theorie und Technik sei deshalb ungeeignet, mit Paaren oder Familien und deren Träumen zu arbeiten, halte ich für unzutreffend und eher auf einer ungenauen Kenntnis der Psychoanalyse und deren Entwicklung in den letzten Jahrzehnten beruhend. Buchholz (1988, 1990) beispielsweise widerlegt das mit seinen Arbeiten. Verwunderlich ist dennoch, daß Buchholz der erste deutsche Autor war, der einen Aufsatz zu diesem Thema veröffentlicht hat, also erst relativ spät. Ein weiteres Spezifikum scheint zu sein, daß Paarträume, wenn sie im Kontext der Beratungsarbeit im deutschen Sprachraum auftauchen, sich vornehmlich an der Traumtheorie C. G. Jungs orientieren. Der Aufsatz von Hamburger und Haile (1996) ist somit ein Novum.

Andreas Hamburger

Traumanalyse in der Paartherapie: Psychoanalytische und systemische Perspektiven

Daß die Diskussion zwischen Thea Bauriedl, Eva Jaeggi und Helm Stierlin über Möglichkeiten und Grenzen der Nutzung von Traumerzählungen in der Paartherapie keine Einigkeit erzielt hat, mag angesichts der prinzipiellen Differenzen zwischen systemischer Therapie und Psychoanalyse nicht verwundern. Die Differenzen zeigen sich auch und gerade auf dem kleinen Teilgebiet des Traums, wo es um scheinbar privateste, zugleich aber extrem kommunikative Bilder geht. Was freilich auch den Dialog herausfordert und ermöglicht.

Der folgende Beitrag soll die Anregungen, die ich aus diesem Gespräch mitgenommen habe, zusammenfassen und weiterentwickeln, wobei es mir nicht gelingen wird, die Rolle des Unparteiischen zu übernehmen. Als Psychoanalytiker mit starkem Interesse für den systemischen Aspekt der psychoanalytischen Theorie und Praxis bin ich zwar lernwillig, aber für eine Darstellung der systemischen Familientherapie fehlt mir, sagen wir, die Innensicht.

Der Beitrag schließt an das in diesem Band dargestellte Paartraum-Beispiel insofern an, als immer wieder die Frage gestellt wird, was das Gemeinsame von Selbsterfahrungsgruppen (wie der in diesem Band vorgestellten) und Therapien ist, um dadurch deutlicher werden zu lassen, wo die Unterschiede liegen. Den konkreten Vergleich anhand der Gruppenverläufe hat Eleonore Metzker-Podhorsky in ihrem Beitrag gezogen.

Vereinbarung und Schutz des therapeutischen Raums

Helm Stierlin betont, daß aus der Sicht der systemischen Therapie vor allem der Kontext zu beachten sei. Er skizziert das »komplizierte Feld« unseres Paartraum-Beispiels (beide Partner mit ihren Träumen, die Antworten darauf, die Assoziationen, die Gruppe mit ihrem Prozeß und die Traumwerkstatt-Leiter). In diesem Feld ist ein eindrucksvoller Prozeß möglich geworden, als dessen Zeichen er das befreiende Lachen ansieht: Ausdruck der Möglichkeit, eine Metaposition einzunehmen.

Er stellt freilich die kritische Frage, inwieweit sich so ein Gruppenprozeß von einer Talkshow unterscheidet, wo intime Dinge der Öffentlichkeit angeboten werden, aber konsequenzlos vorbeirauschen. »Wie kann man den therapeutischen Effekt auch bei Paaren erreichen, die mit Problemen kommen? Es muß eine Integration der Verbindung befreiender Phantasien mit Regeln und der Strukturierung auf Muster gefunden werden, die therapeutisch sinnvoll und auch nachprüfbar sind.«

Diese Stellungnahme thematisiert einen ersten Aspekt des Schutzes, der für einen therapeutischen Raum erforderlich ist: Schutz nach außen.

Schutz nach außen: Vereinbarung

Gegen Stierlins Talkshow-Einwand bringt Eva Jaeggi zur Geltung, daß der Unterschied ja in der voyeuristischen Öffentlichkeit liegt – in der Paartraumgruppe sitzen dagegen alle Teilnehmer im gleichen Boot, sie bietet einen intimen Rahmen, aus dem nichts nach außen getragen wird. Wie in jeder therapeutischen Gruppe werden einzelne auch geschützt, sowohl von den Leitern als auch vom Ganzen der Gruppe, die regelmäßig, den Gesetzen der Gruppendynamik folgend, eine Tendenz entwickelt, von Ausschluß bedrohte Teilnehmer wieder zu integrieren.

Dennoch ist an dieser Stelle das Thema des Schutzes nach außen etwas näher zu diskutieren. Ist die Veröffentlichung des hier besprochenen Beispieltraums (selbstredend mit Einverständnis der Träumer) eine Verletzung dieses Schutzraumes? Bewußte Zustimmung eines Klienten zur Veröffentlichung seines Traums schließt nicht aus, daß er es unbewußt dennoch als Grenzüberschreitung erlebt oder daß es trotzdem eine solche darstellt.* Träume sind ein sehr intimes und dabei gleichzeitig extrem verständliches Material. Dementsprechend ist eine Traummitteilung oft so etwas wie eine intuitiv erfaßbare, dabei gleichzeitig dem Träumer selbst aufgrund seiner spezifischen Abwehr weniger durchsichtige Mitteilung über zentrale Aspekte seiner Ängste und Wünsche.

Die bei Psychoanalytikern verbreitete Sensibilisierung für den Mitteilungs- und Übertragungscharakter des Traums führt dazu, den therapeutischen Raum, in dem der Traum erzählt wird, zu schützen.

Wie steht es mit dem Schutz des Raums in der systemischen Familientherapie? Die Sensibilität der Systemiker für Kontexte, für Selbstdefinitionen der Klientensysteme, auch die therapeutische Technik etwa des zirkulären Fragens lassen sich als Versuche verstehen, das Ausufern von Zuschreibungen, Projektionen und Übertragungen zu verhindern, im Interesse einer nüchternen Erkenntniskultur und der Selbstbestimmung des Subjekts. Freilich gibt es auch eine andere, die »Macher«-Strömung in der systemischen Therapie, für die manipulative Techniken wie die paradoxe Intervention und die Symptomverschreibung stehen (Selvini Palazzoli 1977, Papp 1983).

---

* Wir haben im konkreten Fall ein Paar ausgewählt, von dem auch wir überzeugt waren, daß beide Personen und die Beziehung tragfähig genug sind, um die Verantwortung für ihre Zustimmung und als deren Folge die Darstellung eines Teils ihres Traumlebens vor einer großen Öffentlichkeit zu tragen. Ein Aspekt dieser Überlegung war auch, daß es sich um ein Paar handelt, das nicht zur Therapie gekommen war, sondern um der Forschung zu helfen und miteinander in ein Gespräch zu kommen.

Als gemeinsame Anforderung an den äußeren Schutz des paartherapeutischen Raums steht jedenfalls fest, daß geklärt sein muß, *daß* es eine Therapie ist und welche Erwartungen die Klienten damit verbinden (vgl. Stierlin 1994, S. 157). Selbst wenn in Selbsterfahrungsgruppen oder Supervisionen unbewußte oder jedenfalls nicht explizierte Therapiewünsche bestehen, werden sie damit nicht zur Therapie, sondern allenfalls zu untauglichen, weil eben im Ansatz verschwommen definierten Versuchen derselben. Die Vereinbarung ist eine notwendige, aber keine hinreichende Bedingung für die Etablierung eines therapeutischen Raumes.

Schutz nach innen: Abstinenz

Der besondere Charakter der Traumerzählung erfordert auch Überlegungen über den Schutz nach innen: die Abstinenz. Wenn Träume, wie wir in diesem Band wiederholt festgestellt haben, ein besonders kommunikatives Material darstellen, so ist es auch von besonderer Wichtigkeit, sich im Umgang mit ihnen jener Möglichkeiten der Grenzüberschreitung bewußt zu sein, die nicht nur die heilsame Wirkung von Therapien schmälern, sondern sie sogar in schädliche und destruktive Prozesse pervertieren können. Ohne die Abstinenzdiskussion in aller Breite zu führen (vgl. Cremerius 1984, Thomae u. Kächele 1985, Mertens 1992, Bauriedl 1994), soll hier lediglich der Hinweis stehen, daß Träume in ihrer faszinierenden Rätselhaftigkeit eine permanente narzißtische Einladung an den Therapeuten darstellen, ein großer Deuter zu sein, in den enigmatischen Bildern des Patienten lesen zu können wie in einem offenen Buch und ihm daraus seine Zukunft zu künden. Dieser Versuchung sind schon manche Therapien erlegen. Der Patient hat, da Träume so flexibel und vielgesichtig sind wie Tarotkarten, kaum eine Chance, eine Deutung, die mit Überzeugung vorgetragen wird, zurückzuweisen. Er will es oft auch gar nicht, denn der narzißtische Vertrag besteht darin, den Therapeuten zu idealisieren – mit der stillen Option einer ebenso rückhaltlosen Entwertung –, unter der Bedingung, daß er dazu beiträgt, die eigene Idealisierungs-Entwertungsspaltung aufrechtzuerhalten. Ein solcher Vertrag entspricht auf der Ebene der Paarbeziehung der narzißtischen Kollusion (Willi 1975).

In unseren Traumgruppen, die bisweilen auch von eifrigen Deutern bevölkert sind, haben wir oft die Erfahrung machen können, wie diese »narzißtische Schaukel« dadurch aufgelöst werden kann, daß die idealisierten Deutungen auf eigene Phantasien und Gefühle des Deuters zurückgeführt werden, daß konkurrierende Deutungen als zusammengehörige Pole der im Traum enthaltenen und von ihm in der Gruppe ausgelösten Ambivalenzspaltung verstehbar werden.

In der in diesem Band vorgestellten Traumgruppe etwa wurde deutlich, wie eng die Phantasien über die Steuerungsmacht der Männer und über die kreative Macht der Frauen zusammen gehören und sich zum Bild einer Beziehung ergänzen, in der Veränderung wächst – als ein Drittes, noch nicht Angekommenes, als Kind.

Dieses Klima der Auflösung des Deutungszwangs durch Wahrnehmung der eigenen Befindlichkeit ist ein wirksamer therapeutischer Vorgang. Wenn ein Paar in der Arbeit mit dem Traum eine gemeinsame Deutungskultur entwickeln kann, werden projektive Prozesse und Spaltungen relativiert und ein Dialog kann in Gang kommen.

In der Psychoanalyse gilt der Schutz des analytischen Raums nach innen und nach außen als die zentrale Aufgabe des Analytikers (Morgenthaler 1978; Müller-Pozzi 1991). Hier trifft sich ein Grundsatz der Behandlungstechnik mit einem systemischen Essential: dem Vorrang der Analyse des Kontexts vor der Bildung von Hypothesen über innerpsychische Vorgänge. Das heißt aber nicht, daß die beiden Grundsätze identisch wären. In der Psychoanalyse ist der Schutz des analytischen Raums die Voraussetzung für den (gemeinsamen) Deutungsprozeß, in der systemischen Familientherapie tritt die Deutung des Kontexts an dessen Stelle und wird aktiv betrieben. Gegenüber einer als hermeneutische Methode verstandenen Psychoanalyse wirken die Mitteilungen der Systemiker über ihre Einsichten in die Kontextstruktur manipulativ. Das gilt aber eben nur, wenn Psychoanalyse nicht verwechselt wird mit jener tiefenpsychologischen Mode, Patienten mit Deutungen ihres Unbewußten zu verblüffen (die sie natürlich erwartet haben und die deshalb so verblüffend eigentlich gar nicht sind). Einer als Tiefenpsychologie verstandenen Deutungsmode gegenüber wirkt die Haltung der systemischen Familientherapie zurückhaltend und erleichternd. Sie vermittelt ein Klima von Respekt: »Ich weiß nicht, was in Ihnen und in Ihrem Unbewußten los ist, aber ich sehe – und kann Sie beide fragen – wie Sie miteinander hier und jetzt umgehen.«

Es bleibt also als zweites Essential für die Arbeit mit Träumen in der Paartherapie festzuhalten, daß der Therapeut dafür sorgen soll, daß er die narzißtisch-grandiose Deuterposition nicht einnehmen muß. Meiner Ansicht nach geht das leichter, wenn man in der eigenen Analyse seine narzißtische Bedürftigkeit kennengelernt hat und sie sich verzeihen kann. Dann entsteht jener Blick, den Claude Levi-Strauss beschreibt, den »ein unwillkürliches Einverständnis zuweilen auszutauschen gestattet mit einer Katze«.

Zeit

Einer der wesentlichen Rahmenfaktoren psychotherapeutischer Prozesse ist die Zeit. Darunter verstehe ich sowohl die Wahrung des Sitzungsrahmens als auch den Umgang mit der für den gesamten Prozeß zur Verfügung stehenden Anzahl von Sitzungen.

Die Wahrung des Sitzungsrahmens

Auch diese Bedingung wird im therapeutischen Setting nicht anders als in den Paargruppen der Traumwerkstatt erfüllt. Die Sitzung wird pünktlich begonnen und ebenso pünktlich beendet. Diese Genauigkeit enthält als szenische Botschaft die Mitteilung, daß es keine vollständigen, abschließenden Deutungen gibt, daß jede Einsicht für den Moment gilt, in dem sie gewonnen wird. Eine willkürliche Verlängerung der Bearbeitungsdauer erweckt die Illusion, die vorhergehenden Stufen müßten durch die zuletzt kommenden aufgehoben und überwunden werden. Ein *run* auf die ultimative Deutung setzt ein. Es muß nicht eigens gesagt werden, daß diese Regel, wie jede, nicht so starr gehandhabt werden sollte, daß sich die bescheidene Einsicht in die eigenen Grenzen in eine Härte gegen die emotionale Bewegung verwandelt. Morgenthaler (1978) sieht die Aufgabe des Analytikers darin, für Entspannung zu sorgen, also einen Raum zu schaffen, in dem der Analysand frei assoziieren kann – nach dieser Auffassung wird man auch den Sitzungsrahmen so handhaben, daß weder die Illusion der Vollständigkeit erzeugt noch andererseits eine Szene von Abschneiden und Unterwerfung agiert wird. Tatsächlich lehrt die Erfahrung sowohl in Analyse als auch in Gruppenprozessen, daß der vereinbarte Zeitrahmen der Sitzung gut (und erstaunlich pünktlich) gehalten werden kann, wenn man das Ende zuläßt statt es zu erzwingen.

Die Dauer der Therapie

Die zweite Frage, nämlich wie lange Zeit insgesamt für eine therapeutische Veränderung notwendig ist, hatten wir uns bisher in der Traumwerkstatt nicht zu stellen – hier war es von vornherein klar, daß es sich um einen Einblick, einen Besuch handelt, nicht um einen auf ein Ziel hin orientierten Prozeß. Im Bereich der Psychotherapie freilich ist genau um diese Frage eine heftige Diskussion entbrannt.

In unserer Diskussion kam es an einer Stelle zu einem Gedankenaustausch über die Zeit, den ich erwähnenswert finde. Stierlin bekundete sein Interesse für innerpsychische Prozesse, wie zum Beispiel für Leitannahmen vom Typ »Das Leben ist ein Kampf«, bemerkte jedoch einschränkend: »Wir haben we-

183

niger Zeit als die Psychoanalyse, die ... ein fantastisches zwischenmenschliches Laboratorium ist. Für die systemische Therapie ist das ein Luxus. Man muß eine Versöhnung finden zwischen Innen- und Systemsicht. Das Individuum ist aber ein genauso faszinierendes System wie die anderen Systeme.« Der Auffassung, das Innenleben sei zwar faszinierend und interessant, für seine Analyse fehle aber die Zeit, hielt Eva Jaeggi entgegen, daß ohne eine angemessene Methode der Erforschung innerpsychischer Prozesse »Innenansichten« leicht als Klischees formuliert würden (»Das Leben ist ein Kampf«) und es dabei sein Bewenden habe.

Es gibt verschiedene Gründe, warum die systemische Therapie einen so engen Zeitrahmen setzt. Die Begründungen, die formuliert werden, haben zum einen mit der Überlegung zu tun, daß die Veränderung im wesentlichen nicht in, sondern zwischen den Sitzungen geschieht, zum anderen mit dem systemtheoretischen Prinzip der Homöostase. Therapie wird verstanden als ein das eingespielte System irritierender, störender Reiz, und die eigentliche Veränderung geht durch die daraufhin erfolgende Systemreaktion vor sich. Wenn etwa durch eine paradoxe Intervention oder auch schon durch die Technik des zirkulären Fragens die eingespielte Ideologie eines Systems in Frage gestellt wird, so ist es zu einer Neukalibrierung gezwungen. Was bisher als Symptom imponierte, beispielsweise als Krankheit eines Indexpatienten, erfüllt den systemerhaltenden Zweck nicht mehr. Das System muß sich ein neues Gleichgewicht suchen. Stierlin formuliert, unter Verweis auf Bateson: »Unter Umständen genügt ein Anstoß im richtigen Augenblick und im richtigen Kontext, um nachhaltige Veränderungen im Ideensystem eines Individuums (bzw. seiner inneren Landkarte) und damit auch seiner Lebensführung und Beziehungsgestaltung anzustoßen« (Stierlin 1997, S. 176 f.).

Aus dieser Sichtweise ergibt sich eine Nähe von systemischer Therapie und Kurzzeittherapie (vgl. Papp 1983). Manche systemischen Therapien gehen von vornherein von einer geringen Zahl von Sitzungen aus – in Heidelberg sind es im Durchschnitt sieben Doppelstunden (Stierlin 1997, S. 184). Freilich sind mit wachsender Erfahrung der Familientherapeuten auch nicht alle Blütenträume einer raschen Veränderung gereift. Stierlin (1994, S. 159; 1997, S. 184) etwa spricht von der »langdauernden Kurzzeittherapie«, zu der die Familientherapie werden kann, zwar mit wenigen Sitzungen – dieser Anspruch bleibt erhalten – aber doch eventuell über Jahre hingestreckt. Stierlin warnt auch davor, sich als Familientherapeut der Erwartung nach einer plötzlichen Veränderung zu beugen: »Heute lehrt uns die (...) Erfahrung, uns auch, was Schnelligkeit oder Langsamkeit des Wandels anbelangt, neutral zu verhalten« (1994, S. 159).

Der analytische Prozeß dagegen läuft idealiter open-end, nicht auf ein Ende hin festgelegt – ist ja das Ende der Analyse ohnehin nicht ein anvisierbares Ziel von endgültiger Analysiertheit, sondern ein Übergang in die »unendliche Analyse« (Freud), nämlich die Selbstanalyse (vgl. auch Thomä u. Kächele 1985, Kap. 8.9; Mertens 1991; Henseler u. Wegner 1993). Zwar gibt es analytisch orientierte Kurzzeittherapien, doch haftet diesen immer der Ruf an, eine »Legierung« (Freud) mit einem eher geringen Goldanteil zu sein. Diese Festlegung erklärt sich aus der Geschichte der Psychoanalyse; doch bin ich der Auffassung, daß die Fixierung auf eine lange Therapiedauer ein Mißverständnis der psychoanalytischen Haltung darstellt (es gibt eine Reihe solcher Mißverständnisse, die daher rühren, daß man die dynamische Definition der analytischen Haltung behavioral, in Verhaltensregeln, zu fassen versucht). Die Haltung der Psychoanalyse läßt auch kurze Verläufe zu – wie etwa Freuds berühmte einstündige Therapien bei Katharina, Gustav Mahler und Bruno Walter oder die von Argelander (1970), Balint und vielen anderen beschriebenen Kriseninterventionen –, doch ist es etwas anderes, ob man die Beschränktheit des Rahmens (und die damit auch verbundene Trauer) anerkennt oder ob man die radikale Zeitbeschränkung zur Maxime macht.

Auch psychoanalytische Paartherapien werden meist mit geringeren Stundenzahlen veranschlagt als Psychoanalysen (zur differentiellen Indikation vgl. Bauriedl 1994, Kap. 4). Sie legen jedoch auf diese Kürze nicht denselben Akzent wie die systemischen Therapien. Sie verstehen sich nicht als Provokation systemimmanenter Ausgleichsreaktionen, sondern als Aufklärungsprozeß, mit wie auch immer notwendiger Einsicht in die eigene Beschränkung.

In der Frage des Zeitrahmens der Paartherapie ist also der Begründung nach kein umfassender Konsens zu erzielen, wohl aber ein minimaler im Ergebnis: Beide Schulen halten es für möglich, daß auch kurze Therapien funktionieren können.

Via regia, Ausbaustrecke?

Die Frage, die sich aus diesen unterschiedlichen Auffassungen von der Zeit, die psychotherapeutische Prozesse brauchen, für unsere Themenstellung ergibt, ist: Kann und soll die Einbeziehung von Träumen Therapien beschleunigen?

Zusammenfassend kann diese Frage mit einem schlichten »Nein« beantwortet werden. Weder die Psychoanalytiker sind der Meinung, daß Traumdeutung den analytischen Prozeß abkürzt, noch erwartet Stierlin bei aller Sympathie mit dem »inneren System« doch von der Einbeziehung von Träumen keine weitere Beschleunigung. Eher befürchtet er, sie könnten länger, verwickelter, unübersichtlicher werden. Träume mögen zwar Hypothesen über die innere Konfliktlage und über die Lebensgeschichte ermöglichen, doch kommt man da auch leicht in den Wald, weshalb er und seine Heidelberger Mitarbeiter sich daran gewöhnt haben, höchstens fünf Minuten lang genetischen Hypothesen nachzugrübeln.

Dieser Konsens scheint auch in der Fachöffentlichkeit getragen zu werden. Im Publikum unserer Tagung, etwa 230 Personen, die meisten davon in irgendeiner Weise mit dem Thema befaßt, war offensichtlich kaum jemand, der die Träume als therapeutisches Schnellverfahren benützen möchte, wie das noch vor wenigen Jahren in der Literatur gelegentlich betont wurde (vgl. Levay und Weissberg 1979, 1980; Dold 1996) und heute in sogenannten »Traumtherapien« auf dem Esoterik-Markt ja gang und gäbe ist.

Prozesse

Die Frage, ob ein Setting, das wir in der Traumwerkstatt oft mit dem Besuch einer Kunstausstellung verglichen haben, und das explizit für Paare gedacht ist, die keine offene Therapieabsicht mitbringen, für die therapeutische Arbeit taugt, ist vielschichtig. Sie umfaßt auch die Überlegung, ob das lockere Selbsterfahrungsangebot denn dem Ernst gewachsen ist, den ein in einer Krise, vielleicht in tiefem Leid verstricktes Paar mit dem Wunsch nach Therapie verbindet. Sie führt uns zu der allgemeineren Frage nach den spezifischen Wirkfaktoren der Therapie – ein weites Feld, aus dem hier nur einige relevante Ausschnitte besprochen werden sollen.

Stierlin sieht in der Traumgruppe, die wir vorgestellt hatten, das befreiende Lachen als therapeutisches Agens, weil in diesem Moment eine Metaposition zum »Clinch« eingenommen werden kann. Unlösbar scheinende Konflikte und Widersprüche werden doch gelöst und alle tragen dazu bei. Im Vergleich zu Freud, der die Traumarbeit minutiös zu entschlüsseln versucht hat, setzt man sich hier einem ständigen Beisteuern von Assoziationen aus. »Ich glaube nicht, daß bei Freud so viel gelacht wurde.« Obwohl die Traumwerkstatt kein explizit therapeutisches Setting ist, kann man sich doch die Frage stellen, welche Relevanz für Therapie die hier ablaufenden Prozesse haben. Ähnlich wie in der Traumwerkstatt wird auch in der systemischen Therapie zu einer Meta-Position verholfen, von der aus man über die Widersprüche des Lebens lachen kann.

Thea Bauriedl betont den Übergang von der Polarisierung zur im Kontakt erfahrenen Polarität. Sie bezieht sich dabei zwar auf den Gruppenprozeß in dem von ihr geleiteten Seminar (s. o.), ich denke aber, man kann diese Formulierung auch als Kennzeichen eines gelingenden therapeutischen Prozesses verstehen: »Mir war wichtig, daß es möglich war, die Dialektik der Einfälle zu erkennen. Das Verstecken gehört zum Herzeigen, das Kaputtmachen zum Beschützen – dann kommt man aus der schematischen Trauminterpretation heraus, die die Psychoanalyse betrieben hat und die der Träumer auch betreibt, eine positivistische Sicht.« Mit Bezug auf das von Stierlin thematisierte Problem der »Deutungsmacht« (Pohlen u. Bautz-Holzherr 1995) sieht Bauriedl in dieser Aufhebung der Ambivalenzspaltung auch eine Möglichkeit, die Frage der Deutungsmacht anders zu stellen: »Es ist nicht das eine richtig und das andere falsch, sondern die Gruppeneinfälle gehören zusammen.«

Ist es also die Metaposition oder ist es die Aufhebung von Deutungsmacht durch Einsicht in die Dialektik? Was wirkt in der Therapie?

Interventionen, Deutungen und Geschichten

Landläufig geht man davon aus, daß es Deutungen sind, die in der Therapie wirken, zumal wenn Träume eine Rolle spielen, denen man ja nachsagt, sie seien dafür prädestiniert, gedeutet zu werden. Natürlich hat der Deutungsbegriff eine große psychoanalytische Tradition. Aber in dieser Tradition steckt auch eine Entwicklung. Freuds Theorie der Seele hat sich vom mechanischen Modell eines psychischen Apparats weiterentwickelt zu einer Theorie des Subjekts (daraus ist erklärlich, daß nach psychoanalytischer Auffassung kein Traum ohne die Einfälle des Träumers gedeutet werden kann, vgl. Freud 1900a) und in einem nächsten Schritt über das Einzelsubjekt hinaus zur Theorie der Interaktion. Erst die Entdeckung der Übertragung (Freud 1905e, 1925d) sowie später der Gegenübertragung hat die Methode der Psychoanalyse begründet (vgl. Hamburger 1993b).

Der Prozeß der Traumdeutung ist in das Beziehungsgeschehen zwischen Patient und Analytiker eingebettet. Nicht nur im

Patienten steigen Einfälle auf, sondern auch im Analytiker. Die Einfälle des Träumers und die gleichschwebende Aufmerksamkeit des Analytikers sind nicht nur ein Werkzeug, mit dem man herausfinden kann: Wie ist im Bewußtsein dieses Träumers dieser Traum entstanden? Sie haben auch miteinander zu tun. Sie bilden die Beziehung ab, in der Träumer und Deuter miteinander stehen. Der Patient in der Psychoanalyse inszeniert mit seinem Analytiker genau die Szene, die er ihm eigentlich unbewußt mitteilen will. Freud nannte diese Wiederholung der wesentlichen unbewußten Szene die »Übertragung«.

Auf der Grundannahme, daß der Analytiker immer auch Teil dieser szenischen Wiederholung ist, basieren auch die psychoanalytischen Familientherapien. Buchholz (1990, 1993) hat diese auf der Selbstwahrnehmung und der Wahrnehmung des eigenen Ortes im Übertragungsgefüge basierende deutende Haltung für die psychoanalytische Familientherapie herausgearbeitet. Bauriedl hat auf der Grundlage einer allgemeinen psychoanalytischen Beziehungstheorie (1980) eine differenzierte familientherapeutische Methode entwickelt (1980, 1985, 1994 u. a.), die auch eine Neudefinition des Deutungsbegriffs enthält: »Deutung ist, was in der Beziehung Bedeutung gewinnt« (Bauriedl 1980).

In der systemischen Familientherapie haben Deutungen einen anderen Stellenwert. Sie werden meist als »Interventionen« gesehen, also als Eingriffe, entweder im Sinne einer Veränderung erzwingenden (z. B. paradoxe Interventionen), erleichternden (Verschreibung) oder klärenden Handlung (Umdeutung). Gleichzeitig wird jedoch die kreative Eigenleistung des Systems sehr hoch eingeschätzt, so daß Interventionen nur einen Anschub- oder Anregungscharakter haben. Die Reaktion des Familiensystems darauf ist nicht genau vorhersagbar oder steuerbar. In diesem Gestus der bewußten Zurücknahme des Therapeuten liegt ein Verzicht auf »Deutungsmacht«, der im Ansatz der Absicht der Beziehungsanalyse ähnelt, wenn auch die beiden Theorien sehr unterschiedlicher Ansicht darüber sind, wie diese Rücknahme der Deutungsmacht gelingt, ob durch Neutralität oder durch Selbstanalyse.

In der systemischen Familientherapie werden Deutungen oft nicht als Klärungen, Umdeutungen oder Verschreibungen formuliert, sondern als Geschichten präsentiert. Implizit wird durch die metaphorische Kommunikation, die ein Narrativ bewirkt, neben die Beziehungsentwürfe der Familie ein anderes Muster gestellt, auf das die Familie nun reagieren kann. An dieser Stelle trifft sich die Familientherapie mit den psychoanalytischen Überlegungen von Buchholz (1990), der im Vorwort zur zweiten Auflage die Abkehr von der »›action‹-orientierten Frage nach der therapeutischen Interventionskunst« als den zentralen Entwicklungstrend der Familientherapie charakterisiert: »Familien bestehen nicht als Systeme, sondern die Erkenntnis macht sich breit, daß es gekannte und ungekannte, erzählte oder verschwiegene Geschichten im Kontext einer übergreifenden Zeitgeschichte sind, die wesentliche Teile des Familienlebens bestimmen und zentral für Störungen angesehen werden müssen« (Buchholz [2]1995, S. 13). Dieser Aspekt, der in der neueren Entwicklungspsychoanalyse (Stern 1995), in der Therapieforschung (Boothe 1994) und auch in eigenen Überlegungen zu Traum und Gedächtnis eine große Rolle spielt (Hamburger 1998a,b), wurde in der Diskussion von Helm Stierlin angesprochen (vgl. auch Stierlins einleitenden Beitrag zu diesem Band). Stierlin sieht im Erzählen und Zusammentragen von Geschichten eine Möglichkeit, »Komplexität zu reduzieren, ohne den Zugang zur Komplexität zu verlieren«. Als therapeutisches Agens zieht er die Geschichten den »archäologischen Tiefenbohrungen« vor. Freilich sind sie, so möchte ich etwas boshaft hinzusetzen, auch den kunstvoll hinter der Einwegscheibe gebastelten Interventionen vorzuziehen. Wobei ich einräumen muß, daß weder die eine noch die andere Metapher so recht trifft, weder das Bild der Bohrung den psychoanalytischen Prozeß noch das der Einwegscheibe die familientherapeutische Praxis.

Ich denke, der Schluß ist erlaubt, daß die narrative Form eine gute Möglichkeit für einen kooperativen Deutungsstil darstellt, aber keine Garantie für das Gelingen eines emanzipatorischen Prozesses bietet. Geschichten können auch ablenkend, ja verschleiernd wirken – analytisch gesprochen: dem Widerstand dienen.

Widerstand

Helm Stierlin macht in der Diskussion eine Bemerkung, die mir zu denken gegeben hat. Anknüpfend an seine Wertschätzung des befreienden Lachens als therapeutischer Bewegung relativiert er: Zwar habe es ihn beeindruckt, daß Traumdeutungen in der beschriebenen Gruppe sowohl auf der individuellen Ebene als auch auf der Ebene der Paarbeziehung wirksam werden. Doch müsse man sich der Frage stellen, ob die ernsten Themen, die von der Gruppe ebenfalls eingebracht wurden – Nazivergangenheit und Holocaust – in dieser fröhlichen Atmosphäre nicht vielleicht doch weggelacht wurden.

Thea Bauriedl geht auf diese Relativierung ein. Sie registriert erleichtert, daß Stierlin das Lachen nicht nur eindeutig als befreiend gesehen habe, sondern auch als Weglachen. Diese beiden Pole gehören entsprechend ihrer dialektischen Sichtweise zusammen.

Tatsächlich liegt hier ein gravierender Unterschied zwischen Therapien und Selbsterfahrungsgruppen. Die Traum-Selbsterfahrungsgruppe für Paare ermöglicht die Fühlungnahme mit dem eigenen Unbewußten – wie Eva Jaeggi es ausdrückt: »dem Wunsch, zu sehen: ist das was für mich?« Paartherapie dagegen ist, entsprechend dem Änderungsanliegen der Klienten, auf größere Verbindlichkeit angelegt. In der Paar-Selbsterfahrungsgruppe lassen wir ganz bewußt manche Fäden offen – in der Therapie ist es unsere Verantwortung als Therapeuten, sie zusammenzuhalten. Technisch gesprochen: Die Deutung der Abwehr ist erst in einem Setting möglich, das dem erklärten Anliegen der Aufdeckung verpflichtet ist. Wenn in der Paargruppe ein Thema »weggelacht« wird, lassen wir das zu, wenn das Weglachen nicht in der Gruppe selbst – zu der wir als Leiter allerdings auch gehören – auf Opposition stößt.

Tatsächlich wird in der hier beschriebenen Gruppe nicht – was in einer Therapiegruppe wohl geschehen wäre – das freudige Eingehen der Gruppe auf den Entlastungsversuch der Teilnehmerin nach dem ersten Auftreten der Nazivergangenheit als Widerstand gedeutet. Und folgerichtig taucht das Thema auch wieder auf: In der Szene mit dem Komponisten, in der es um die »heldische Position« geht, wird es wieder thematisiert, »wie ein Fleck, der übermalt wird und immer wieder durchschlägt«. Ich sehe diese »Unterlassung« als durchaus kongruent mit dem Setting der Paargruppe. Aber auch in der Therapie wäre ja die behandlungstechnische Frage zu diskutieren, ob und wie mit einem solchen Widerstand umzugehen ist. Ich halte es mit einem psychoanalytischen Verständnis für sinnvoll, den Widerstand gegen die Bearbeitung des Nazithemas nicht unmittelbar als solchen zu deuten, solange der Patient noch keinen Anschluß an den dahinterliegenden Wunsch gewonnen hat. Grundsätzlich wird in der zeitgenössischen Psychoanalyse Widerstand nicht mehr sofort gedeutet, sondern zunächst einmal zugelassen. Erst die vollständige Deutung des unbewußten Vorgangs, die den abgewehrten Wunsch, die von ihm ausgelöste Angst, die Übertragung und den aus ihr resultierenden Widerstand gegen die Offenlegung mit umfaßt, kann vom Patienten akzeptiert werden – und, um hier auch noch gleich auf die Frage der Plazierung von Deutungen einzugehen: Er kann diese Deutung selber finden.

Diese Neubewertung des Widerstands resultiert aus einem Wechsel des therapeutischen Paradigmas innerhalb der Psychoanalyse: vom Modell eines einseitigen Forschungsprozesses zur gemeinsamen Analyse der gegenwärtigen unbewußten Szene (Schafer 1983; Gill 1983; Mertens 1991).

Nun erhebt sich freilich die Frage, ob eine solche Auffassung von Widerstandsanalyse nicht der »therapeutischen Verschwörung« (Langs 1982) Vorschub leistet, der gemeinsamen Einkapselung unbewußter Konflikte in einem pseudo-aufdeckenden therapeutischen Setting. Die Nazizeit ist ja über Jahrzehnte auch in Psychoanalysen ausgeklammert worden. Dieser Einwand ist gerechtfertigt, doch kann man nicht daraus folgern, man müsse dem Patienten – und der Gruppe – nun den Widerstand deutend verbieten; es ist Aufgabe des Therapeuten, die liegengebliebenen Fäden, und zwar gerade die, die er selbst zu vergessen bereit wäre, im Sinne eines Containers (Bion 1962, 1970; vgl. Lazar 1993) in sich aufzubewahren und zu gegebener Zeit deutend anzusprechen. Um am Beispiel zu bleiben: Wenn dies eine Therapiegruppe gewesen wäre, hätte der natürliche Auftrieb des Unbewußten dafür gesorgt, daß Herr Groß in späteren Sitzungen weitere Einfälle und Träume gebracht hätte, die das fallengelassene Thema berühren und weiter verdeutlichen. Oder ein anderes Gruppenmitglied hätte etwas entsprechendes eingebracht. Das Thema wäre wieder in die Gruppe gekommen, denn es war »unerledigt«, wie Freud gesagt hätte. Und wenn die Leiter bis dahin nicht vergessen hätten, daß es dieses unerledigte Thema gab und daß es damals noch nicht bearbeitet wurde, weil die Angst noch zu groß und die therapeutische Beziehung noch zu unsicher war, so könnten sie das dann sagen – mit dem Effekt, daß der Patient sich verstanden, aber nicht geschoben fühlt. Was für die Therapie ein sehr förderlicher Vorgang ist.

Auch die systemische Therapie kennt ein Konzept des Widerstands, nämlich als Verhalten, das »einer fälligen Entwicklung in Richtung eines höheren Niveaus der bezogenen Individuation entgegenwirkt« (Simon u. Stierlin 1984, S. 386). Und auch hier gibt es eine positive Umdeutung des Widerstandsbegriffs: »Ein dem Widerstand zugerechnetes Verhalten oder Symptom – sagen wir einmal die Migräne einer Ehefrau – (kann sich) als ein im ehelichen Problemsystem unentbehrlicher Distanzregulator darstellen« (Stierlin 1994, S. 73 f.). Stierlin zitiert Selvini Palazzoli mit dem Bonmot: »Es gibt keinen Widerstand, es gibt nur (mehr oder weniger) inkompetente Therapeuten« und Steve de Shazer mit der freundlicheren, nichtsdestoweniger aber scharf pointierten Variante dieser Auffassung: »Widerstand nennen wir das Kooperationsangebot des Klienten« (S. 73). Diese Kritik des Widerstandskonzepts richtet sich gegen den in ihm schlummernden Interpunktionskonflikt. Das Stagnieren der therapeutischen Beziehung wird einseitig dem Klienten als eine innerpsychische Eigenschaft zugeschrieben, eben seinem Widerstand, die Interaktion zwischen Therapeut und Klient nicht als System begriffen.

Diese Sichtweise auf den interpersonellen Charakter des Widerstandsphänomens kommt der zeitgenössischen psychoanalytischen Auffassung, wie ich sie oben beschrieben habe, entgegen. Die darin implizierte Abwendung des Interesses von der subjektiven Perspektive schlechthin könnte die Psychoanalyse freilich nicht mitmachen. Zwar ist auch aus beziehungsanalytischer Sicht Widerstand ein Interaktionsphänomen und kann statt durch Zuschreibung an den Patienten besser durch die Analyse der Interaktion gedeutet werden – doch entspricht der interpersonellen Rollenspaltung (z. B. der Spaltung in einen »aufdeckenden« Therapeuten und einen »zudeckenden« Patienten) doch in der jeweiligen Subjektperspektive die intrapsychische Spaltung in den Wunsch nach und die Angst vor dem Aufdecken oder Zudecken. Durch die intrapsychische Spaltung wird die interpsychische Polarisierung aufrechterhalten und umgekehrt. Die beiden Ebenen stehen in einem gegenseitigen Bedingungsverhältnis.

In der therapeutischen Praxis sollte aus dem beiden Schulrichtungen gemeinsamen systemischen Grundsatz jedoch Ähnliches folgen: nämlich die Anerkennung des als »Widerstand« bezeichneten Verhaltens statt seiner Aburteilung. Der Unterschied macht sich jedoch auch hier fühlbar. Während der Systemiker den »Widerstand« positiv konnotiert (»So erlaubt etwa solche Migräne der Frau, sich den sexuellen Avancen ihres Partners zu entziehen. . .«, Stierlin 1994, S. 74), wird der Analytiker aufgrund seiner Theorie der Ambivalenz den Wunsch festhalten können, dem sich der als »Widerstand« imponierende gegenläufige Wunsch entgegensetzt. (Die Frau will sich entziehen und will gleichzeitig auch Kontakt). Ähnlich in der Therapie, wo der Wunsch nach Aufdeckung und die Angst davor (»Widerstand«) zusammengehören, nicht nur in der Ambivalenz des Patienten, sondern auch im Therapeuten, in dem sich dieselbe Ambivalenz bemerkbar macht. Wenn Simon und Weber (1990) aus systemischer Sicht den Therapeuten als »Anwalt der Am-

bivalenz« bezeichnen, ist doch immerhin der Therapeut ein Anwalt, also offenbar selbst nicht ambivalent. In der Beziehungsanalyse ist aber die Ambivalenz des einen untrennbar mit der
des anderen verbunden, und das gilt auch für Therapeuten. In
der therapeutischen Praxis wirkt sich das durchgehend und gra-
vierend aus. Psychoanalytiker arbeiten selbstreflexiver und kritischer auch ihrem eigenen Gesundheitsbegriff gegenüber – was
ihnen verbietet, manche raschen Lösungen zu akzeptieren.

Traumerzählungen in Familientherapien sind, wie Buchholz
(1988, 1990) darlegt, häufig als Widerstand zu sehen, als Versuch, quasi ein Einzelsetting innerhalb des familientherapeutischen Settings herzustellen (eine ähnliche Kritik äußert Stierlin
am Beispiel des »Werwolf«-Traums, s. o. in seinem einleitenden Beitrag). Buchholz betont aber auch, daß, wenn dieser Widerstand gesehen und gehalten werden kann, die Traumerzählung dennoch einen erheblich aufdeckenden Beitrag zur inner-
familiären Kommunikation leisten kann; sie erlaubt, über die
Einfälle der Familienmitglieder an den familiären Konflikt heranzukommen. Auch hier erweist sich also der »Widerstand« als
Teil eines ambivalenten Wunschsystems, das zur intrapsychischen und interpersonellen Abwehrspaltung führen kann, aber
auch zum gemeinsamen Verstehen der Ambivalenz.

Widerstand kann in der Paartherapie sowohl durch das Nicht-
Erzählen wie durch das Erzählen von Träumen ausgedrückt
werden. So wie ein Partner vielleicht in der Therapie gleich
klarmacht, daß er niemals träume (in unserem Fallbeispiel war
es Herr Groß, der sich schon damit in der Gruppe vorstellte, er
habe lange nicht so schöne und bildhafte Träume wie seine Partnerin, doch könne er gut deuten), so kann auch die Überschrei-
tung der eigenen Grenze durch »vorschnelle« Mitteilung eines
Traums den Träumer in ein Dilemma manövrieren. Ehe er sichs
versieht, hat er vielleicht mehr preisgegeben, als er wollte. Obwohl sie oft freimütig mitgeteilt werden, sind Träume doch besonders schutzbedürftig. Daran ändert auch der bewußte Entschluß, sich offen mitzuteilen, nichts. Träume werden dann oft
nur kursorisch erzählt, Einzelheiten oder Affekte weggelassen

oder Einfälle verweigert – erst im Erzählen oder bei den ersten Nachfragen bemerkt der Träumer oder die Träumerin manchmal, wie nahe der Traum oder das dahinterliegende Gefühl eigentlich geht.

Als Folgerung für den Umgang mit beiden Formen des Widerstands im Zusammenhang mit Erzählen von Träumen in der Paartherapie – Abschottung und Auslieferung – empfiehlt sich für mich die Haltung, die jedem Widerstand gegenüber angemessen ist: nämlich ihn als notwendigen Schutz zu respektieren. In der Praxis folgt daraus, im therapeutischen Setting das Erzählen von Träumen nicht zu forcieren, also nicht dazu aufzufordern, wenn es nicht angeboten wird, jedoch mit Interesse darauf zu reagieren, wenn das der Fall ist.

Übertragung und Gegenübertragung

Auf die Frage, welche Schlußfolgerungen für die Paartherapie aus dem bearbeiteten Beispiel gezogen werden können, betont Thea Bauriedl die Bedeutung der Veränderungen, die im Therapeuten stattfinden. Diese seien auch in der Therapie Gegenstand der Aufmerksamkeit. Das Zulassen der (zunächst vielleicht chaotisch wirkenden) Einfälle des Therapeuten sieht sie als »eine andere Art von Ordnung, weniger strategisch als prozeßbezogen. Eine Ordnung, die die Sicherheit beinhaltet, daß das Zulassen von Einfällen und Träumen und deren Verarbeitung grundsätzlich Veränderung unterstützt.« Auch Eva Jaeggi bezieht sich in der Kommentierung der von ihr geleiteten Arbeitsgruppe vor allem auf den Aspekt der Gegenübertragung: »In dieser Arbeit nur mit der Gegenübertragung ließ sich durchaus ein sinnhaftes Ganzes herstellen. In der Erfahrung der Traumwerkstatt wird der Mut gestärkt, sich auf die Gegenübertragung zu verlassen.«

Übertragung und Gegenübertragung sind die methodischen Grundsteine der Psychoanalyse. Übertragung wiederholt »zwanghaft ehrlich« (Lorenzer 1970, S. 200) die verdrängte

Beziehungsrepräsentanz, so daß es sinnvoll ist, »das Wachsen und Werden der Übertragung von Anfang an zu beobachten« (Freud 1913c, S. 457). In der Übertragungsneurose inszeniert der Patient nach Freuds Auffassung den Kern seiner Neurose und macht sie damit der Deutung im Hier und Jetzt zugänglich (vgl. Mertens 1990). An der unbewußt inszenierten Beziehung ist aber auch der Analytiker mit seiner Gegenübertragung beteiligt, zunächst ebenfalls unbewußt – und genau hier, in der Wahrnehmung seiner eigenen inneren Bewegung, erschließt sich die Deutung der Szene. Alfred Lorenzer (1970) und Herrmann Argelander (1970) haben das »szenische Verstehen« als das entscheidende Erkenntnismittel der Psychoanalyse beschrieben. Die Aufmerksamkeit auf das Feld von Übertragung und Gegenübertragung hat es der Psychoanalyse ermöglicht, den systemischen Gedanken weiterzuentwickeln (Muck 1978; Lorenzer 1970; Bauriedl 1980 u. a.; Buchholz 1990, 1993).

In der von Stierlin vertretenen systemischen Therapie wird Übertragung weniger in bezug auf den Therapeuten als auf die Binnendynamik der Familie diskutiert (Simon u. Stierlin 1984, S. 368 f.). Wo es um die Teilhabe des Therapeuten geht, kommt oft – für analytische Ohren befremdlich – der Begriff der Neutralität ins Spiel (eine stärkere Berücksichtigung der Beteiligung des Therapeuten findet sich bei Minuchin, Satir, Kerschenbaum). Das mag grundsätzliche theoretische Gründe haben, ist aber wohl auch der Tatsache geschuldet, daß Familientherapeuten in der Praxis von vornherein mit mehreren Personen zu tun haben. Dagegen stammen die Erfahrungen, Begriffe, Fragestellungen der Psychoanalyse zunächst einmal aus der therapeutischen Dyade. Freilich kann daran erinnert werden, daß auch in den Anfängen der Psychoanalyse noch die Neutralität einer »Spiegelplatte« als Arbeitshaltung empfohlen wurde.

Stierlin erläutert am Beispiel des zitierten »Werwolf«-Traums die Neutralität: Der Systemiker »greift aus der Fülle des Traums etwas heraus, was den Raum für weitere Assoziationen weiter öffnet. Er bietet Optionen an, keine Deutungen. Er versucht, Distanz zum emotionalen Clinch zu ermöglichen und

Suchprozesse anzustoßen.« Auf die Frage eines Teilnehmers nach der eigenen Beteiligung des Therapeuten an diesem Prozeß (»Ich hatte den Eindruck, daß Sie von den zwei Deutungsmöglichkeiten innerlich eine bevorzugen«) verweist er auf das Problem der Neutralität. »Ich muß mich bemühen, neutral zu sein, daß die zwei Deutungsmöglichkeiten gleich positiv ankommen. Das gelingt natürlich nicht immer.«

Thea Bauriedl nimmt diesen Beitrag zum Anlaß, ihre positive Definition »danebenzusetzen«: Neutralität im Sinn von Interesse für den anderen, im Gegensatz zur negativen Definition der Neutralität im Sinn von Nicht-Partei-ergreifen. Sie verdeutlicht das an Stierlins Werwolf-Beispiel. Man kann entweder die Partei des Mannes ergreifen (»Der arme Mann, wenn ihn die Frau so schimpft«) oder die der Frau (»Recht hat sie, er ist ja auch so furchtbar«). Beide Parteinahmen sind möglich und innerlich fühlbar. Die psychoanalytische Haltung in der Familientherapie ist nun nicht, »vorsichtig zu sein«, um die Neutralität nicht zu verlieren, sondern den Versuch zu machen, »auf den zuzugehen, den ich weniger verstehe. Ich muß zuerst auf den zugehen, der scheinbar dem anderen etwas antut, um dessen Verhalten mit seiner Gefühlswelt in Verbindung zu setzen.« So würde sie etwa die Frau fragen: »Frau Sowieso, Sie haben jetzt das und das so gesagt – ich habe noch nicht verstanden, welches Gefühl Sie dabei hatten.« Auf diese Frage hin kann die Frau möglicherweise antworten: »Ich kann ihn anders nicht erreichen« oder »Ich habe eine solche Wut«. Der familientherapeutische Effekt dabei ist, daß der andere diese Antworten hört. Die Antwort setzt das Oberflächenverhalten mit dem Gefühl in Verbindung. Aus der Zuschreibung »Ich muß, weil du . . . « wird eine Mitteilung über die eigenen Motive: »Ich schreie, weil ich so und so fühle.« Dieser Vorgang des Inkontaktkommens mit sich selbst ist grundsätzlich allen Beteiligten möglich.

Das Feld von Übertragung und Gegenübertragung ist derjenige Bereich der psychoanalytischen Theorie, der in der engsten Verbindung zum systemischen Gedanken steht. Dennoch würden beide auch hier die Differenz betonen. Denn zwischen den beiden Auffassungen steht ein Paradigmenwechsel. Die systemische Therapie hat es tatsächlich nicht mit wie auch immer miteinander in Wechselwirkung stehenden Individuen zu tun, sondern mit Systemen, während die Psychoanalyse es bei aller interpersonellen Erweiterung letztlich immer mit Menschen zu tun hat. Der emanzipatorische Anspruch zielt immer auf den einzelnen – allerdings nicht auf dessen Befreiung *von* der Gesellschaft, sondern *in* der Gesellschaft (Bauriedl 1985, S. 73). Der systemische Gedanke in der Psychoanalyse tendiert nicht zu einer Aufhebung der Grenzen der Person. Beschreiben wir aus psychoanalytischer Sicht die von Übertragung und Gegenübertragung strukturierten interpersonellen Netze, so beschreiben wir eo ipso auch intrapsychische Verhältnisse. »Übertragung« ist eben auch ein Prozeß, der zwischen inneren Instanzen spielt.

Dies könnte nun ein akademischer Streit sein, hätte es nicht Auswirkungen auf die Behandlungsrealität. Als Analytiker bin ich der Meinung, daß erst die Einbeziehung der inneren Spaltungsprozesse als Gegenstück zu den äußeren die Möglichkeit bereitstellt, mich selbst als Teil des Systems zu sehen. Die Gegenposition dazu wäre eine radikal verstandene systemische Therapie, bei der die Aufmerksamkeit dem System als ganzem gilt, unter emphatischer Absehung von seinen Teilen. (Wenn ich freilich die Entwicklungstendenzen in der systemischen Familientherapie richtig einschätze, wird das inzwischen oft anders gesehen.) Gehe ich aber von diesem Grundgedanken aus, so muß ich mich als einen Erkennenden notwendig dem System gegenübersetzen. Ich könnte Sätze *über* das System sagen oder Interventionen in der Erwartung einer Veränderung des Systems planen, ohne dabei meine eigene Beteiligung und Veränderung miteinzubeziehen. Auf diesem scheinbaren Außenstandpunkt könnte ich aber meine eigene Tendenz nicht mehr erkennen, die unbewußte Erwartung des Systems mitzuagieren – daher auch die zahlreichen Ermahnungen in der systemischen Literatur, neutral, unparteiisch zu sein, sich nicht in Spiele einbinden zu lassen (vgl. z.B. Simon u. Stierlin 1984, S. 256 f.; Stierlin

1989). Aus psychoanalytischer Sicht bietet die Reflexion auf die eigene innere Beteiligung am System, die eigenen Wünsche und Ängste, die Möglichkeit, aus der Selbstinstruktion: » sei neutral!« herauszukommen. Als Therapeut muß ich mich dann nicht nur gegen die Gefahr des Manipuliertwerdens wappnen, sondern ich kann spüren, daß ich zur eigenen Angstentlastung auch aktiv dazu tendiere, den anderen zu manipulieren. Und genau das eröffnet mir die Möglichkeit, das Mitagieren nicht im Sinne eines Verbots zu unterlassen, sondern genau den Kontakt zum anderen zu suchen, der eben an der gegenwärtigen Stelle es unnötig macht, ihn zu manipulieren. Aus dem Therapeuten, der die Veränderung bewirkt, wird damit einer, der Veränderung zuläßt (Bauriedl 1994; Herberth u. Maurer 1997).

In dem geschilderten Beispiel sind Übertragungsaspekte sowohl im Gruppenverlauf selbst deutlich geworden als auch in den Seminarsitzungen, die sich mit den zunächst noch unkommentierten Traumtexten beschäftigt haben. Eleonore Metzker-Podhorsky hat das in ihrem Beitrag über den Vergleich der Perspektiven in diesem Band herausgearbeitet. Auch in Paartherapien ist das szenische Verstehen der Schlüssel zum Kern der Traummitteilung.

Jede Traummitteilung enthält eine Botschaft an den Zuhörer. Ich habe in früheren Arbeiten (Hamburger 1987, 1991, 1993b) die Auffassung vertreten, daß der Traum schon von Beginn an eine Mitteilung ist und kann mich dabei auf eine, wenn auch verstreute Linie der psychoanalytischen Traumtheorie stützen (Ferenczi 1913; Kanzer 1955; Green 1971; Bergmann 1966; de Monchaux 1978; Meltzer 1984). Auch in der klinischen Praxis ist es den Psychoanalytikern schon früh aufgefallen, daß Träume oft wie auf Bestellung kommen und offenbar die Absicht enthalten, mit dem Analytiker in Kontakt zu treten (Freud 1923c; Erikson 1954; Klauber 1969 u. a.; vgl. Hamburger 1987; Kap. 1.1.2). Das Wissen um diesen Mitteilungscharakter des Traums veranlaßt Psychoanalytiker wie Fritz Morgenthaler (1986) dazu, vor allem auf die Szene der Mitteilung zu achten: »Wenn mir ein Patient einen Traum erzählt, frage ich mich immer sofort, warum erzählt er mir diesen Traum jetzt, welche Botschaft an mich persönlich enthält dieser Traum.«

Das Verständnis der engen Verzahnung von Übertragung und Gegenübertragung, des Zusammenspiels der inneren Vorgänge im Analytiker mit dem Innenleben des Patienten, öffnet den Blick dafür, wie präzise der Zuhörer einer Traumerzählung von der Botschaft des Traums erreicht wird. Donald Meltzer hat diese Sichtweise auf den Begriff gebracht in seinem Bild von der Traumantwort des Analytikers. In seinem Buch »Traumleben« (1984) beschreibt Meltzer, wie er in der Analyse nicht sofort auf Deutung oder Verständnis eines Traums hinaus will, sondern es im Gegenteil möglichst hinauszuschieben versucht. Er nennt das die Phase der Exploration, in der beide Beteiligten spielerisch, ohne Absicht, um den Traum herumassoziieren. Die daran anschließende Deutung ist mehr wie das Einbringen einer Ernte, die Gestaltung dessen, was in der Exploration sich zu entfalten begonnen hatte. Es ist ein tastender, kreisförmiger Prozeß, und er besteht in der Umwandlung des visuell Erlebten in eine verbale Sprache. Den Deutungsprozeß schildert Meltzer so: »Zu jedem Versuch, die Deutung eines Patiententraums zu formulieren, (könnte) die stillschweigende Einleitung gehören: Während ich mir Ihren Traum angehört habe, hatte ich einen Traum, der in meinem Gefühlsleben das Folgende bedeuten würde, das ich Ihnen in der Hoffnung mitteile, es möge Licht auf die Bedeutung werfen, die Ihr Traum für Sie hat« (Meltzer 1984, S. 107). Auf deutsch klingt das ziemlich hölzern – auf Englisch übrigens auch, aber es liegt ein besonderer Charme in der hölzernen Ausdrucksweise, der etwas mit dem britischen Humor zu tun hat. Im Original lautet der Anfang des Zitats: »While listening to your dream I had a dream.« Das Zulassen dieser Zuhörerträume ist der Kern der Arbeit mit Träumen in der Traumwerkstatt. Ich bin der Meinung, daß auch in der therapeutischen Arbeit mit Träumen diese regressive Rezeptivität, das Zulassen und die Bearbeitung der eigenen unbewußten Antwort auf die Träume ein zentrales Moment darstellt.

Regression

Die Regression, also die (partielle) Wiederbelebung früherer
Ebenen des seelischen Funktionierens, ist Teil jeder analytischen Therapie. Erst durch das Wiedererleben der abgewehrten
Kindlichkeit kann das innere Spaltungs- und Abwehrsystem
emotional überprüft und neu organisiert werden.

Der psychoanalytische Begriff der Regression impliziert ein
Entwicklungsmodell, nach dem in der erwachsenen psychischen Organisation unterschiedliche Funktionsprinzipien ko-
existieren, die unterschiedlichen Entwicklungsniveaus entsprechen. Die Idee einer therapeutischen Nutzung der Regression
ist, daß durch die Neubelebung archaischer Reaktionsweisen im
Hier und Jetzt verschüttete Konflikte zum einen spürbar gemacht, zum anderen aber auch neu durchlebt und dadurch auf
eine andere, bisher nicht gekannte Weise lösbar gemacht werden können. Die Regression wird durch das analytische Setting
gezielt gefördert.

Einen der Regression vergleichbaren Begriff kann und will
das systemische Modell natürlich nicht bieten, denn es ist explizit gegen die psychoanalytische Idee eines in sich historisch
geschichteten Individuums entwickelt worden. Versucht man
jedoch, einen von der Praxis her vergleichbaren Begriff zu finden, also ein therapeutisches Agens, ähnlich der Belebung
»kindlich«-regressiver Umgangs- und Erlebensformen in der
Psychoanalyse, so kann man auf Systemebene die Versuche der
Familientherapeuten anführen, das Funktionieren des Familiensystems im Hier und Jetzt der therapeutischen Situation zuzulassen oder zu provozieren. Schon im Ansatz der familientherapeutischen Situation, allein durch die Anwesenheit aller Beteiligten, wird das ermöglicht. Außerdem gibt es eine Reihe von
Interventionen, die darauf abzielen, das System mit sich selbst
zu konfrontieren. Indem die Therapeuten beispielsweise Verschreibungen und paradoxe Interventionen anwenden, wird das
Familiensystem zu einer homöostatischen Reaktion veranlaßt;
auch darin könnte man eine Aktualisierung basaler (unbewuß-

ter) Funktionsprinzipien sehen. Drittens schließlich integrieren manche Familientherapien die Arbeit am »inneren System« oder an der Herkunftsfamilie im Sinne einer therapeutischen Arbeit mit einzelnen im Gegenwart der anderen Familienmitglieder. In dieser Einzelarbeit ist Regression im individuell-emotionalen Sinne zugelassen und erwünscht – allerdings ist sie meist mit einem vordefinierten Ziel verknüpft und insofern unterscheidet sich diese Verwendung erheblich vom psychoanalytischen Verständnis.

Traumerzählungen in der Psychotherapie sind – aus analytischer Sicht – regressive Phänomene insofern, als sie eine primär-prozeßhafte Funktionsweise in den Therapieprozeß einbringen. Aus streng systemischer Sicht ist diese Eigenschaft weniger bedeutsam, sogar wegen ihrer Tendenz zur Individualisierung eher störend. Zwar werden Träume gelegentlich als Informationsträger etwa über Erinnerungen, Beziehungsentwürfe und Kommentare zum Therapieprozeß geschätzt (Sanders 1994), und sie können für die erwähnte Technik der Einzelarbeit in der Familientherapie genützt werden, die eigentliche »Systemregression«, wie ich sie oben als ein Ziel gewisser systemischer Interventionen dargestellt habe, befördern sie jedoch nicht.

Die Tiefe der Regression beziehungsweise systemisch gesehen das Ausmaß der strukturellen Infragestellung unterscheidet Therapien von der Selbsterfahrung. In der Traum-Selbsterfahrungsgruppe haben die Leiter gewisse Möglichkeiten zur Regressionsbegrenzung: Sie sind weniger selektiv in der Mitteilung eigener Phantasien und Bilder zum Traum und sie sprechen früher und gezielt entlastend Übertragungsaspekte des Traums und der Gruppendynamik an. Was ist nun der Unterschied zur therapeutischen Arbeit mit dem Traum? Als Psychoanalytiker könnte ich im Fall der Therapie von der Überlegung ausgehen, daß hier durch einen passiveren, abwartenden Deutungsstil eine tiefere Regression und damit die Entfaltung auch unbewußterer Aspekte der Szene des Patienten zugelassen werden kann. Ich möchte die Differenz meiner Haltung in Selbsterfahrung und Therapie aber lieber als eine Verschiebung des Fokus bezeichnen. In Selbsterfahrungsgruppen werden sich (im Wissen um die Begrenztheit des Raumes und des Anspruches) die in mir aufsteigenden Phantasien zum Traum in andere Zusammenhänge einbetten, mit anderen Wünschen verbinden als in einer therapeutischen Situation, wo es um das Bewußtmachen verdrängter, angstmachender Wünsche und verzerrter und gespaltener Objektbeziehungen geht, die großes Leid im Umgang mit sich selbst und anderen bewirken. Unter dem Druck eines berechtigten und dringenden Veränderungswunsches ist es schwerer und zugleich um so nötiger, die »Regression im Dienste des Ich« aufrechtzuerhalten und, statt unmittelbar hilfreich einzugreifen, erst einmal die eigenen Antwortträume zuzulassen, um die eigene Beteiligung an der verwickelteren, »kränkeren« unbewußten Szene zu erspüren. Ich werde – jedenfalls solange ich noch nicht in einer gewachsenen und vertrauten analytischen Beziehung stehe – eher stiller und nach innen gekehrter erscheinen, denn ich muß bewußter auf meine inneren Prozesse achten.

Ich vermute, daß sich diese Vorstellung von denen der meisten systemischen Familientherapeuten unterscheidet. Sie würden im Fall der Therapie stärkeren Handlungs- und das heißt Interventionsbedarf sehen als in der Selbsterfahrung.

Zusammenfassung: Träume in der Paartherapie

Mein Interesse an der Rolle von Traumerzählungen in der Paartherapie verdanke ich einer Erfahrung aus der Therapie eines Paares, das vor allem wegen der fast psychotisch wirkenden -Ängstlichkeit und »Merkwürdigkeit« der Frau gekommen war, mit der der liebevoll, bedächtig und stabil wirkende Ehemann nicht mehr umzugehen wußte. Der Mann erzählte an einem wichtigen Wendepunkt der Therapie einen Traum, aus dem deutlich wurde, welche tiefen, traumatisch bedingten Ängste vor dem Leben er mit sich herumtrug. Mit diesem Traum machte er nicht nur mir, sondern vor allem auch seiner Frau schlagartig klar, daß nur an der Oberfläche die Frau immer die Ängstliche gewesen war. Dieser Traum und seine Bearbeitung ermöglichten es dem Paar, aus der festgefügten Rollenverteilung herauszutreten und einen sehr fruchtbaren und verständnisvollen Dialog miteinander aufzunehmen. Die Ängstlichkeit der Frau hörte auf, seit der Mann sie bei sich entdecken konnte.

Auch später habe ich in Paartherapien oft erlebt, daß Träume auftraten, wenn das Vertrauen in den Rahmen gewachsen und der Wunsch erwacht war, mit sich selbst in Kontakt zu kommen. Diese Träume lösten unmittelbare, unbewußte Reaktionen aus und oft sehr bezogene Antwortträume. Das Beispiel, das wir in diesem Band vorgestellt haben, ist eine solche unbewußte Antwort.

Um so erstaunlicher ist es, daß Träume in der Paar- und Familientherapie selten verwendet werden. Zwar haben einzelne Autoren ihr Rolle für die Bearbeitung von unbewußten Interaktionen diskutiert (Calogeras 1977; Perlmutter u. Babineau 1983; Strunz 1985; Buchholz 1988), doch zeigt eine Befragung von Eheberatern und Familientherapeuten (Metzker-Podhorsky 1990), daß fast keiner der Befragten mit Träumen arbeitet. Zwar finden es viele eine interessante Möglichkeit, doch sind sie der Auffassung, der akute Problemdruck sei meistens zu stark und außerdem hätten sie das Arbeiten mit Träumen nicht gelernt. Auch eine vergleichende Befragung von psychoanalytischen und systemischen Familientherapeuten (Schwemmer-Fischer 1991) führte zu einem ähnlichen Ergebnis. Die Traumferne der paartherapeutischen Praxis ist erklärungsbedürftig. Eine eigene Studie (Hamburger u. Haile 1996) vermittelte uns ein Stück Einsicht in die Gründe dafür. In der Begleitforschung einer traumorientierten Eheberatung konnten wir nachweisen, wie die Traumarbeit sofort eine heftige Reinszenierung des zentralen Konflikts in der Übertragung auslöste. Es wurde daher erklärlich, daß alle Beteiligten mit Widerstand reagierten: sei es durch Delegation der Deutungskompetenz, sei es durch Vermeiden von Traum und Traumarbeit schlechthin. Erst die Bewußtmachung der entstandenen Szene brachte die Träume und die

Arbeit wieder in Gang und führte zu einer Formulierung des zentralen Konflikts.

Mein Fazit für die Traumarbeit in der Paarberatung und Paartherapie ist, daß man Träume nicht einfach als zusätzliches Mittel »einbauen«, sondern ein Sensorium für die szenische Kraft von Träumen und für ihre ansteckende Wirkung entwickeln sollte. Wenn sie dann kommen, kann man sie annehmen, ohne der von ihnen ausgehenden Inszenierungsmacht zu erliegen, deren Gefahr vor allem in der Zuweisung der Deuterrolle an den Therapeuten besteht. Als Therapeut will ich mir den Raum nehmen, zu spüren, welchen Traum der Traum des Klienten in mir auslöst, die Bedeutung meines inneren Traums für mich und meine Beziehung zum Klientenpaar verstehen und aus dieser Position Kontakt aufnehmen können. Wenn das gelingt, ist der Traum in der Therapie angekommen.

Der Traum bietet gerade in Mehr-Personen-Therapien (und genaugenommen sind das, abgesehen von der Selbstanalyse, alle) die Möglichkeit, interpersonelles Zusammenspiel und innerpsychische szenische Entwürfe in Beziehung zu setzen. Er kommt so persönlich daher und ist doch eine szenische Mitteilung, die gehört zu werden verdient.

Die Traumwerkstatt in der Therapiegesellschaft

Hildegard Baumgart

Vom Traumpaar zum Paartraum

Wer von einem Traumpaar spricht, denkt sich nichts Böses. Im
Gegenteil: wie alle mit »Traum-« zusammengesetzten Substan-
tive in unserer Umgangssprache meint das Wort nur das Beste,
das Allerbeste. Mir fällt bei dem Wort ein: Zusammenpassen;
Jugend und Schönheit; gleiches Gut, gleiches Blut, gleiche Jahre gibt die besten Ehepaare; Reichtum; Glanzpapier; seidenwei-
che Haut; ein Diamant ist ewig; alles Glück dieser Welt, aber
auch: Freie Nachbars Kind, kaufe Nachbars Rind; oder: Liebe
um Liebe, Zusammen-alt-(aber nicht krank)-werden; grand
children on my knees; ein schönes Leben, ein sanftes Ende
(wenn überhaupt) – dies war nun eine nicht ganz freie Assoziation zum Wort Traumpaar, und was man daran vor allem bemerken wird, ist, daß ich ihm etwas zwiespältig gegenüberste-
he. Dennoch – die Traumpaare in meiner Umgebung haben sich
keineswegs alle scheiden lassen. Es gibt Traumfrauen, die tatsächlich auch noch schön altern, wie ja auch nicht alle Traum-
urlaube mit bösem Nachgeschmack wegen enttäuschender Ho-
tels oder mißlungener Liebessuche enden. Doch denke ich, daß
jede Arbeit, die als Traumjob begonnen wurde, irgendwann in

Konflikte führt – und hier, das ist meine Meinung und Erfahrung, würde Traumarbeit die Traum-Arbeit mit der Realität versöhnen. Und damit genug der Wortspiele.

Wie kommt es, daß mit dem Wort »Traum« zunächst nur Gutes verbunden wird? Aus eigener und fremder Erfahrung scheint mir, daß weit mehr angsterregende, problematische, einengende Träume geträumt werden als heitere, leichte und schöne. Bereits in Freuds »Traumdeutung« von 1900, dem Werk, das die Grundlage aller modernen Traumforschung bleibt, wird eine Untersuchung von »zwei Damen« erwähnt, die von ihren eigenen Träumen 58 % als »peinlich« und nur 28,6 % als »positiv angenehm« erlebt haben (den Rest wohl dazwischen). Das Zusammensehen von Traum und besonders schöner Wirklichkeit hat fast den Charakter einer Beschwörung, die die düsteren Mächte unserer inneren Unterwelt begütigen, besänftigen, gleichsam umbenennen möchte ins Schöne und Harmlose, Nicht-Bedrohliche.

Ganz im Gegensatz dazu hat die gesamte kulturelle Tradition seit Tausenden von Jahren sich dem Unheimlichen, der Tiefe und vor allem den zukunftsweisenden Aspekten des Traums gestellt und sie keineswegs von vornherein als Glücksverheißung erwartet und verstanden, sondern besonders oft auch als Warnung. Sprichwörtlich geworden sind die sieben fetten und sieben mageren Jahre, die der biblische Joseph dem ägyptischen Pharao aus dem Traum von den Kühen und den Ähren herausdeutete – eine richtig verstandene Warnung, die nicht nur dem Pharao, der sie akzeptiert, Glück bringt, sondern auch dem Gottesknecht und -liebling Joseph. In allen Religionen erscheint Gott oder erscheinen Götterboten in Träumen, manchmal auch in Visionen, die Träumen nah verwandt sind. Wir können ja den Traum definieren als Halluzinationen im Schlaf. Wir sehen etwas, das alle andern, die »Normalen«, nicht sehen können – ähnlich wie etwa die heilige Johanna, die Erzengel und Heilige sah und auf deren Geheiß Schlachten schlug und gewann –, aber niemand anders sah eben diese Gestalten, die für das Bauernkind wirklicher und wirkkräftiger waren als selbst der mächtigste Mensch.

Die Bibel hat uns ein wesentlich einfacheres Beispiel, gleichsam als eine kleine Nebenszene, überliefert. Matthäus berichtet im 27. Kapitel: Während Pilatus auf dem Richterstuhl saß, um über die Strafe für Jesus zu entscheiden, »ließ ihm seine Frau sagen: Laß die Hände von diesem Mann, er ist unschuldig. Ich hatte seinetwegen heute Nacht einen schrecklichen Traum.« (Einheitsübersetzung). Diese Warnung wurde nicht beherzigt – übrigens ein Beispiel für einen Traum, den ich schon zu den Paarträumen rechnen würde, einen, der eine Chance bot, die nicht genutzt wurde. Sehr deutlich ist in der Erzählung der Bibel, daß die Frau die Bedenken des Pilatus, der Jesus ja selbst für unschuldig hielt, aufgriff und verstärkte, vielleicht sogar ohne zu wissen, um was es bei dem Prozeß ging.

Doch bleiben wir zunächst beim Traumpaar. Freuds wichtigste These in der »Traumdeutung«, die, an der er gegen alle Kritik und gegen die Einwände des sogenannten gesunden Menschenverstandes festhielt, war die vom Traum als Wunscherfüllung. »Der Traum ist eine Wunscherfüllung« heißt ein ganzes Kapitel, das dritte des Buches. Das paßt auf den Ausdruck »Traumpaar«: die Erfüllung von Wünschen, von Hoffnungen, vom immer schon Ersehnten erwarten sich die Verliebten von ihrer Traumfrau oder ihrem Traummann. Wichtig ist dabei, daß es die Träumerin oder der Träumer sind, die da träumen – sich aber dabei einbilden, *nicht* zu träumen, sondern eine Realität zu erleben. Oft genug findet die Umgebung das Objekt hingerissener Anbetung ja gar nicht so traumhaft, redet von Verblendung und vom schrecklichen Erwachen, das irgendwann unfehlbar folgen wird. Es ist also der Blick, der liebende Blick, der Schönheit hervorbringt. Der Gott ist im Liebenden, nicht im Geliebten, heißt es in Platons Phaidros-Dialog – der »zärtlichste, spöttischste Gedanke vielleicht, der jemals gedacht ward«, wie Thomas Mann im »Tod in Venedig« kommentiert. Bilde dir nichts ein, müßten wir uns nämlich eigentlich sagen – das Göttliche, das Ver-Götterte steht nicht dir gegenüber, sondern es kommt aus dir – und was wird, wenn Eros, der den Geliebten verzaubert, dich verläßt? Aber natürlich – wer so denken und auch noch so fühlen kann, der ist schon nicht mehr verliebt.

Was meint nun der wunschträumende Blick zu sehen? Ich möchte kurz an zwei Systeme erinnern, die mir zum Verständnis der Paarliebe unentbehrlich erscheinen und die beide die Schwierigkeiten erklären, in denen der Traum zerstiebt – das kulturelle Muster, das in unserer Zeit die Erwartung im Liebesfalle bestimmt, und das psychoanalytische Modell, das von manchen nicht auf unsere Zeit eingeschränkt, sondern gern als überall und jederzeit gültig angesehen wird, wenigstens in seinen Grundlagen.

Kulturell sind wir gezwungen, an eine Paarbeziehung Ansprüche zu stellen, die es erst seit etwa zwei Jahrhunderten gibt und die noch immer nicht gerade leicht zu verwirklichen sind. Zwei Menschen, die einander als völlig einzigartig wahrnehmen – niemand wie du, niemand wie ich –, sollen miteinander eine eigene neue Welt bilden. Unerläßlich dafür ist eine ständige reichliche Kommunikation. Da beide sich verändern und daher füreinander auch immer wieder neu werden, wird leidenschaftliche Liebe, die bis ins 18. Jahrhundert fast nur vor- und außerehelich gedacht wurde, damit ehefähig. Dazu gehört die Einbeziehung sinnlicher Faszination, die ebenfalls als nicht flüchtig, sondern langjährig, ja als lebenslang postuliert wird. In früheren Ehemodellen galt Leidenschaft in der Ehe als unerwünscht, bei manchen Autoren sogar als unzüchtig.

Auf eine merkwürdige Weise ausgeklammert ist bei diesem Eheideal die Außenwelt. Mit der wird es schon gutgehen, wenn es nur innen stimmt. Man wird mir entgegenhalten, welche Rolle alles Materielle spielt – es wird aus Steuergründen geheiratet, man überlegt sich vernünftig, wie und wo man wohnen will, ob die Familien zusammenpassen, ob man genug verdient, um sich eine Familie leisten zu können. Ja schon – und doch wird bis hinein in die Trivialliteratur, in die Schlager, wird selbst noch bei den immer noch dynastisch motiviert wirkenden Traumhochzeiten der Hochadeligen in den bunten Blättern die Liebe in der eben beschriebenen Form als Grundlage für alle prakti-

schen Schritte vorausgesetzt. Traumpaarträumer sehen in ihrem
Gegenüber Eigenschaften, die eine solche Liebe ermöglichen.

Würde man freilich die echten, die Nachtträume solcher Personen betrachten, so wäre oft nicht die unbefragte Begeisterung,
die Überzeugung ins Glück zu schweben das Thema, sondern
auch Zweifel und Angst (und von hier ab lassen wir die Frage
nach der Wunscherfüllung und warum Freud meinte, die Angst
sei den schlechten Träumen nur »angelötet«, als zu speziell beiseite).

Ein schönes Beispiel für einen solchen Traum hat Achim von
Arnim, der romantische Dichter, im Jahre 1810 aufgezeichnet.
Er war 29 Jahre alt und seit Jahren mit seiner späteren Frau
Bettine Brentano befreundet. Übrigens sind die beiden für mich
durchaus ein »Traumpaar«. Als die Entscheidung näherrückte,
als er mit andern Worten die Notwendigkeit vor sich sah, ihr
einen offiziellen Heiratsantrag zu machen, schreibt er ihr folgenden Traum auf:

Ich reiste in der Nacht durch eine wundergrüne Frühlingsgegend, die
Pracht der Waldgebürge läßt sich nicht beschreiben, aus denen ein ganz
prächtiges Mauerwerk hervorschien, das in der Sonne glänzte . . . Ich ging
und fuhr abwechselnd und beeilte mich sehr, dahin zu kommen, wunderliche Begebenheiten eines andern, den ich gar nicht kannte, hielten mich
auf; ich erinnere mich nie einen Menschen dieses Angesichts gesehen zu
haben. Er hatte mit einer mir ebenso unbekannten Frau gewaltig viel zu
streiten, sie waren immer in beständigem Lauern, einander eine schwache
Seite abzumerken, hielten mich bei einer Brücke auf. Plötzlich aber war
ich fort und oben und trug Dich in meinen Armen und küßte, ich weiß
nicht wie, küßte Dich und weinte. Und da kam das andere Frauenzimmer
und wollte mit mir ringen; nun weißt Du, wie man im Traume so wunder-
lich ungeschickt ist, man kann sich nicht bewegen. Da kam es mir immer
vor, als wenn sie mich zurückdrängte, ich ärgerte mich darüber und wachte
auf.

Und später im Brief eine weitere Erinnerung, wie sie oft kommen, wenn man einen Traum erzählt:

Du trugst ein weißseidenes Kleid, das fällt mir noch ein.

Hier geht es also auch um eine strahlende, vielleicht allzu strahlende Zukunftsperspektive: Das Ziel, zu dem hinzukommen sich der Träumer »beeilt«, wird als prächtig, »ganz prächtig«, unbeschreiblich, sonnenüberglänzt gesehen. Am Ankommen hindern ihn »wunderliche Begebenheiten eines andern«, den er »gar nicht kennt«, den er auffallend ungeschickt verneint: »Ich erinnere mich nie«, diesen Menschen gesehen zu haben, ebenfalls nicht die Frau, mit der er streitet, der er aber eng verbunden sein muß, denn um einander schwache Seiten abzulauern, muß man sich schon ziemlich gut kennen. Kein schönes Bild von einem Paar, wenn man sich auf eine Ehe vorbereitet! Man könnte diese beiden so betont Fremden als Arnims gar nicht so unbewußte Erfahrungen, als innere Warnbilder von sich und Bettine begreifen: Sie hatten sich in der Tat bei aller unwiderruflichen Nähe oft gestritten und waren außerordentlich verschieden. Der Traum sagt aber: keine Ahnung, wer das ist. Vor einer Brücke, der klassischen Verbindung zwischen zwei getrennten Ufern, einem Ort des Übergangs, hier vielleicht als Zugbrücke in die feste strahlende Burg der Ehe aufzufassen, wird Arnim von diesen beiden Gestalten behindert.

Aber nun geschieht eine typische Traumverwandlung. »Plötzlich war ich fort und trug Dich in meinen Armen« – der wagemutige Sprung oder Flug in einen andern Zustand ist gelungen – »und küßte Dich, ich weiß nicht, küßte Dich und weinte«. Man spürt an der Ausdrucksweise die tiefe Erschütterung bei einer Lebensentscheidung. Diese schöne und rührende Stimmung stört »das andere Frauenzimmer«, das mit dem gerade mühsam zum Glück gelangten Bräutigam ringen will. Arnim fühlt sich von dem negativen Frauenbild bedrängt, ja fast überwältigt und zieht es vor, aufzuwachen. Er ärgert sich über die phantastische Übermacht der »anderen Frau«, der beängstigenden Seite des Weiblichen, könnte man interpretieren.

Ein paar Sätze später kommt noch der Einfall mit dem weißseidenen Kleide – heute würde man gewiß an ein Hochzeitskleid denken. Doch waren damals weiße Brautkleider noch nicht üblich, so daß »weiß« sich eher als Farbe der Reinheit,

Unschuld und Güte darstellt, als wollte Arnim zu Bettine sagen: »Du wolltest nicht mit mir ringen, Du warst keinesfalls die ›andere Frau‹, Du trägst ja das Weiß der Sanftheit.«

Dies war nun eine, nur eine mögliche und ziemlich einfache Interpretation, denn es geht hier um das Konfliktthema des doch nicht so traumhaften Paares und seiner kulturellen Erwartung ständiger Kommunikation, die hier angstvoll umgedeutet wird in dauerndes Belauern.

Von hier aus gelange ich leicht zur Psychoanalyse und ihrem Zentralmythos, dem Ödipuskomplex, patriarchalisch-jüdisch-christlich geprägt wie der ganze (atheistische) Freud. Kurz erinnert: In der frühen Kindheit begehrt das Kind den gegengeschlechtlichen Elternteil für sich allein, kann das totale Wegsein auch als »Totsein« wünschen, erfährt, da es ja beide Eltern liebt, die Unausweichlichkeit von Schuld und löst den Konflikt, indem es sich mit dem gleichgeschlechtlichen Elternteil identifiziert. Ganz allgemein ausgedrückt, geht es beim Ödipuskomplex um das Überschreiten oder die Einhaltung von Generationengrenzen und um den Platz, den das Kind zwischen den Eltern hat und dem, den die Eltern einander einräumen. Fast nie, so Freud, wird der Ödipuskomplex vollständig »erledigt«, doch sein Traumpaar wie das der gesamten Psychoanalyse wäre eins mit beiderseits aufgelöstem Ödipuskomplex. Es ist fast immer eine Lebensaufgabe, ihn zu bewältigen, er rumort im Unbewußten, erlaubt uns zwar lange beschauliche Perioden, erhebt dann aber in Krisenzeiten sein unversöhnliches Alptraumhaupt.

Die neuere Psychoanalyse hat zusätzlich die prägende Wichtigkeit der Mutter-Kind-Beziehung betont, wo idealiter ein sehr befriedigendes Ineinander von gegenseitiger Bedürfniserfüllung herrschen soll, das, wie viele annehmen, ein Sehnsuchtsziel für den erwachsenen Menschen vorformt.

Ich versuche zusammenzufassen, was der Entschluß für eine dauerhafte Paarbeziehung nach psychoanalytischer Auffassung bedeutet: Zwei Ich gehen in ein Wir ein, bilden darin die frühe Mutter-Kind-Seligkeit nach und machen die bei der Ablösung aus dieser frühen Paradies- und Allmachtszeit erlittenen Verletzungen wieder gut. Ein erlaubter gegengeschlechtlicher Partner ist gefunden, die Gegenfigur zum verbotenen ödipalen. Das Ich hat, wie es zumindest *glaubt*, eine freie, erwachsene Entscheidung getroffen. Wir dürfen sowohl aktiv wie passiv sein: lieben und geliebt werden. Stand uns in der ödipalen Kindheitskrise das Elternpaar unauflöslich, sozusagen monumental gegenüber, begabt mit aller Macht unserer kleinen Welt, so treten wir jetzt selbst an diese Stelle: Wir selbst sind Teil eines Paares, wir selbst sind mächtig, in unseren hochgemuten Phantasien so mächtig, daß die Welt nur kommen soll – wir werden mit ihr schon fertig werden. Wir dürfen und sollen selbst Kinder haben, also Eltern sein und haben im Idealfall ganz neue Möglichkeiten, unsere Eltern in der Identifikation neu zu verstehen.

Im Idealfall – und jeder, der dies hört, wird es wohl etwas mit der Angst bekommen, wie das alles gelingen soll. Verständlich sind daher alle dämonenaustreibenden Rituale bei Eheschließungen (Polterabend), verständlich ist auch die häufige Angst, die rituelle Schwelle überhaupt zu überschreiten. In der Eheberatung erlebt man immer wieder, daß trotz langen Zusammenlebens vor der offiziellen Verbindung bei den Frischvermählten plötzlich allgemeines Einverständnis, Sexualität und Kommunikation dahinschwinden, als ob die ödipalen Verbote angesichts des Ernstfalles nur aufs Zuschnappen gewartet hätten.

Das Scheitern ist den beiden geschilderten Erwartungsmustern, dem für uns gültigen kulturellen wie dem psychoanalytischen – man könnte auch sagen: den beiden Utopien – eigentlich eingeschrieben. Beide erlauben Höhenflüge und müssen mit den Nackenschlägen der kalten Wirklichkeit rechnen, die die traumglücklichen Luftschiffer herunterholt in Pflicht und Arbeit, Langeweile und Trauer, ins Graue, auf den rauhen Rükken der Erde. Beide enthalten aber auch Rettungsmöglichkeiten – die »romantische Liebe« bietet den Rückzug des als einmalig gedachten Individuums auf sich selbst, aber auch die gegenseitige Mitteilung, das Reden miteinander und vor allem die Wand-

lungsfähigkeit. Die Psychoanalyse benennt die Unausweichlichkeit und damit die Normalität von Konflikten, inneren und
äußeren. Ein gesunder Mensch, eine gesunde Beziehung sind
im psychoanalytischen Sinne nicht konflikt*frei*, sondern konflikt*fähig*. Außerdem – sehr wichtig – bietet sie ein Modell für
die quälende Tatsache der Schuld und des Schuldigwerdens,
aber auch des Überlebens und Überwindens von Schuld oder
Schuldzuweisungen. Durch Genauigkeit, nicht durch Verwi-
schen, ermöglicht sie Versöhnung.

Freud hat den Traum als Königsweg zum Unbewußten bezeichnet (und seit ich den Prager Königsweg kenne, denke ich
immer daran, um wieviel Ecken, durch wieviel Gäßchen, an
wieviel Häusern vorbei der Weg zur hohen Burg führt). Die Ro-
mantik, also auch die romantische Liebe ist ohne Träume, Ah-
nungen, Nachtwelt und auch Unvernunft nicht zu denken.

Ich möchte jetzt einige Beispiele erzählen, aus denen, wie ich
hoffe, hervorgeht, auf wie verschiedene Weise Träume Liebesbeziehungen widerspiegeln, was sich mit ihnen anfangen läßt
und was einem entgehen würde, wenn man sie verfehlt. Eigentlich enthalten alle Träume Beziehungsaspekte. Einen Traum, in
dem es *nur* um die Träumerin oder den Träumer geht, kann ich
mir nicht vorstellen. Alle haben doch letzten Endes mit nahen
oder fernen Personen zu tun.

Ich sitze auf einer kleinen Sandbank im Watt und fühle mich wohl. Es
kommen aber hohe Wassermauern und schließen mich ein. Ich habe große
Angst.

Ein solcher Traum mit sehr einfacher Symbolik handelt nicht
von der Träumerin allein. Die ersten Einfälle führten zum Nachdenken über ihre Liebessituation, in der sie sich überforderte
und sich von ihrem Freund – und auch noch von ihrer Familie,
ihrer Arbeit – buchstäblich überfluten ließ. Hier ging es darum,
die Angst wahrzunehmen, und ich kann hier verraten, daß es
ziemlich lange gedauert hat, bis die eigentliche Beratungsarbeit
nach diesem Hinweis Erfolge gebracht hat. Aber auf den An-

fang war eben gehört worden, die Träumerin hatte verstanden, daß sie genau in ihrem Alleinseinwollen von sich selbst und andern bedroht war.

Ich versuche eine einfache Einleitung dessen, was ich Paarträume nenne. *Die erste Gruppe* bilden Träume, die sich, wenn man einmal diesen Ausdruck gebrauchen möchte, nur an den Träumer selbst richten oder die er an sich selbst richtet. Ein Bild, ein Schlaglicht, das Symbol einer Situation entsteht. Ein eindrucksvolles Beispiel ist dieses. Eine verheiratete Frau träumte in einer Dreieckssituation:

Mein Freund kommt mir auf einem Gartenweg entgegen. Ich sehe ihn von einer Glasveranda aus. Ich freue mich sehr. Er schlägt von außen die Scheibe der Verglasung ein, Luft strömt herein, es ist schön. Aber die Splitter legen sich wie ein Schuppenpanzer um meinen Körper. Ich kann mich nicht mehr bewegen; täte ich es, so würde das Glas in mein Fleisch schneiden, es würde schrecklich weh tun.

Alles, was diese und viele andere Dreiecksbeziehungen charakterisiert, ist hier enthalten: Die Frau befindet sich in ihrem Haus; der Freund kommt von außen; er »bricht ein«, so daß frische Luft in das Leben der Frau kommt; aber die Scherben, die dabei entstehen, und an deren Entstehung sie mitgetan hat, denn schließlich hat sie sich auf die Außenbeziehung eingelassen, führen zu einer außerordentlich schmerzhaften Bewegungslosigkeit, sie schneiden »ins eigene Fleisch«. Vom Freund ist im Traum keine Rede mehr, am Ende steht das Bild einer Leidenden, die ganz allein ist.

Es versteht sich fast von selbst, daß die Träumerin weder mit ihrem Mann noch mit ihrem Freund über diesen Traum reden konnte, eingeschlossen in Schmerzen, wie sie war. Sie begriff aber, daß sie »irgendwie« die Trauer und die Erstarrung abschütteln mußte. Sie versuchte, wenigstens die hereingeströmte »frische Luft« zu erhalten und fand, das sei hier nur angemerkt, zu ihrem Mann zurück. Der Freund, so habe ich erfahren, führte nach der Liebesbeziehung eine wesentlich glücklichere Ehe mit seiner eigenen Frau. Ob er, symbolisch gesprochen, wenigstens ein paar Narben an der Hand, mit der er das Fenster zerschlug, davongetragen hat, ist mir leider nicht bekannt. Aber da dieser Traum wie alle andern kein objektives Bild der Wirklichkeit darstellt, sondern ein Erlebnis verarbeitet, das die Träumerin in *ihrer* Wirklichkeit hatte, können wir aus dem, was sie erzählt hat und was ich etwas verändert nacherzähle, nichts über die inneren Erlebnisse ihres Freundes wissen. Also nicht: so war es, sondern nur: so war es für sie. Daß man sehr wahrscheinlich, ginge man auf ihrer Lebenslinie zurück, frühe Vorschriften finden würde, auch sehr wahrscheinlich die Einschnürung in eine bestimmte Frauenrolle, steht auf einem anderen Blatt. Von daher kann es sein, daß die »frische Luft« vor allem den Sinn hatte, sie tatsächlich unerträglichen Schmerzen auszusetzen und damit die Beachtung ihrer eigenen Bedürfnisse in ihr Leben zu wehen. In einer Gruppe würden Einfälle, spontane Reaktionen und Einempfindungen, Phantasien der anderen Teilnehmer die Traumszene anreichern und die Gefühle der Träumerin vielleicht an eine Stelle führen, an der sie plötzlich weiß: so kann es weitergehen. Im Traum selbst aber – er wurde mir erst erzählt, als die Geschichte Jahre zurücklag – lief die Kommunikation der damals sehr einsamen Träumerin nur zwischen ihrem bewußten Ich und dem, was das Unbewußte ihr als eine Definition ihrer augenblicklichen Lage anbot.

Meine *zweite Art des Umgangs mit Träumen* bei Paaren ist das einfache Erzählen, das Dem-anderen-Erzählen, nicht irgend jemand. Dadurch wird eine Nachricht, etwas Neues und Spannendes versucht. Bei Paaren, die allmählich gelernt haben, auf die leise Stimme des Traums zu lauschen und ihr die Wirksamkeit zuzugestehen, die sie nach unserer Auffassung hat, entwickelt sich mit der Zeit ein Gefühl für den passenden Augenblick, in dem einer dem anderen Wunsch und Angst, wie sie im Traum auftauchen, preisgeben kann, ohne sich einerseits zu sehr auszuliefern und andererseits das geliebte Gegenüber zu hart anzugehen. Wieder ein einfaches Beispiel:

Eine Frau behält von einem verschlungenen Traum ein deutlich farbiges Bild: Sie zeigt ihrem Mann Tontöpfe, in denen sie grünes Gras gezogen hat, über das sie sich sehr freut. Der Mann sagt verächtlich-feststellend: »Das ist doch nur Katzengras!«

Die Frau erzählte ihrem Mann diesen Traum und auch, daß sie mit schwerem Herzen aufgewacht war. »Genauso ist es«, sagte sie, »ich hätte so gern Anerkennung von dir, und du erzählst mir immer, was ich tue, sei nichts Besonderes, und es gebe noch so viele bessere Möglichkeiten.« Der Mann wies weit von sich, daß er seine Frau abwerte, nahm sich aber anscheinend die Sache doch zu Herzen. Er war in den nächsten Tagen besonders liebevoll zu ihr, lobte, was sie tat (ganz ehrlich und nicht etwa dick aufgetragen), und es folgten ein paar von den so schönen unauffällig glücklichen Alltagstagen.

Etwas später träumte die Frau, auch wieder in einem größeren Zusammenhang von schön verzierten größeren Tonschalen, in denen schön gewundene, zarte und interessante Zweige mit festen kleinen grünen Blättern und zierlichen Blüten wuchsen.

Beim Aufwachen war sie, die auch zu den Träumern mit überwiegend negativen Gefühlen gehört, so froh wie sonst selten. Sie selbst, so verstand sie dieses Traumbild, konnte jetzt ihre Tätigkeit schöner abbilden als vorher, weil sie sich sicherer fühlte in der Anerkennung ihres Mannes. Man mag das altmodisch finden, aber erstens gibt es innere Traditionen, die viel tiefer sitzen als moderne Berufe (die Frau war Röntgen-Ärztin), und zweitens lebt sich es mit der Anerkennung des nächsten Menschen einfach besser. Gegen die etwas rigiden, gleichsam trotzigen Tontöpfe mit dem starren, geraden, wenn auch sehr frischen Gras setzt der spätere Traum ausgearbeitete Gefäße und anmutige Zweige, die bereits verholzt sind, also nichts schnell Geschossenes und bald Verdorrendes wie Gras, das biblische Symbol der Vergänglichkeit. Das Grün, berichtete sie, war dunkler, natürlicher, nicht so demonstrativ hellgrün wie im ersten Traum.

Dennoch kam ein weiterer Einfall: »Adonisgärtchen«. Sie hatte gehört, daß in der Antike Frauen zu Ehren des jung gestorbenen Adonis schöne, aber schnell welkende Pflanzen in Scherben säten. Um Adonis, den sprichwörtlich Schönen, stritten sich nämlich die Liebesgöttin Aphrodite und Persephone, die Herrin der Unterwelt. Er wird zwischen Himmel und Hades geteilt und muß immer wieder sterben, um seine Zeit in der Schattenwelt bei der einen zuzubringen und dann wieder auferstehen, um die andere unter der Sonne zu lieben. Nach einer solchen Assoziation kann man natürlich annehmen, daß die Frau dem Frieden nicht recht traute.

Der Mann träumte wenig später vom Tanzen:

Heute nacht, sagte er, haben wir so schön zusammen getanzt! Alle fanden wunderbar, was ich für tolle Einfälle hatte, und du warst in meinen Armen leicht wie eine Feder.

»Ach ja!« sagte die Frau – so berichtete sie mir –, »deine Einfälle natürlich wieder mal!« »Wieso«, sagte der Mann »einer muß doch schließlich führen! Du vergißt, daß heute Tango wieder in Mode ist!« Man sieht, der Prozeß geht weiter.

Und hier wird vielleicht auch verständlich, warum eine Gruppe, in der diese Sequenz von Träumen besprochen würde, einerseits sehr hilfreich, andererseits aber auch zum Fürchten gewesen wäre. Das Ausweichen, das Nicht-ganz-ernst-nehmen, das spielerische Sich-Entziehen, das hier besonders der Mann praktiziert, ist in einer Gruppe nicht möglich. Es ist zwar niemand gezwungen, einen Traum zu erzählen – wer mit Paaren arbeitet, weiß, wie schädlich der Zwang zum Preisgeben von Geheimnissen ist. Andererseits ist ohne eine offene Kommunikation meistens keine Änderung, kein neues Einanderwahrnehmen zu erreichen. Also herrscht in der Erwartung der Therapeuten ein diffiziles Pendeln zwischen dem Respekt vor der selbstbestimmten Eigenwelt der Klienten und dem Wunsch nach Offenheit, mit anderen Worten nach dem Vertrauen, das eine solche Art von Auslieferung voraussetzt. Meinem Tangotänzer war, wie sein Traum zeigt, eine bewundernde

Gruppe recht – eine konfrontierende hätte er sicher nicht ertragen.

Zum Schluß möchte ich an einem Beispiel zeigen, wie durch zwei Träume, die in einer unserer Gruppen direkt aufeinander bezogen geträumt wurden (das wäre also *die dritte Gruppe von Paarträumen)*, ein Ehepaar gemeinsam und mit Hilfe der Gruppe herausfand, wo genau sein augenblicklicher Standort war, wo Erstarrungen zu lösen waren, und welche Wünsche welchen Ängsten gegenüberstanden. Es tut mir leid um alles Weggelassene, das der Diskretion und der Verstehbarkeit ohne das Umfeld eines sorgfältigen Gesprächs geopfert werden mußte. Der Kern sieht etwa so aus:

Der Mann träumte einen zweiteiligen Traum. Im ersten Teil spielten alte Schecks eine Rolle, von seinem lange verstorbenen Vater mit gegenwärtigem Datum unterschrieben. Sie sind vielleicht wertlos, vielleicht noch einzulösen.

Im zweiten Teil sieht der Träumer durchs Fenster einen Waldbrand, will aufgeregt telefonieren, findet aber weder Telefon noch Feuerwehrnummer. »Irgendwie war mir klar, daß das Schulgebäude in Gefahr war, nicht aber unser eigenes Haus. Meine Frau sagt: ›Wenn die nicht bald was unternehmen, sieht die Sache schlecht aus.‹ Ich habe mich aber schon etwas beruhigt und höre mich sagen: ›So schlimm wird es nicht werden. Es regnet ja sehr stark.‹ Ein starker Regen strömt vom Himmel herab. Ich sehe richtig die dicken Tropfen ... «

Zur äußeren Situation: Das Ehepaar hatte sich selbst durchaus als Traumpaar empfunden, die Umgebung war aber anderer Meinung, besonders der Vater des Mannes. Beide Eheleute stammen aus einem streng kirchlichen Milieu und sind diesem auch treu geblieben. Sie engagieren sich stark in sozialen und karitativen Zusammenhängen. Vor fünf Jahren haben sie eine 19jährige Tochter durch einen Arbeitsunfall verloren. Die Wunde, die dieser Verlust gerissen hat, ist noch nicht vernarbt. Zwei andere erwachsene Kinder haben gerade teure Ausbildungen abgeschlossen und verdienen jetzt selbst, so daß das Ehepaar nach langen entbehrungsreichen Jahren plötzlich sehr viel mehr Geld zur Verfügung hat als bisher. Der Frau bleibt im leeren Nest viel mehr Zeit für sich, der Mann braucht sich nicht mehr mit anstrengenden Neben- und Nachtarbeiten zu plagen. Die gewonnene Zeit widmen sie noch stärker als vorher der Sorge für andere, und sogar von dem Geld, das sie jetzt, wie sie sagen, übrighaben, schicken sie einen beträchtlichen Teil an Verwandte in den neuen Bundesländern.

Die wichtigsten Einfälle des Mannes: Das Leben hat noch uneingelöste Schecks für ihn bereit – auf den Namen seines Vaters, über den er zögernd in der Gruppe nicht nur Negatives erzählt, sondern auch Tragendes, Vorbildliches. Der Vater hatte ihm in seiner letzten Krankheit eine (menschlich nur zu berechtigte) Aggression verziehen, unter der der Träumer sehr gelitten hatte. Als Vater sah er, der gläubige Christ, aber auch den himmlischen Vater. Zum Waldbrand fiel ihm der biblische Sprachgebrauch ein: »der Zorn entbrennt«, und er betonte, als ob es sehr wichtig wäre, das zu betonen: ich hatte nicht das Gefühl, für den Brand verantwortlich zu sein.

In Gefahr sah er das Schulgebäude, das er mit dem »Lehrgebäude überkommener theologischer Überzeugungen« in Verbindung brachte. Nicht in Gefahr war dagegen »unser Haus«, die Innenwelt, in der er und seine Frau wohnten, wo sie zusammengehören und sich geborgen fühlen.

Zum Thema der Unruhe und Getriebenheit trug seine Frau etwas bei, das niemand anders hätte wissen können: »In hektischen Situationen sucht mein Mann seine Sachen – Schlüssel, Brille; dort – wo sie gar nicht liegen können: es brennt im ganzen Haus. Er sieht auch die Probleme anderer wie ein Feuer, das unaufhörlich der Katastrophe zusteuert.« Auch sie, die ihr Leben lang seine altruistische Haltung mitgetragen hatte, sah also die Zuspitzung, die Übertreibung. Suchte er vielleicht überhaupt »seine Sachen da, wo sie gar nicht liegen können«?

Die Gruppe sah viel deutlicher als das Paar, wie sehr sich die beiden überforderten. (Das war übrigens, wie so oft, ein Phänomen der Projektion: auch die anderen Paare lebten in einem

Dauerzustand des Zu-viel, Zu-schnell, Zu-hastig. Fast immer redet, wer die Fehler anderer kritisiert, mindestens zum Teil auch über sich selbst.)

Die Rettung kommt von oben, vom Himmel: ein Geschenk, Segenstropfen, Wasser des Lebens – von der Gruppe besonders eindrücklich erlebt. Das Fazit des Mannes war:

Ich werde ermutigt, die eigenen ungelebten Bedürfnisse besser zu verstehen. Die Sorge, mir dabei die Finger zu verbrennen oder gar meiner tiefsten religiösen Erfahrungen verlustig zu gehen, erweist sich als unwirkliche Kinderangst... Dieses Feuer wird von unten her entfacht – vom Himmel regnet es neuen, strömenden Segen – Leben!

Die Bereitschaft, die im christlichen Raum oft vorkommt, zu-viel Schuld, zu viele Lasten auf sich zu nehmen und also den Nächsten *mehr* zu lieben als sich selbst, wird hier im Traum vorgeführt und durch einen Eingriff vom Himmel »gelöscht«, geheilt, wieder gut gemacht. Woher kam aber die so auffallende Unwilligkeit des Paares, es sich gutgehen zu lassen, ihre Tendenz, Freude vor allem in der Arbeit für andere, in einer Art Selbstaufgabe zu suchen? Allen Gruppenteilnehmern, auch dem Paar selbst fiel auf, daß die Trauerzeit – fünf Jahre seit dem Tod der Tochter – zu lang war. Es erfordert übrigens Mut, so etwas zu sagen, denn jeder spürt, daß es zunächst eine Zumutung ist, eine Trauer als zu lang zu benennen, ist sie doch eine Fortsetzung der Liebe zum Verstorbenen, und die will der Trauernde ja auf keinen Fall aufgeben. Doch wirkte in diesem Fall der akute Schmerz wie absichtlich aufrechterhalten. Es war noch eine Wunde da, wo alle sich eine wohl noch sichtbare, aber nicht mehr schmerzende Narbe gewünscht hätten.

Jetzt also der Traum der Frau, ebenfalls zweiteilig:

Auf einer schönen Wanderung, die sie glücklich macht, geht es sehr steil abwärts. Sie bekommt »unheimliche Angst«. Jetzt der Traumsprung: »Urplötzlich stehe ich vor einem Haus in meinem Heimatort. Vor dem Eingang liegt ein kleines Kind im Schnee. Als ich es aufheben will, wehrt es sich, es will unbedingt liegenbleiben. Mein Sohn, der mit mir die Wanderung gemacht hat, nimmt das Kind und bringt es ins Haus.« Der Sohn benutzt für den Rückweg aus dem Haus eine Leiter, die ins Rutschen kommt. »Ich rannte zu ihm, um ihm zu helfen. Er aber fand nichts Schlimmes dabei; er sprang ab, und alles war gut.«

Das Kind im Schnee – während des sehr langen und intensiven Gruppengesprächs wurde es zum zentralen Thema. Das Wort und Bild »Kind« enthält in seiner Doppeldeutigkeit zwischen Form und Formbarkeit sehr viel Möglichkeiten für Einfälle. Es führt zurück in die Gefühle der Kindheit, läßt an die eigenen Kinder denken, an das, was in uns noch neu ist und wachsen soll, auch an das, was im heutigen Jargon als »my baby«, mein liebstes Projekt bezeichnet wird, an das heilige Kind – kurzum, es bietet von Freudscher wie von Jungscher Seite aus einen sehr produktiven Zugang zum Unbewußten. Bei Jung gibt es den Kind-Archetypus, der die Charakteristik der »schwer erreichbaren Kostbarkeit« hat, etwas, um das auch Helden kämpfen müssen. Das Kind im Manne, unser aller inneres Kind – die Assoziationen sprudeln nur so.

Um die Sache abzukürzen und zu Ende zu bringen: dieses Kind im Schnee, das die Träumerin als etwa fünfjährig schildert – so alt wie die Trauer –, wurde schließlich verstanden als ein erstarrter Zustand, der sich von ihr selbst nicht »aufheben« ließ; ihr Sohn, das von ihr selbst ausgegangene jüngere Leben, mußte ihr helfen. »Schnee« brachte für sie nicht die erwarteten Einfälle von Kälte und gefrorener Leblosigkeit, sondern sie, die überhaupt allem Natürlichen auf sehr überzeugende Weise verbunden war, liebte den Schnee, und da es in ihrer Gegend sehr lange nicht geschneit hatte, wünschte sie sich in den Bergen, wo die Gruppensitzung stattfand, »Schnee zum Anfassen«.

Auch ihre eigene Jugendlichkeit schien sich in dem Kind zu verkörpern – zugleich noch da, noch gegenwärtig, noch jung, aber widerspenstig, wenn sie »ins Haus« getragen, ins tägliche Leben integriert werden sollte. Der Sohn nimmt einen umständlichen Weg – noch, könnte man hoffen. Denn die Einfälle sowohl der Träumerin wie ihres Mannes zeigten die wachsende Skepsis angesichts der überbeschützenden Haltung der Mutter. Die Kinder schaffen es allein – das heißt ja auch: die Eltern müssen es allein schaffen, und weitergehend: sie *dürfen* das.

Die verlängerte Trauer klärte sich durch die konzentrierte und behutsame Zusammenarbeit aller als die zu große Übernahme von Schuld auf. Es war eine der typischen unrealistischen Gedankenketten Trauernder: »Hätte ich das und das getan, dann wäre mein geliebter Toter anders gestorben« – und hier, bei diesen Eltern einer verunglückten Neunzehnjährigen, kam das dazu, was man Überlebensschuld nennt: Man fühlt sich schuldig, weil man nicht selbst anstelle des Toten oder mit ihm gestorben ist, wie es sich für die innere Ordnung eigentlich gehört hätte.

Der Schluß, den die Gruppe nahelegte, war: solche Gedanken sind Allmachtsvorstellungen. Das Abarbeiten der Schuld, das das Ehepaar zu praktizieren schien, war nach göttlichen Maßstäben sicher weder nötig noch möglich und nach menschlichen, wenn man die überhaupt anlegen wollte, längst abgeleistet. Die trauernden Eltern waren sehr gerührt und in all ihrem Schmerz sogar glücklich und erleichtert, als einem der Leiter ein Buchtitel des Lyrikers Pablo Neruda einfiel: »Ich bekenne, ich habe gelebt.« Das, so fanden sie, könne man von ihrer Tochter sagen, und auch, daß es damit genug sei. Und es schien, als könnten sie dies als Vermächtnis und Auftrag für sich selbst annehmen: auch sie sollten wieder leben.

Schließen möchte ich mit einem Zitat von Gerog Christoph Lichtenberg, dem Physiker und Schriftsteller, der 1799 im Alter von 57 Jahren starb. Er ist hauptsächlich bekannt durch seine Aphorismen. Was man weniger weiß, ist, daß er sich intensiv mit Traumforschung beschäftigt hat, natürlich fast nur am eigenen Leib und nachdenkend über das Phänomen des Traums und die Spannung zwischen Bewußtem und Unbewußtem. Er schreibt:

»Ich empfehle Träume nochmals; wir leben und empfinden so gut im Traum als im Wachen und sind jenes so gut als dieses; es gehört unter die Vorzüge des Menschen, daß er träumt *und es weiß*. Man hat schwerlich noch den rechten Gebrauch davon gemacht. Der Traum ist ein Leben, das, mit unserm übrigen zusammengesetzt, das wird, was wir ›menschliches Leben‹ nennen.«

Literatur

Altman, L. L. (1975): Praxis der Traumdeutung. Frankfurt/M.

Andrews, J.; Clark, D.J.; Zinker, J.C. (1988): Accessing transgenerational themes through dreamwork. Journal of Marital and Family Therapy 14, 15–27.

Argelander, H. (1970): Das Erstinterview in der Psychotherapie. Darmstadt.

Bateson, G. (1982): Ökologie des Geistes. Frankfurt.

Bauriedl, T. (1980): Beziehungsanalyse. Frankfurt/M.

Bauriedl, T. (1985): Psychoanalyse ohne Couch. Zur Theorie und Praxis der Angewandten Psychoanalyse. München, Wien, Baltimore

Bauriedl, T. (1996): Auch ohne Couch. Psychoanalyse als Beziehungstheorie und ihre Anwendungen. Stuttgart, 2. Aufl.

Beck, H.W. (1977): Dream analysis in family therapy. Clinical Social Work Journal 5(1), S. 53–57.

Beck, U.; Beck-Gernsheim, E. (1990): Das ganz normale Chaos der Liebe. Frankfurt/M.

Benjamin, J. (1990): Die Fesseln der Liebe. Psychoanalyse, Feminismus und das Problem der Macht. Frankfurt/M.

Bergman, M.S. (1966): The intrapsychic and communicative aspects of the dream. Their role in psychoanalysis and psychotherapy. The International Journal of Psycho-Analysis 47(2/3), 356–363.

Besthorn, R. (1983): Ehekrise als Chance. In: Hark, H. (Hg.): Träume als Ratgeber. Deutungshilfen für die Praxis. Reinbek, S. 109–124.

Bion, W.R. (1962): Lernen durch Erfahrung. Frankfurt/M.

Bion, W.R. (1967): Notes on memory and desire. In: Spillius, E. (1988) (Hg.): Melanie Klein Today, Vol. 2. London.

Bion, W.R. (1970): Attention and Interpretation. New York.

Blos, P. (1990): Sohn und Vater. Stuttgart.

Buchholz, M.B. (1982): Psychoanalytische Methode und Familientherapie. Frankfurt/M.

Buchholz, M.B. (1988): Der Traum in der Familientherapie. Psyche 41(6), 533–551.

Buchholz, M.B. (1990): Die unbewußte Familie. Lehrbuch der psychoanalytischen Familientherapie. München.

Buchholz, M.B. (1993): Dreiecksgeschichten – Eine klinische Theorie
psychoanalytischer Familientherapie. Göttingen.

Calogeras, R.C. (1977): Husband and wife exchange of dreams. The International Review of Psychoanalysis 4/1977:1, 71–82.

Chasseguet-Smirgel, J. (1974): Psychoanalyse der weiblichen Sexualität.
Frankfurt/M.

Cirincione, D.; Hart, J.; Karle, W.; Switzer, A. (1980): The functional
approach to using dreams in marital and family therapy. Journal of
Marital and Family Therapy 6, 147–151.

Cremerius, J. (1984): Die psychoanalytische Abstinenzregel. Vom regel-
haften zum operationalen Gebrauch. Psyche 38, 769–800.

Dold, P. (1979): Gemeinsame assoziative Traumregression in der Ehepaartherapie. Partnerberatung 16(3), 146–149.

Dold, P. (1996): Bis daß der Traum euch scheidet. Olten.

Erikson, E.H. (1954): Das Traummuster der Psychoanalyse. Psyche
8/1955, 561–604.

Feixas, G.; Cumillera, C.; Mateu, C. (1990): A constructivist approach to
systemic family therapy: A case illustration using dream analysis. Journal of Strategic and Systemic Therapies 9, 55–65.

Ferenczi, S. (1913): Wem erzählt man seine Träume? Wiederabdruck
(1938) in: Bausteine zur Psychoanalyse Bd. 3, 47. Wien; Nachdruck
(1984) Bern, Stuttgart, Wien, 3. Aufl.

Fielding, B.B. (1966): The utilization of dreams in the treatment of couples. Psychotherapy & Psychosomatics 14, 81–89.

Freud, S. (1900a): Die Traumdeutung. In: Gesammelte Werke Bd. II/III.
London 1940–1952 (zit. als GW).

Freud, S. (1905e): Bruchstück einer Hysterie-Analyse. GW V, 161 ff.

Freud, S. (1912d): Über die allgemeinste Erniedrigung des Liebeslebens.
GW VII, 78 ff. hier zit. nach Freud (1988).

Freud, S. (1913c): Weitere Ratschläge zur Technik der Psychoanalyse: 1.
Zur Einleitung der Behandlung. GW VIII.

Freud, S. (1915a): Triebe und Triebschicksale. GW X, 210–232.

Freud, S. (1923c): Bemerkungen zu Theorie und Praxis der Traumdeutung. GW XIII, 299 ff.

Freud, S. (1925d): Selbstdarstellung, GW XIV, 31 ff.

Freud, S. (1988): Beiträge zur Psychologie des Liebeslebens. Und andere
Schriften. Frankfurt/M.

Giddens, A. (1993): Wandel der Intimität: Sexualität, Liebe und Erotik in
modernen Gesellschaften. Frankfurt/M.

Gill, M.M. (1996): Die Übertragungsanalyse. Theorie und Technik.
Frankfurt/M.

Goldberg, M. (1974): The uses of dreams in conjoint marital therapy. Journal of Sex and Marital Therapy 1(1), 75–81.

Granjon, E. (1983): Rêves et transfert en thérapie familiale psychanalytique. Bulletin de Psychologie 37, 43–48.

Green, M.R. (1971): The clinical significance of children's dreams. In: Masserman, J.H. (Hg.): Dream dynamics. New York, S. 72–94.

Haas, W. (1992): Inhaltsanalytische Traumforschung – eine empirische Annäherung an ein nicht beobachtbares Phänomen. Unveröffentl. Diplomarbeit an der LMU München.

Haile, S. (1993): Von Traum zu Traum. Unveröff. Diplomarbeit an der LMU München.

Hamburger, A. (1987): Der Kindertraum und die Psychoanalyse. Ein Beitrag zur Metapsychologie des Traums. Regensburg.

Hamburger, A. (1991): While listening to your dream, I had a dream. Replik zum Aufsatz von Franz Strunz. Forum der Psychoanalyse 7(4), 336–345.

Hamburger, A. (1993b): Der Traum. In: Mertens, W. (Hg.): Schlüsselbegriffe der Psychoanalyse. Stuttgart.

Hamburger, A. (1993c): Übertragung und Gegenübertragung. In: Mertens, W. (Hg.): Schlüsselbegriffe der Psychoanalyse. Stuttgart, S. 322–329.

Hamburger, A. (1995a): Wenn Paare sich im Traum begegnen. Paarträume – Die verborgenen Seiten der Partnerschaft. Freiburg i. Br.

Hamburger, A. (1998a): Traumnarrativ und Gedächtnis. In: Koukkou-Lehmann, M.; Leuzinger-Bohleber, M.; Mertens, W. (Hg.): Erinnerte Wirklichkeit. [in Vorbereitung]

Hamburger, A. (1998b): Solo mit Dame. Traumgeschichten einer Psychoanalyse. In: Koukkou-Lehmann, M.; Leuzinger-Bohleber, M.; Mertens, W. (Hg.): Erinnerte Wirklichkeit. [in Vorbereitung]

Hamburger, A.; Haile, S. (1996): Eheberatung im Spiegel einer Traumserie. Journal für Psychologie 1.

Hark, H. (1983): Träume als Ratgeber, Deutungshilfen für die Praxis. Reinbek.

Hegener, W. (1995): Der Diskurs des Anderen und die Logik des Gleichen. Foucault und die Differenz der Geschlechter. In: Kornbichler, T.; Maaz, W. (Hg.): Variationen der Liebe. Historische Psychologie der Geschlechterbeziehung. Tübingen.

Henseler, H.; Wegner, P. (1993): Psychoanalysen, die ihre Zeit brauchen. Opladen.

Herberth, F.; Maurer, J. (Hg.) (1997): Die Veränderung beginnt im Therapeuten. Frankfurt.

Jaeggi, E.; Hollstein, W. (1994): Wenn Ehen älter werden. Liebe, Krise, Neubeginn. München.

Jaeggi, E. (1995): Zu heilen die zerstossenen Herzen. Reinbek.

Kanzer, M. (1955): The communicative function of the dream. The International Journal of Psycho-Analysis 36: 4/5, 260–266.

Kaplan, J.; Saayman, G.S.; Faber, P.A. (1981): An Investigation of the use of nocturnal dream reports as diagnostic indices in the assessment of family problem solving. Journal of Family Therapy 3, 227–242.

Klauber, J. (1969): dt.: Über die Bedeutung des Berichtens von Träumen in der Psychoanalyse. Psyche 23/4: 280–294.

König, P. (1997): Auf dem Klappstuhl. Meine Erziehung zum Mann. Kursbuch Männer, Rowohlt, Berlin.

Kundera, M. (1984): Die unerträgliche Leichtigkeit des Seins. Frankfurt/M.

Langer, S.K. (1942): Philosophie auf neuem Wege. Das Symbol im Denken, im Ritus und in der Kunst. Frankfurt/M.

Langs, R. (1982): dt.: Die psychotherapeutische Verschwörung. Stuttgart.

Lansky, M.R.; Karger, J.E. (1989): Post-traumatic nightmares and the family. Hillside Journal of Clinical Psychiatry 11(2), 169–189.

Lazar, R.A. (1993): »Container-Contained« und die helfende Beziehung. In: Ermann, M. (Hg.). Die hilfreiche Beziehung in der Psychoanalyse. Göttingen, S. 68–91.

Levay, A.N.; Weissberg, J. (1979): The role of dreams in sex therapy. Journal of Sex & Marital Therapy. 5(4), 334–339.

Levay, A.N.; Weissberg, J. (1980): The role of dreams in sex therapy. In: Forleo, R.; Pasini, W. (Hg.), Medical sexology. Amsterdam, pp. 580–584.

Lorenzer, A. (1970): Sprachzerstörung und Rekonstruktion. Vorarbeiten zu einer Metatheorie der Psychoanalyse. Frankfurt/M.

Lorenzer, A. (1977): Sprachspiele und Interaktionform. Frankfurt/M.

Lorenzer, A. (1981): Das Konzil der Buchhalter. Die Zerstörung der Sinnlichkeit. Eine Religionskritik. Frankfurt/M.

Lorenzer, A. (1983): Sprache, Lebenspraxis und szenisches Verstehen in der psychoanalytischen Therapie. Psyche 37/2, 97–115.

Lorenzer, A. (Hg.) (1986): Kultur-Analysen. Psychoanalytische Studien zur Kultur. Frankfurt/M.

Mahler, M.S. (1992): Studien über die drei ersten Lebensjahre. Frankfurt/M.

Mandel, K.H. (1980): ». . . daß ich der Krug sein kann.« Tiefenseelische Traumarbeit mit einem Ehepaar. Partnerberatung 17/1980, 12–20.

Markowitz, I.; Taylor, G.; Borkert, E. (1968): Dreams discussion as a means of reopening blocked familial communication. Psychotherapy and Psychosomatics 16, 348–356.

Meltzer, D. (1983): Traumleben. Eine Überprüfung der psychoanalytischen Theorie und Technik. München, Wien.

Mertens, W. (1990): Einführung in die psychoanalytische Therapie Bd. 1. München.

Mertens, W. (1991): Einführung in die psychoanalytische Therapie Bd. 3. München.

Mertens, W. (1992): Kompendium psychoanalytischer Grundbegriffe. München.

Metzker-Podhorsky, E. (1990): Umfrage Eheberater. Unveröffentl. Manuskript.

Michel, K.M. (1997): Der schwarzsamtene Oberrock. Über die kulturelle Ausstattung des Mannes. Berlin.

Monchaux, C. de (1978): Dreaning and the organizing function of the ego. The International Journal of Psycho-Analysis 59, 443–453.

Morgenthaler, F. (1978): Technik. Zur Dialektik der psychoanalytischen Theorie und Praxis. Frankfurt/M.

Muck, M. (1978): Psychoanayltische Überlegungen zur Struktur menschlicher Beziehungen. Psyche 32, 211–228.

Müller-Pozzi, H. (1991): Psychoanalytisches Denken. Eine Einführung. Bern, Stuttgart, Toronto.

Müssig, R. (1983): Träume in der Familientherapie. In: Hark, H. (Hg.), Träume als Ratgeber. Deutungshilfen für die Praxis. Reinbek, Auflage 1991, S. 137–151.

Nadig, M. (1986): Die verborgene Kultur der Frau. Fischer, Frankfurt/M.

Nell, R. (1975): The use of dreams in couples' group therapy. Journal of Family Counseling 3(2), 7–11.

Nell, R. (1976): Traumdeutung in der Ehepaar-Therapie. Eine erfahrene Eheberatrin schildert Fälle aus ihrer Praxis. München.

Papp, P. (1989): Die Veränderung des Familiensystems Stuttgart.

Perlmutter, R.A.; Babineau, R. (1983): The use of dreams in couples therapy. Psychiatry 46(1): 66–72.

Petersen, M.L. (1994): Die Traumanalyse aus kommunikativer Sicht. Analytische Kinder- und Jugendlichenpsychotherapie 25, 41–62.

Pleschinski, H. (1997): Hier lebt der Mann. Berlin.

Pohlen, M.; Bautz-Holzherr, M. (1995): Psychoanalyse. Das Ende einer Deutungsmacht. Reinbek.

Riepl, M. (1992): Contentanalysis und der Diskurs in Paarträumen. Unveröffentl. Diplomarbeit an der LMU München.

Ruffiot, A. (1982): Le Holding onirique Familial. UER de Psychologie 47, 25–48.

Sanders, C.M. (1994): »We are the stuff that dreams are made on«: The use of dreams in systematic therapy. Journal of Family Therapy 16, 367–381.

Schafer, R. (1983): The Analytic Attitude. New York.

Schenk, H. (1988): Freie Liebe – wilde Ehe. Über die allmähliche Auflösung der Ehe durch die Liebe. München.

Scheidt, J. vom (1985): Das große Buch der Träume. München.

Schwemmer-Fischer, V. (1992): Der Traum in der Praxis der systemischen und psychoanalytischen Familientherapie. Unveröffentl. Diplomarbeit an der LMU München.

Selvini Palazzoli, M.; L. Boscolo; G. Cecchin; G. Prata (1983): Paradoxon und Gegenparadoxon. Stuttgart.

Simon, F.B.; Weber, G. (1990): Keins von beiden. Über die Nützlichkeit der Neutralität (Post aus der Werkstatt). Familiendynamik 15, 257–265.

Simon, F.B.; Stierlin, H. (1984): Die Sprache der Familientherapie: Ein Vokabular. Kritischer Überblick und Integration systemtherapeutischer Begriffe, Konzepte und Methoden. Stuttgart.

Stierlin, H. (1989): Individuation und Familie. Studien zur Theorie und therapeutischen Praxis. Frankfurt/M.

Stierlin, H. (1994): Ich und die Anderen. Psychotherapie in einer sich wandelnden Gesellschaft. Stuttgart.

Stierlin, H. (1997): Haltsuche in Haltlosigkeit. Grundfragen der systemischen Therapie. Frankfurt/M.

Strunz, F. (1985): Der Traum in der Paar- und Familientherapie. Partnerberatung 22/1985:1, 6–15.

Thomä, H.; Kächele, H. (1985): Lehrbuch der psychoanalytischen Therapie Bd. 1. Berlin, Heidelberg, New York.

Whitlock, G.E., (1961): The use of dreams in premarital counseling. Marriage and Family Living 23, 258–263.

Willi, J. (1975): Die Zweierbeziehung. Reinbek.

Wynne, L.C; Singer, M. (1965): Denkstörung und Familienbeziehung bei Schizophrenen. Psyche 19, 82–95.

Die Autorinnen und Autoren

Hildegard Baumgart, Dr. phil., ist Eheberaterin, Mentorin und Fachjournalistin zur Paar- und Familienpsychologie.

Thea Bauriedl, Priv.-Doz. Dr. phil., Dipl.-Psych., ist Vorsitzende der Akademie für Psychoanalyse und Psychotherapie e. V. München und Leiterin des Instituts für Politische Analyse München.

Andreas Hamburger, Dr. phil. Dipl.-Psych., ist Psychoanalytiker in eigener Praxis und Lehrbeauftragter an der Akademie für Psychoanalyse und Psychotherapie in München.

Eva Jaeggi, Dr. phil. et habil., Verhaltenstherapeutin und Psychoanalytikerin, ist Professorin für Klinische Psychologie an der Technischen Universität Berlin.

Angela Kühner studiert in München Psychologie.

Eleonore Metzker-Podhorsky, Dipl.-Psych., ist wissenschaftliche Mitarbeiterin der Traumwerkstatt München und steht in psychoanalytischer Weiterbildung.

Martina Roth, Dipl.-Psych., ist systemische Familientherapeutin und promoviert über Paarträume.

Helm Stierlin, Prof. Dr. med. et phil., war zuletzt Leiter der Abteilung für psychoanalytische Grundlagenforschung und Familientherapie an der Heidelberger Universität.

Wenn Sie weiterlesen möchten ...

Gaetano Benedetti
Botschaft der Träume

Botschaft der Träume ist das umfassendste und bestfundier-
te Werk über die Träume des Menschen in den verschiedenen psychischen Zuständen, eine Anthropologie des
Traums. Benedetti erfüllt einen integrativen Anspruch in
der Traumforschung. Er und seine Mitarbeiter untersuchen
den Traum, seine Mitteilungen an den Träumenden und an
den Therapeuten, seine diagnostische und therapeutische
Verwertbarkeit vor dem Hintergrund der tiefenpsychologischen Lehren Freuds, Jungs und Adlers, der existenzanaly-
tischen Theorien und der Hypnotherapie.
Träume, so hat Benedetti erkannt, sind *doppelgesichtig*.
Die Traumsprache teilt sich in *Polaritäten* mit; jedes einzelne Bild, jedes Symbol erhellt verschiedene, ja gegensätzliche Seiten der Wahrheit. Dadurch kann es zu einer wesentlichen Ergänzung des wachen, bewußten Denkens werden.
Träume haben nicht nur einen wichtigen Anteil am Erleben
des Menschen, sie sind oft auch der lebendigere.

Glenn T. Koppel
Wochenendlektüre:
Träumen und Traumdeutung

Schon immer haben die Menschen in ihren Traumbildern
mehr vermutet als nur die Purzelbäume eines ermüdeten
Gehirns. Blick in die Zukunft, böse Vorzeichen, göttliche
Offenbarungen – im Traum erscheint etwas, dessen wir im
Wachen nicht habhaft werden können.
Koppel hat kurz zusammengefaßt, was die Wissenschaft seit
hundert Jahren herausgefunden hat über das Heilsame, das
Notwendige und das immer noch Verstörende des Traums.
Er macht deutlich, welche Rätsel der nüchterne Blick lösen
kann und wo er nicht weiter reicht als die ahnenden Traumdeutungen der Antike. Und er zeigt, wie wir unseren Träu-
men auf die Sprünge kommen und mit ihnen spielen können.

Michael B. Buchholz
Dreiecksgeschichten
Eine klinische Theorie psychoanalytischer Familientherapie

„Das Buch imponiert vor allem durch die stringente Anwendung der triadischen Perspektive, die jedem Kapitel immanent ist. Das führt zu so komplexen Informationen, daß man sich ... von vielfältigen neuen Perspektiven beeindrukken lassen kann. Insgesamt wird eine gut durchdachte Verbindung von Familiensoziologie und -therapie, Hermeneutik und Systemtheorie und stationärer Psychotherapie und ambulanter Familientherapie vorgelegt. Das hohe theoretische Niveau kann eine leserische Herausforderung darstellen, die aber mit interessanten neuen Sichtweisen, die sich aus einer psychoanalytischen und systemischen Perspektive ergeben, belohnt wird. Das Buch ist deshalb eine lesenswerte Lektüre." *Familiendynamik*

Martin R. Textor
Scheidungszyklus und Scheidungsberatung
Ein Handbuch

Mit Inkrafttreten des Kinder- und Jugendhilfegesetzes (KJHG) ist die *Scheidungsberatung* zu einer gesetzlich verankerten Hilfestellung geworden. Die Beratungsstellen haben die Notwendigkeit dieser Hilfe schon lange festgestellt. M. R. Textor, schon seit Jahren Fachmann auf diesem Gebiet, stellt dafür ein *Handbuch* zur Verfügung, das die charakteristischen Gesetzmäßigkeiten eines Scheidungsverlaufs systematisch untersucht und Ziele und Methoden beratender Intervention vermittelt.

Oliver Schubbe (Hg.)
**Therapeutische Hilfen
gegen sexuellen Mißbrauch an Kindern**
Mit einem Vorwort von Andrew Vachss.

„Es handelt sich hier um ein theoretisch sehr gut fundiertes
Buch. Die einzelnen Beiträge machen durchgängig einen
äußerst komplexen, sensiblen und engagierten Umgang mit
dem Thema deutlich. Sämtliche Aufsätze sind äußerst anregend, ‚eine besondere Kombination aus Empathie und
Sachkenntnis‘. Die angegebene und verarbeitete Literatur
regt zur weiteren Vertiefung der facettenreichen Ausführungen an. Es ist insbesondere ein wichtiger und besonne-
ner Beitrag zur Auseinandersetzung mit einem schwierigen
Thema in einer Zeit, in der dieses - aus unterschiedlichen
Gründen - medial vermarktet wird und eine Gegenbewegung ‚Mißbrauch mit dem Mißbrauch‘ erfährt."
Praxis der Kinderpsychologie und Kinderpsychiatrie

Hartmut Radebold (Hg.)
Altern und Psychoanalyse

Die Psychoanalyse interessierte sich bisher nur wenig für
das Altern; eher war eine deutliche Ablehnung gegenüber
diesem Thema zu spüren. Es war, als hätte die intensive Beschäftigung mit den prägenden Einflüssen der Kindheit die
Psychoanalytiker davor gefeit, sich mit Absteigendem, mit
der Antiklimax konfrontieren zu müssen.

Dieser Band gibt Auskunft über den Stand der Erkenntnisse
über die Entwicklungsprozesse des Alterns aus empirischer,
selbstpsychologischer und narzißmustheoretischer Perspektive, auch unter geschlechtsspezifischen Aspekten.
Das Buch ist ein Angebot an die Alterspsychiatrie, die Psychotherapie und die Gerontopsychosomatik, das inzwischen
gewonnene Wissen der psychoanalytischen Alternsfor-
schung zu nutzen. Es soll aber auch den eigenen psychoanalytischen Horizont erweitern, um dem Behandlungsauftrag
für Ältere gerecht werden zu können.

Almuth Massing / Günter Reich /
Eckhard Sperling
Die Mehrgenerationen-Familientherapie
Unter Mitarbeit von Hans Georgi und Elke Wöbbe-Mönks.

Die Mehrgenerationen-Familientherapie führt mindestens
drei Generationen zusammen mit dem Ziel, die überkom-
menen, krankmachenden Strukturen aufzuspüren und ins
Bewußtsein zu heben. Das konflikthafte Verhalten wird
wiederbelebt, ausgetragen und nach Möglichkeit verändert.
Aus Struktur soll wieder Interaktion werden. Die Autoren
sind seit vielen Jahren für diesen Behandlungsansatz erfolgreich ausgewiesen.

Udo Rauchfleisch
Alternative Familienformen
Eineltern, gleichgeschlechtliche Paare, Hausmänner

Die Klage um den „Zerfall der Familie" schließt zumeist
unbedacht mit ein, daß Kinder nur in „vollständigen" Familien gedeihen und sich ungestört entwickeln könnten. Erzie-
hungsverantwortlichen in anderen Konstellationen wird damit ein ungehörig schlechtes Gewissen gemacht. Dabei ist
die Bilderbuchfamilie – Vater, Mutter, Kinder – nicht nur
seltener geworden, sie ist auch durchaus nicht immer der
Hort optimaler Entwicklungsmöglichkeiten. Und sie ist keineswegs die einzige konstruktive Lebensform.

Das Buch zeigt die Chancen, die in Einelternfamilien,
gleichgeschlechtlichen Partnerschaften und im Rollentausch
liegen. Und es geht der Frage nach, warum gegen diese
Lebensformen so vehemente Vorurteile gehegt werden.

Aus unserer Reihe
VandenhoeckTransparent

Bestellen Sie unseren Sonderpro-
spekt VandenhoeckTransparent
(Nr. 899858)

V&R
Vandenhoeck
& Ruprecht

Geschlecht und Gewalt

Susanne Stemann-Acheampong
Der phantastische Unterschied
Zur psychoanalytischen Theorie der Geschlechtsidentität
Sammlung Vandenhoeck. 1996.
308 Seiten, Paperback
ISBN 3-525-01418-X

Helmut Puff (Hg.)
Lust, Angst und Provokation
Homosexualität in der Gesellschaft
Mit einem Vorwort von Martin Dannecker. Sammlung Vandenhoeck. 1993. 261 Seiten mit 5 Abbildungen, Paperback
ISBN 3-525-01423-6

Udo Rauchfleisch
Schwule, Lesben, Bisexuelle
Lebensweisen, Vorurteile, Einsichten
Sammlung Vandenhoeck. 2. Auflage 1996. 268 Seiten, Paperback
ISBN 3-525-01425-2

Margarete Berger /
Jörg Wiesse (Hg.)
Geschlecht und Gewalt
Psychoanalytische Blätter 4. 1995. 167 Seiten mit einigen Abbildungen, kartoniert
ISBN 3-525-46003-1

Horst Petri
Lieblose Zeiten
Psychoanalytische Essays über Tötungstrieb und Hoffnung
Sammlung Vandenhoeck. 1995.
223 Seiten, Paperback
ISBN 3-525-01430-9

Christa Rohde-Dachser (Hg.)
Über Liebe und Krieg
Psychoanalytische Zeitdiagnosen
Sammlung Vandenhoeck. 1995.
216 Seiten, Paperback
ISBN 3-525-01427-9

Christa Rohde-Dachser (Hg.)
Beschädigungen
Psychoanalytische Zeitdiagnosen
Sammlung Vandenhoeck. 1992.
192 Seiten, Paperback
ISBN 3-525-01420-1

V&R
Vandenhoeck
& Ruprecht